VOM TRAUMA ZUM SEELENFRIEDEN

Wie wir unser Leben zurückgewinnen
Körper und Seele heilen

Printed in the United States of America.

ISBN-13	Hardback	978-1-972696-41-5
	Paperback	978-1-972696-40-8
	eBook	978-1-972696-39-2

VOM TRAUMA ZUM SEELENFRIEDEN

Wie wir unser Leben zurückgewinnen
Körper und Seele heilen

GERDA C. ROBINSON

AUS DEM AMERIKANISCHEN VON ANDREA LOUAFI

Ich möchte dieses Buch meinen Geschwistern widmen, ebenso wie allen Kindern, die den Krieg überlebt haben. Meine Hoffnung ist, dass diese Geschichte Frieden in ihre Seelen bringen wird.

Eine wahre und herzzerreißende Geschichte über ein unschuldiges Kind in Deutschland während der Nazi-Diktatur.

Sie verbrachte drei Monate in intensiver Behandlung und fand ihr Leben wieder.

— Jack Perkins, ehemaliger US-Moderator der TV-Sendung "Biography"

„Eine herzzerreißende Reise durch die Schrecken des Zweiten Weltkrieges aus der Sicht eines Kindes."

— Dr. Christopher Cortman, Psychologe und Autor von "Deine Seele: Gebrauchsanweisung für ein besseres Leben"

„Gerdas Lebensgeschichte erzählt vom Leiden unzähligen Deutschen, deren Leben während des Nazi-Regimes auf tragische Weise traumatisiert wurde. Ihre einzigartige Geschichte spiegelt auch ein universelles Sehnen nach innerem Frieden wider, eine Sehnsucht, die von so vielen in einer gebrochenen und ängstlichen Welt geteilt wird. Gerdas spirituelle und psychologisch erleuchtende Reise hat mich tief bewegt. Ich bin überzeugt, dass " Vom Trauma zum Seelenfrieden" den Lesern ebenfalls, so wie mir, Hoffnung und Inspiration bringen wird."

— Christopher J. Romig, Leitender Pfarrer der Presbyterianischen Kirche Venice, Florida

„Eine bewegende Erzählung über Gerda und wie sie die Nazi-Zeit in Deutschland überlebte. Als eines von vielen unschuldigen deutschen Kindern wurde Gerdas Kindheit zerstört. Dennoch war es ihr wichtig diesen Weg zum inneren Frieden schriftlich festzuhalten. So wurde ihre Geschichte vervollständigt und ihre Stimme wird für alle Kinder sprechen, denen es nicht ermöglicht war."

— Louise Reiter, ehemalige Herausgeberin der Zeitung "The Palm Beach Post", West Palm Beach Florida und Kurzgeschichtenautorin -

INHALT

ZU BEGINN: KEINE CHANCE DEM VERGESSEN!

Es ist dunkel, und ich gehe die Treppe nach unten. Langsam setze ich einen Schritt nach dem anderen, denn ich habe Angst. Ich höre keine Sirenen, aber mir scheint, sie könnten jeden Moment wieder anfangen zu heulen.

Es ist Krieg. Die Stadt könnte jederzeit bombardiert werden. Wieder einmal.

Ich bin im Treppenhaus, habe gerade unsere Wohnung verlassen. Es ist eine eingeschossige Wohnung in einem Mehrfamilienhaus. Die Haustür im Erdgeschoss muss jeden Abend um 22 Uhr abgeschlossen werden. Obwohl ich die Jüngste in der Familie bin, hat meine Mutter mir diese Aufgabe gegeben.

Ich komme an der Haustür an, will die Sache schnell hinter mich bringen. Bevor ich den Schlüssel umdrehen kann, werde ich gepackt und nach hinten gerissen. Jemand zerrt mich weg, ganz nach unten, bis unter die Kellertreppe.

Vor Angst schreiend, starre ich in ein schreckliches Narbengesicht – und wache auf.

Das ist einer der Träume, die ich selbst als Erwachsene lange Zeit nicht loswurde. Meine Träume konfrontierten mich mit dem, was mir tatsächlich passiert war. Sie erinnerten mich daran, woran ich mich nicht erinnern wollte: Ich war und bin noch jetzt ein Kriegskind, obwohl ich mittlerweile 83 Jahre alt und in Sicherheit bin.

Meine Kindheit war geprägt von Sirenengeheul, großen Betonbunkern, Hunger und anderen Entbehrungen. Ich und die anderen Kriegskinder waren stets damit beschäftigt, etwas zu essen zu besorgen. Wir spielten mit Granatsplittern, die oft noch warm waren, weil es kein Spielzeug gab.

Die Journalistin und Autorin Sabine Bode hat 2004 ein erfolgreiches Buch über uns Kriegskinder geschrieben mit dem treffenden Titel „Die vergessene Generation“. Sabine Bode wie auch die Autorin Hilke Lorenz („Kriegskinder“) haben dazu beigetragen, dass die Geschichte meiner Generation nicht in Vergessenheit gerät. Doch es ist wichtig, dass es nicht nur Bücher über uns, sondern auch *von* uns gibt. Wir Kriegskinder dürfen nicht vergessen werden. Wir müssen unsere Geschichte erzählen. Das ist nicht nur wichtig für uns selbst, für unsere seelische Gesundheit, sondern auch für alle uns nachfolgenden Generationen.

Dies ist also meine Geschichte. Ich habe den Zweiten Weltkrieg überlebt. Er hat meine Seele so stark geprägt, dass ich viele Jahre danach gezwungen war, mich mit meiner Kriegskindheit und der Jugend in der Nachkriegszeit zu beschäftigen, damit es mir wieder besser gehen konnte.

Ich musste als Über-40-Jährige lernen, die Vergangenheit zu verarbeiten, musste mir aneignen, was mir im Krieg niemand zeigte: wie wichtig es ist, sich zu erinnern, im Kontakt mit seinen eigenen Emotionen zu sein und wie man es schafft, sich endlich sicher zu fühlen.

Ich wurde 1938 im damaligen Schlesien geboren und verbrachte meine Kriegskindheit in Wilhelmshaven. Als junge Frau verschlug es mich unter anderem nach Kiel. Ich erlebte den Wiederaufbau Deutschlands mit, bis sich mir Anfang der 60er-Jahre die Chance bot, ein neues Leben in den USA zu beginnen.

Ich ergriff diese Chance, doch ich blieb mit Deutschland verbunden, weil man immer mit seiner Vergangenheit verbunden bleibt. Wer versucht, die Vergangenheit zu vergessen, wird früher oder später von ihr eingeholt. Selbst später, als ich in den 70er-Jahren eine eigene Familie in den USA hatte, ließ mich die Vergangenheit nicht los. Als ich es wagte, mich ihr zu stellen, wurde ich freier. Und diese Freiheit wünsche ich allen Kriegskindern.

Warum ich gerade jetzt meine Geschichte erzähle? Dafür gibt es zwei Gründe. Erstens weil ich will, dass meine Enkel meine Geschichte, die Geschichte eines Kriegskindes, nicht vergessen. Zweitens weil die Zeit näher rückt, in der meine Generation von dieser Erde verschwinden wird. Ich möchte eine Stimme für all die schuldlosen deutschen Kinder sein, denen eine Kindheit verwehrt wurde. Sie sollen sich ermuntert fühlen, ebenfalls endlich darüber zu sprechen, unter welchen Umständen sie aufgewachsen sind. Ich wünsche mir, dass die Generationen der Enkel und Großeltern näher zusammenrücken und über die Vergangenheit sprechen.

Es gibt unzählige einzelne Schicksale von uns Kriegskindern, sie sind unterschiedlich, aber stets herzzerreißend. Die Tragödien eines Krieges enden nicht, wenn die letzte Bombe abgeworfen oder der letzte Gefangene befreit wurde. Sie setzen sich meist auf subtile, aber verheerende Weise fort.

Selbstverständlich möchte ich keinesfalls die Verfolgung und Ermordung von Millionen von Juden und anderen Menschen, die durch die gnadenlose Macht der Nationalsozialisten verübt wurden, herunterspielen, sondern schlicht dem Leser nahebringen, wie die deutschen Kinder im Krieg gelitten haben.

Ich hoffe, dass meine Geschichte allen Menschen, die unter den Folgen eines Traumas leiden, eine Hilfe sein kann. Im Laufe meines Lebens habe ich Hunger, Angst und Verwahrlosung sowie physischen und emotionalen Missbrauch erfahren. Diese Erlebnisse habe ich viele Jahre in meinem Geist und Körper mit mir herumgetragen. Immer wieder hatte ich lähmende Rücken- und Kopfschmerzen, Panikattacken, Depressionen und Versagensängste – alles ausgelöst durch unterdrückte Gefühle aus meiner Vergangenheit.

Eine der wichtigsten Botschaften dieses Buches ist, dass starke Gefühle nicht dauerhaft unterdrückt werden können, und wenn sie sich schließlich entfesseln, kann der Prozess so heftig und verheerend sein wie ein Vulkanausbruch. Aber auf jeden Sturm folgt wieder Ruhe. Selbst als mein Leben in Scherben zu liegen schien und meine Nerven völlig blank lagen, wusste ich, dass das einzig Richtige für meine Gesundheit und mein Wohlbefinden war, meine Emotionen vollständig auszudrücken. Erst nach dieser Befreiung konnte ich damit beginnen, die Scherben aufzusammeln und wieder Ordnung in mein Leben zu bringen.

Ich habe diese Geschichten stückweise zusammengetragen. Einiges stammt aus meinen eigenen Erinnerungen als kleines Mädchen, anderes wurde von Verwandten, die Ähnliches durchlebt haben, aus dem Gedächtnis niedergeschrieben. Ich habe mich historischer Aufzeichnungen einschließlich einiger erhaltener Fotografien bedient, um bestimmte Momente für den Leser festzuhalten und auch, um meiner Familie zu ermöglichen, an meinen Erinnerungen teilzuhaben. Auch wenn die Dialoge aus dem Gedächtnis rekonstruiert sind, habe ich versucht, die Persönlichkeit und die Charakterzüge der einzelnen Personen so authentisch wie möglich wiederzugeben. Die Namen von einigen Personen wurden auf deren Wunsch durch Pseudonyme ersetzt.

WENN DIE VERGANGENHEIT SCHMERZT (1978)

Der Morgen des 15. März 1978 war hektisch. Ich klatschte Rühreier auf die Teller, schmierte Toasts und goss Orangensaft in Gläser wie ein routinierter Schnellkoch. Während ich versuchte, meine Kinder pünktlich zur Schule zu schicken, trieb mich deren morgendliche Trödelei in den Wahnsinn.

„Frühstück ist fertig!", brüllte ich den Flur entlang, in der Hoffnung, dass man mich hörte, während meine Kinder sich anzogen. „Kommt jetzt!"

Warum konnten sie sich nicht ein bisschen schneller bewegen? Die Angst verknotete meinen Magen, wenn ich daran dachte, was mir heute bevorstand. Ich würde das Schmerz-Rehabilitationsprogramm des Metropolitan Medical Centers antreten. Dass ich nicht wusste, was auf mich zukam, machte mir Angst.

Ich drehte den Wasserhahn an der Spüle auf und stellte die heiße Bratpfanne darunter. Das Wasser zischte, als ob es meine innere Anspannung noch unterstreichen wollte. Mit einem Blick aus dem Küchenfenster sah ich Berge von Schnee, typisch für die Winterzeit in Minnesota. „Es wird wahrscheinlich noch mehr schneien", dachte ich. Nach sechs Jahren in Minneapolis schienen mir die Kälte und der Schnee nicht mehr so viel auszumachen, aber ich erinnere mich, dass unser erster Winter sehr hart war. Hätte mein Mann damals einer Versetzung bei seinem Arbeitgeber IBM nicht zugestimmt, wäre Minnesota nur ein Name auf der Landkarte geblieben.

„Die Eier werden kalt!", rief ich als zweite Ermahnung.

„Mama, da bin ich doch", sagte Kim. Ihr Bruder Carl stand direkt hinter ihr.

Mama muss weg

Das untere Foto aus dieser Zeit zeigt unseren Sohn Carl mit neun und unsere Tochter Kim mit elf Jahren. Ich fühlte mich schlecht, dass ich sie so angebrüllt hatte und noch schlechter, dass ich sie allein lassen musste. Für die nächsten vier Wochen würde das Rehabilitationszentrum mein neues Zuhause sein.

Ich erinnere mich, wie traurig sie aussahen, als sie sich wegen der Kälte dick einpackten, um zur Schule zu gehen. Kim stand schweigend an der Tür und starrte auf den Fußboden.

Carl schwieg ebenso. Er stellte nie Fragen – er war ein so angenehmes Kind – und er beschwerte sich auch nie über etwas.

Ich versuchte, mir dieses Bild einzuprägen: Ein blonder Pony rahmte Kims süßes Gesicht. Carls Kleidung vervollständigte seine stoische Haltung: Er hatte ein kariertes Hemd zu seiner Jeans gewählt, was ihn erwachsen aussehen ließ. Ich konnte den beiden kaum in die Augen sehen. Mich plagten Schuldgefühle, ich fand, dass ich zu viel Verantwortung auf ihre kleinen Schultern lud. Ich fühlte mich schrecklich. Als ich sie zum Abschied umarmte, konnte ich meine angestauten Tränen nicht länger zurückhalten. „Ich rufe euch jeden Tag an", versicherte ich ihnen.

Sie gingen ihren Weg entlang der Straße, und bevor ihre farbigen Rucksäcke außer Sicht waren, winkte ich, aber sie sahen mich nicht mehr. Kim nahm Carl bei der Hand. Sie drehten sich nicht noch einmal um, und ich schaffte es einfach nicht, meinen Blick abzuwenden.

Im Griff unerklärlicher Schmerzen

Per Definition wird chronischer Schmerz als langanhaltend und nicht nachlassend beschrieben. Wie bei vielen anderen Menschen begannen meine Schmerzen, sich von normalem Schmerz zu unterscheiden, und forderten somit meine Aufmerksamkeit: Es war eine andauernde Verspannung im unteren Rücken. Über Wochen und Monate kam und ging der Schmerz, manchmal war er nur schwach, manchmal heftig. Schließlich war er so stark, dass ich anfing, mein Leben drastisch zu ändern. Ich kam mit der Hausarbeit nicht mehr zurecht. Ob ich stand oder saß, der Schmerz nahm nie ab. Ich wurde lethargisch und zu einem Schatten der sonst so lebhaften und aktiven Person, die ich früher gewesen war.

Früher liebte ich es, im Garten zu arbeiten und Tennis zu spielen, aber jetzt war daran nicht mehr zu denken. Unser soziales Leben schrumpfte so weit zusammen, bis es nicht mehr existierte.

Anfangs kam ich mit dem Schmerz noch aus. Ich redete mir ein, dass ich mit allem klarkam, auch mit diesem ärgerlichen Schmerz. Es gelang mir – für eine Weile. Aber Monat für Monat wurde der Schmerz schlimmer. Als normale Schmerzmittel kaum mehr halfen, war mir die Erleichterung durch Valium- Tabletten willkommen. Wenigstens konnte ich schlafen.

Als ich allein mit den Schmerzen nicht mehr klarkam, machte ich einen Termin bei Dr. John Hartwig, einem spezialisierten Orthopäden, der in den Villenviertel Edina praktizierte, wo wir wohnten. Er ordnete eine Menge Tests an – Röntgenaufnahme, ein Myelogramm und Diskogramm – aber es wurde nichts Verdächtiges entdeckt. Die meisten Untersuchungen waren einfach nur mühsam, aber das Discogramm war besonders traumatisch für mich. Nadeln wurden in die Bandscheiben an der Wirbelsäule gestochen, welche mir unglaubliche Qualen bereiteten. In diesem Moment wünschte ich mir nur noch eine Tablette, die alles beenden würde.

Auch wenn diese strapaziösen Untersuchungen nötig waren, um gewisse Faktoren auszuschließen, welche die Ärzte als Ursache meiner Schmerzen vermutet hatten, führten sie jedoch leider nicht zu einer Diagnose.

Krank trotz gesunden Körpers

„Gerda“, sagte Dr. Hartwig mit enttäuschtem Gesicht, „ich wünschte, Sie hätten etwas, das ich behandeln könnte.“ Dr. Hartwig hat denselben Namen wie meine deutsche Ursprungsfamilie, doch in den USA wird der Name „Hartwich“ meist mit „g“, also „Hartwig“ geschrieben.

Dr. Hartwig empfahl mir ein weiches Körperkorsett. Ich ertrug seinen Vorschlag, auch weil er mir versicherte, dass ich es zum Duschen und beim Schlafen abmachen könnte. Die nächsten vier Wochen war ich ein Musterpatient und befolgte genauestens seine Anweisungen. Beim Folgetermin einen Monat später war ich enttäuscht über das Ergebnis. Meine Schmerzen waren immer noch da.

Dr. Hartwig, der keine weiteren Untersuchungen durchführen wollte, schlug diesmal ein hartes Körperkorsett vor. Die enge panzerartige Schale war extrem unbequem und so hart wie Beton. Nachdem es angepasst wurde, gab es keine Möglichkeit mehr, es mehr abzunehmen. Die vier Wochen vergingen im Schneckentempo, und am Ende zeigte sich immer noch keine Besserung.

In dieser langen Zeit fühlte ich mich nutzlos, da ich mich nicht richtig um meine Familie oder unser Haus kümmern konnte. Im Nachhinein denke ich oft, dass ich wahrscheinlich zusätzlich an einer Depression litt. Tatsächlich erinnere ich mich, dass ich dachte, mein freundlicher, intelligenter und gut aussehender Ehemann hätte eine viel bessere Frau verdient. Zum Glück hielt Dallas aber zu mir.

Bei meinem nächsten Besuch sagte mir Dr. Hartwig, dass er zu dem Schluss gekommen sei, dass es keine körperlichen Ursachen für meine Rückenschmerzen gäbe.

„Aber was fehlt mir denn dann?“, fragte ich den Tränen nahe.

„Nun“, sagte er, „ich würde Ihnen empfehlen, Doktor Loran Pilling aufzusuchen. Er ist Psychiater in Minneapolis und betreibt eine Klinik für chronische Schmerzen. Ich denke, das ist die beste Option.“

Was wollte er mir damit sagen? Dass ich verrückt sei? Das war das Letzte, was ich zu hören erwartet hätte.

Verärgert und durcheinander warf ich ihm die nächsten Worte an den Kopf: „Sie wollen, dass ich einen Psychiater aufsuche?“

Ich wartete nicht auf die Antwort. Ich taumelte aus seinem Büro, und es kümmerte mich nicht, wie unfreundlich ich ihm vorkommen musste. Als Dallas abends nach Hause kam, erzählte ich ihm von meinem Besuch beim Arzt. Er versicherte mir: „Du brauchst keinen Psychiater."

Ein Fall für den Psychiater?

Die nächsten Wochen waren körperlich und emotional sehr anstrengend. Ich kämpfte gegen die Tatsache an, dass diese permanenten Schmerzen mich daran hinderten, eine gute Ehefrau und Mutter zu sein. Diese beiden Rollen waren mir am wichtigsten in meinem Leben.

Dallas brachte Fast-Food und eimerweise Fried Chicken nach Hause, sodass ich nicht kochen musste. Meine Tochter Kim fragte mich ununterbrochen, ob es irgendetwas gäbe, was sie tun könnte, um mir zu helfen. Mein Sohn Carl starrte mich an, wie ich daniederlag auf dem Bett oder auf der Couch. Ich wusste, er war durch meine Lethargie verwirrt. Ich sah keinen Ausweg, und immer, wenn ich mich an Dr. Hartwigs Ratschlag erinnerte, kämpfte ich mit dem Stigma, einen Psychiater zu brauchen.

Ich wollte nicht, dass jemand denken könnte, ich hätte ein „mentales Problem". Wenn ich einmal in diese Schublade käme, war ich mir sicher, würde ich ewig „die Verrückte" bleiben. Aber man sagt ja, dass man manchmal erst ganz unten ankommen muss, bevor man wieder einen Weg nach oben findet. Nach Wochen des Selbstzweifels und des Elends entschied ich mich endlich, Dr. Pilling zu besuchen, und es war mir inzwischen egal, was die anderen darüber dachten.

Ich atmete tief ein, um mir Mut zu machen. „Ich gehe zu Dr. Pilling", erklärte ich. Ich suchte Dallas' Blick, war gespannt auf seine Reaktion. Er war so klug, mir nicht zu widersprechen, nachdem ich mich entschieden hatte. Ich war bereit, mir die Einschätzung von Dr. Pilling anzuhören.

Schließlich kam der Tag, an dem ich den Termin hatte. Ich war sehr besorgt und ängstlich, einen Psychiater aufzusuchen. Ich wusste auch, dass meine Freunde und Nachbarn darüber reden würden. Dieses Stigma war in den 70er Jahren noch stärker als heute.

Dr. Pilling gab mir einen warmen Händedruck. Er war ein großer schlanker Mann. Seine Augen hinter der schicken Brille waren warm, und seine Stimme beruhigte mich sehr. Er saß mir genau gegenüber, und nach einigem Small Talk kam seine freundliche Stimme auf den Punkt. Er begann mir Fragen zu stellen. Während dieser ersten halbstündigen Sitzung quetschte er mich über mein Leben als Kind in Deutschland aus.

Kurz bevor unsere Zeit um war, gab er mir seine erste Einschätzung. „Gerda“, sagte er, „ich glaube, Ihre Schmerzen kommen von Ihrer traumatischen Kindheit. Sie haben eine Menge Angst und Sorgen durchgemacht, als Sie in Deutschland während des Krieges aufwuchsen.“ Sein Gesicht wurde weich vor Mitgefühl. „Ich glaube, wir können Ihnen in dieser Klinik helfen. Lassen Sie es mich wissen, wenn Sie damit anfangen möchten.“

„Ich werde darüber nachdenken“, sagte ich sehr skeptisch. Nachdem wir uns verabschiedet hatten, grübelte ich voller Unbehagen über die Sache nach. Ich dachte nicht, dass dieser Mann mir helfen könnte. Wie kann eine unglückliche Kindheit Rückenschmerzen verursachen? Diese Vorstellung schien mir zu weit hergeholt, um plausibel zu sein, und ich lehnte sie als lächerlich ab. Ich war gesund und normal und am allerwenigsten eine Außenseiterin. Sogar Dallas stimmte mir zu, dass Dr. Pilling mir nicht helfen könnte.

Tage später siegte der Verstand über die Zweifel. Vielleicht sollte ich einer Therapie eine Chance geben. Sowieso hatte ich nichts zu verlieren, außer meine Schmerzen. Als ich dies entschieden hatte, war ich in der Lage, meinen Mann zu überzeugen, dass die Klinik von Dr. Pilling einen Versuch wert wäre.

Ich fing an, meine kommende Abreise zu organisieren. Ich fertigte Listen und schriftliche Erklärungen an – sehr viele davon. Listen mit wichtigen Telefonnummern und Blätter mit einfachen und leckeren Rezepten. Ich schrieb auf, was man machen musste, wenn der Kühlschrank abgetaut werden musste oder wenn ein Fleck aus den Hemden von Dallas nicht herausging. Ich machte auch eine Liste mit Verwandten, die in der Lage wären, sich um die Kinder zu kümmern, während ich weg war. Diese Liste war kurz.

Ich dachte an meine Tante Erna, die in Deutschland lebte. Sie hatte mir oft gesagt, sie würde mir helfen, aber es gab die Sprachbarriere: Sie konnte kein Englisch, und Kim und Carl hatten nie Deutsch gelernt. Ein weiterer möglicher Kandidat war Dallas' Onkel Gilbert Robinson. Er war seit ein paar Jahren verwitwet und lebte allein in Saint-Louis. Als wir nach seiner Hilfe fragten, war seine enthusiastische Antwort sehr ermutigend. Allerdings hatten er und Tante Claire keine Erfahrung mit eigenen Kindern. Zu unserer Erleichterung boten auch einige Nachbarn ihre Hilfe an, falls es nötig werden sollte. Außerdem wusste ich, dass ich mich auch übers Telefon in meiner Freizeit erkundigen konnte, wie es den Kindern geht.

Ich packte meinen Koffer und verließ das Haus durch die Hintertür. Dallas würde mich zur Klinik bringen auf dem Weg zur Arbeit. Es war sehr praktisch, dass das Büro von IBM im Zentrum von Minneapolis war, so konnte er mich in seiner Mittagspause besuchen oder sogar nach seiner Arbeit.

Aufbruch ins Ungewisse: Wie bin ich so geworden?

Wieder einmal reisten wir schweigend. Das Gesicht meines Mannes war von Sorgen gezeichnet, auch wenn er mir versicherte, dass er meiner Behandlung zustimmte. Ich konzentrierte mich darauf, was auf mich zukommen würde in der Klinik.

„Kann ich das Radio anstellen?“, fragte er. „Ja“, sagte ich und nickte. Es schien mir als Ablenkung gerade recht.

Vor uns tauchte die Schmerzklinik auf. Jetzt gab es kein Zurück mehr, dachte ich. Der Aufzug spuckte uns im dritten Stock beim Check-in aus. Während wir den Flur entlangliefen, sah ich mich in einem großen Spiegel. Mein Spiegelbild war schockierend! Ich fragte mich: Wer ist diese alte Frau? Traurig stellte ich fest, dass ich es war – niemand sonst war verantwortlich für dieses blasse beige Sweatshirt. Hatte meine teilnahmslose Erscheinung mit dem Stress zu tun, den ich in mir fühlte? Was war nur mit der lebendigen und aktiven Frau passiert, die ich einst war? Ich war erst 40. War es denn so lange her, dass ich Tennisturniere spielte, Ehrenämter ausfüllte, den Rasen mähte und das Haus strich? Wo war all diese Energie hin? War sie gänzlich verschwunden? Ich hatte keine Antworten, aber ich wusste, ich wollte meine Lebensenergie zurück.

Ich wollte verantwortlich für mein Leben sein und meinen Haushalt mit Leichtigkeit und Effizienz führen. Aber erst musste ich gesund werden, und in dieser Angelegenheit machte ich jetzt meinen ersten Schritt.

Dr. Pilling und ein anderer, jüngerer Mann mit dem Vornamen Dennis begrüßten uns. Ich fand später heraus, dass Dennis mein persönlicher Therapeut war. Mein innerer Stress zeigte sich langsam, und ich war nicht gerade stabil auf meinen Füßen. Mir wurde ein Stuhl angeboten, und ich war dankbar zu sehen, dass die Augen des Angestellten und Dr. Pilling voller Sorge um mich waren.

Der Arzt unterrichtete meinen Mann über die zweimal in der Woche stattfindenden Abendvorträge. Alle Familienmitglieder wurden ermutigt, daran teilzunehmen. Dallas erklärte sich bereit, dabei zu sein, wann immer es ihm möglich war. „Ich werde alles tun, um meine Gerda wieder gesund zu sehen.“ Er umarmte mich herzlich, bevor er ging.

Während Dennis mich zu meinem Zimmer führte, schätzte ich sein Alter auf Mitte 30. Obwohl er zierlich und klein war, beruhigten mich seine freundlichen Augen und seine sanfte Art. Ich wusste, ihm konnte ich vertrauen.

„Das ist Ihr Zimmer", sagte er, während er auf eine offene Tür zeigte. „Hier ist das Badezimmer, das Sie mit Nancy teilen werden, ihrer Zimmernachbarin." Er teilte mir noch mit, wann mein erstes Treffen wäre, und ging fort, damit ich auspacken konnte.

Ich sah mich in dem spartanischen Zimmer um und nahm das typische Krankenhausinventar wahr – ein alter Linoleumboden, weiße Jalousien, herabgelassen auf Halbmast; und einen kleinen weißen Nachttisch neben einem Eisenbettgestell mit steifen, gefalteten Krankenhausdecken. Der kleine Kleiderschrank sollte meine begrenzte Garderobe aufnehmen, die ich mitgebracht hatte. Als ich aus dem Fenster sah, bemerkte ich unten den riesigen Parkplatz. Ich sah nicht einen Baum. Ich setzte mich auf mein Bett und fühlte mich ein bisschen verlassen und unsicher. Ich fühlte die Plastik-Matratze unter mir, das quietschende Geräusch klang unvertraut in meinen Ohren.

Ich schaffte es, den großen Besprechungsraum zu finden, aber als ich ihn betrat, bemerkte ich, dass alle schon auf mich warteten. Mein Gesicht wurde rot – ein Zeichen meiner Unsicherheit.

„Gerda", sagte Dr. Pilling, „wir sind bereit anzufangen. Bitte setzen Sie sich." Er zeigte auf den einsamen leeren Platz.

Er begann seine Erklärungen mit einer Erinnerung über Persönlichkeitsrechte, welche vorsahen, dass wir niemals über die Patienten außerhalb der Klinik sprechen sollten. Ich erfuhr, dass das vierwöchige Programm aus Einzel- und Gruppensitzungen mit ihm und dem zugeordneten Therapeuten bestand. Ich wurde unterrichtet über Pausen und Anwendungen während meines Aufenthalts. Von mir wurde erwartet, dass ich an Beschäftigungstherapien teilnahm. Wir würden alle den ganzen Tag beschäftigt sein – außer den Pausen zum Mittag- und Abendessen. Ich konnte die Klinik freitagnachmittags verlassen, müsste aber Sonntagabend zurück sein. Als ich genau zuhörte, zweifelte ich daran, wie dieses Programm meine Schmerzen beseitigen könnte.

Dr. Pilling erklärte uns, dass wir in zwei Gruppen je acht Patienten aufgeteilt würden. Einige Patienten waren in ihrer letzten Therapiewoche, andere in ihrer zweiten oder dritten, aber wir sechs Neuen waren ganz gespannt darauf, endlich anzufangen.

Denkanstoss: Gefühle ausdrücken

Ich lauschte dem Arzt, als er uns aufklärte über unsere Gefühle und warum wir sie ausdrücken sollten. „Ihr müsst lernen, eure Gefühle zu artikulieren: Es sollte so einfach und natürlich wie das Ein-und Ausatmen sein. Ignoriert sie nicht.“ Um zu bekräftigen, wie nutzlos es wäre, Emotionen auszugrenzen, ergänzte er: „Versucht mal die Luft anzuhalten und schaut, wie lange ihr das tun könnt.“ Er fuhr fort und erklärte, wie unterdrückte Gefühle alle möglichen Krankheiten verursachen konnten. „Aber dazu später mehr“, versprach er.

Inzwischen war mein Tag in der Klinik zur Hälfte vorbei. Es war Mittagszeit und alle 16 Patienten wandten sich dem Fahrstuhl zu. Da ich neu war, folgte ich einfach den anderen. Innerlich fühlte ich mich unwohl und verlassen, besonders als sich die Leute in Gruppen von drei bis vier Personen aufteilten und sofort miteinander ins Gespräch kamen. Ich bemühte mich zu lächeln, wann immer jemand in meine Richtung sah; ich wollte so schnell wie möglich in eine der Gruppen integriert werden.

Der Fahrstuhl kam, und die Türen öffneten sich mit einem lauten Gong. Alle strömten in den Fahrstuhl, in der Sorge, zurückgelassen zu werden. Innerhalb einer Sekunde schnappte jemand meine Hand und zog mich nach innen. Ich sah mich nach meinem Retter um.

Eine neue Freundin

„Ich bin Nancy“, sagte sie, während sie mir ihre zarte Hand gab.

„Gerda“, antwortete ich, ihre Hand wie einen Rettungsring haltend.

„Du und ich sind Nachbarn ... Wir teilen uns das Badezimmer zwischen unseren Zimmern. Ich bin ein bisschen pingelig, aber ich denke, wir werden gut miteinander auskommen. Übrigens, mein Mann behauptet, ich schnarche“, sagte Nancy kopfschüttelnd, um zu zeigen, dass sie anders dachte, „also es würde mich nicht stören, wenn du beide Türen schließt.“

Ich teilte den Mittagstisch mit meiner neu gefundenen Freundin. Wir aßen unser Mittagessen, bestehend aus einem faden Hackbraten, Fertig-Kartoffelbrei und verkochten grünen Bohnen. Der Limettensaft war jedoch ziemlich gut. Nach dem Mittagessen ging es weiter mit Übungen und Entspannungssitzungen. Jeden Tag Zeit mit mir selbst zu verbringen war für mich seltsam. Außerdem tat mein Körper so weh, dass ich die meisten Übungen nicht machen konnte.

„Du schaffst das, Gerda, ich weiß, du kannst es“, ermutigte mich Nancy mit einem breiten Lächeln, die Übung durchzuhalten. Bis heute mache ich diese Übungen. Immer wenn ich diese Routine vernachlässige, erscheint mir Nancys Gesicht, das mich anstachelt durchzuhalten.

Ruhe lernen

Nach den Übungen, bei denen es auf Anspannung ankam, kamen die Entspannungsübungen, die mochte ich am liebsten.

Nachdem wir uns bequem auf die Matten gelegt hatten, hörten wir beruhigende Klänge wie die Wellen des Ozeans am Strand oder das fröhliche Gezwitscher von Vögeln in den Bäumen.

Zusammen mit der ruhigen und freundlichen Stimme aus dem Kassettenrecorder wurden wir daran erinnert, was für ein besonderer Ort das hier war, ein Ort, an dem wir unsere Probleme abladen konnten. Ich bemerkte, dass es Dennis' weiche Stimme auf dem Kassettenband war, und ich fiel fast in den Schlaf.

Als die Stunde vorbei war, erklärte Dennis – diesmal der echte – dass wir besser schlafen würden, wenn wir dieses Band anhörten.

„Erinnere dich", sagte er „dein Körper kann jetzt schlafen, weil er ruhig ist – nehmt nicht mehr eure täglichen Probleme mit ins Bett."

Einer aus meiner Gruppe, ein Bär von einem Mann namens George, hatte ein breites Lächeln auf dem Gesicht. Sein strahlend blaues T-Shirt verleitete mich, zu ihm zu sagen: „Du musst dich ziemlich komisch fühlen in diesem Shirt." „Nein, Ma'am", sagte er „ich trage diese fröhlichen Farben, um mich selbst aufzuheitern." Dann erzählte er mir von den Verletzungen, die er als Arbeiter auf einer Baustelle erlitten hatte. Obwohl er sich von den physischen Wunden erholt hatte, empfand er immer noch Schmerzen. „Die Ärzte konnten nichts auf dem Röntgenbild feststellen, daher sagten sie mir, es muss in meinem Kopf sein." Er klopfte an seine Stirn mit dem rechten Zeigefinger. „Ich weiß nur, dass ich ständig Schmerzen habe."

Er hatte keine Nacht schlafen können, bevor er in die Klinik gekommen war. „Wenn ich diese Kassetten anhöre, schlafe ich wie ein Baby!" Sein Enthusiasmus gab mir Hoffnung. Vielleicht würden diese Entspannungskassetten auch mir helfen.

An diesem ersten Abend in der Klinik sprach ich mit meinem Mann und den Kindern. Ich versuchte, mich auf ihre Worte zu konzentrieren, aber meine Gedanken wanderten durch die Erlebnisse des Tages. Das seltsame Umfeld holte mich ein. Ich hielt meine Unterhaltung kurz, nahm eine Valium-Tablette und ließ mich in den Schlaf einlullen.

Albträume

Ich wurde durch ein seltsam lautes Geräusch von meinem tiefen Schlaf geweckt. Es klang wie ein Auto, das gegen einen Baum fährt. Erst dachte ich, ich hätte geträumt, aber dann erschien es mir doch echt, sodass ich aus meinem Bett getrieben wurde.

Der Schock des kalten Linoleumbodens an meinen nackten Füßen ließ meinen Rücken verspannen, und ich wurde schmerzhaft daran erinnert, warum ich hier war.

Eigentlich war ich ganz froh, aufgewacht zu sein und festzustellen, dass es nur ein Traum war – alles, was meine Albträume unterbrach, erfreute mich. Ich hatte sie schon als Kind in Deutschland, und sie waren sehr lebhaft, furchteinflößend und unvergesslich. Es war schon schlimm genug, dass ich diese sich wiederholenden Albträume als Kind gehabt hatte, aber noch schlimmer war, dass niemand dagewesen war, um mich zu trösten. Ich war in meiner Not alleingelassen worden.

Am nächsten Morgen, während ich mich anzog, rief Dennis durch den Flur: „Gerda, bist du bereit zum Frühstücken?" Ich musste zu sehr getrödelt haben, denn als ich mein Zimmer verließ, waren die Flure menschenleer. Nirgends eine Menschenseele. Ich hatte den Weg zum Speisesaal vergessen!

Ich wurde für einen Moment panisch, aber nach einigem Suchen gelang es mir, ihn zu finden.

Ich fragte mich, warum Dennis nicht im Flur auf mich gewartet hatte. Bald fand ich heraus, dass die Angestellten alle Patienten so behandelten. Sie wollten, dass wir Verantwortung für uns übernahmen. Es war meine Aufgabe, zum Frühstück zu erscheinen. Wenn ich nicht mit der Gruppe ging, musste ich selbst den Weg finden.

Nachdem ich eine Schüssel Müsli und eine Banane gegessen hatte, ging ich zu meiner ersten Gruppensitzung. Dr. Pilling stellte uns seine Frau Carol vor, eine zart wirkende, brünette Frau in einem modischen Anzug. Ich lauschte gebannt ihrer Ansprache.

„Früher war ich eine professionelle Eisläuferin", begann sie, „bis ich einmal zu oft stürzte. Die wiederholten Verletzungen zogen chronische Schmerzen nach sich, und ich konnte mich nicht mal lange genug aufrecht halten, um ein Toastbrot zu schmieren." Die traurige Erinnerung daran flackerte in ihren Augen auf. „Ich war am Boden zerstört, dass ich meine Karriere aufgeben musste und mich nicht mehr um meine Familie kümmern konnte." Gefesselt von Carols Geschichte, konnte ich mich in ihre Sorgen einfühlen, und zum ersten Mal fühlte ich einen Hoffnungsschimmer. Ihre Inspiration begann in diesem Augenblick und hält bis heute bei mir an.

Später am Tag leitete Dennis eine Sitzung für neue Patienten. Ich fand heraus, dass er ausgezeichnet zuhören konnte. Er wurde unserer Fragen nie müde. Die Übung in dieser Sitzung war einfach: Wähle einen Partner, der sich mit geschlossenen Augen auf den Boden legt und über ein vorher bestimmtes Thema fünf Minuten lang redet.

Die andere Person saß daneben und hörte zu. Ich wählte Debbie als Partner, die vierzigjährige Frau eines Arztes, die seit dem Ausbruch einer Lungenentzündung von Valium und Schmerztabletten abhängig war. Die Erkrankung hat bei ihr chronische Schmerzen verursacht. Ich schlug vor, als Erste zu liegen und zu reden. Das von Dennis vorgegebene Thema an diesem Tag war: „Woran erinnerst du dich, als du fünf Jahre alt warst?"

Der Blick zurück

Ich sprach darüber, wie es war, in Deutschland während des Krieges aufzuwachsen – und auch über meine damalige beste Freundin Rosie Oetken. Sie war ein sehr hübsches Mädchen mit Lachgrübchen. Da ihre Mutter Schneiderin war, hatte sie viele schöne Kleider. Ich war ziemlich eifersüchtig auf ihre Garderobe, meine eigene bestand aus schäbigen, abgetragenen Klamotten. Manchmal schämte ich mich, neben ihr zur Schule zu laufen. Mein Neid wurde mit jedem neuen Kleidungsstück größer. Ich hätte gerne gehabt, dass meine Mutter sich auch so um mich gekümmert hätte, wie Rosies Mutter es mit ihr tat. Jeden Morgen winkte ihre Mutter ihr auf dem Weg zur Schule hinterher. Meine Mutter winkte nie. Sie war zu deprimiert, da sie uns kaum ernähren konnte. Meistens waren die Küchenschränke leer, und wir mussten uns als Kinder um uns selbst kümmern.

Wenn wir es schafften, irgendwo ein Stück trockenes Brot zu stibitzen, dann war das unser Frühstück.

Wie ich so fortfuhr, über meine depressive Mutter zu sprechen, wurde Debbie ein bisschen aufgeregt. „Gerda, hör auf zu weinen, ich kann dich kaum verstehen“, bat sie mich.

Es stimmte. Ich heulte wie ein Baby. So viele Jahre hatte ich meine Angst, Wut, Verwirrung und meinen Kummer unterdrückt – erst recht als Kind, in dieser prägenden Lebensphase.

„Es tut mir so leid, dass du so eine miese Kindheit hattest“, sagte mir Debbie mit Tränen in den Augen. „Das muss schrecklich für dich gewesen sein.“

Es war das erste Mal, dass ich mich mit meiner Vergangenheit auseinandersetzte. Ich war 5000 Kilometer gereist, um meine Vergangenheit zu vergessen, aber nun begriff ich, dass ich diese furchtbaren Erinnerungen in mir befreien musste, um mit ihnen klarzukommen. Ich hatte den ersten Schritt getan. Hatte ich genug Mut für den nächsten?

MEIN (ÜBER-)LEBEN ALS KIND (1938-1945)

Ein weiterer Traum, der sich seit Kindheitstagen wiederholte, lief so ab: Ich gehe eine Straße entlang, als ich plötzlich den Halt verliere und eine steile Klippe hinunterstürze.

Mein Körper verfängt sich in einigen Zweigen, und ich starre hinunter in ein tiefes, dunkles Loch. An dieser Stelle wache ich stets auf. Sobald ich weiß, wann ich diesen kleinen inneren Film anhalten muss, falle ich nicht mehr – und erfahre auch nicht, was unten am Abgrund ist. In vielerlei Hinsicht ist dies eine treffende Metapher für mein Leben: Man kann das Angstmachende meiden, doch dann bekommt man nicht die Gelegenheit, sich vin seiner Angst zu befreien.

Ich erblickte das Licht der Welt am 7. Oktober 1938. Gerne würde ich daran glauben, dass irgendjemand glücklich war über meine Geburt, aber diese Illusion starb schon vor langer Zeit mit vielen meiner anderen naiven Annahmen. Die genaue Geburtszeit ist unbekannt, aber mir wurde erzählt, dass ich schreiend auf die Welt kam. Vielleicht konnte ich ahnen, dass mein Leben schwierig werden würde, und ich wollte noch ein bisschen länger in meinem beschützenden Kokon bleiben. Nie mehr würde ich mich so geborgen und sicher fühlen.

Geboren wurde ich in einer Stadt namens Bad Charlottenbrunn, eingebettet in das friedliche Riesengebirge (Sudentengebirge) in Schlesien, dem damaligen Osten des Deutschen Reiches. Die nächstgelegene größere Stadt Breslau lag etwa 80 Kilometer entfernt.

Nach dem Zweiten Weltkrieg wurden große Teile Schlesiens polnisch, aber zum Zeitpunkt meiner Geburt hätte dies niemand für möglich gehalten.

Viele strömten damals nach Bad Charlottenbrunn, um sich von ernsten Krankheiten zu erholen. Der angesehene Badekurort war ein friedlicher Zufluchtsort für jene, die dessen heilende Eigenschaften schätzten. Die Männer dort arbeiteten entweder im Steinkohlebergwerk oder in der örtlichen Porzellanfabrik. Die Frauen blieben zu Hause, kochten Mahlzeiten und zogen die Kinder groß.

Meine Eltern und Geschwister

1933 heirateten meine 19-jährige Mutter Gertrud Gärtner und mein 23-jähriger Vater Fritz Hartwich.

Sie sind hier abgebildet auf ihrem Lieblingstransportmittel.

Ein Jahr später wurde ihre erste Tochter Ilse geboren. Zweieinhalb Jahre später kam die zweite Tochter auf die Welt: Edeltraut, die von allen Traute genannt wurde. Knapp ein Jahr danach wurde ich geboren. In der kurzen Zeit von fünf Jahren war die Hartwich-Familie von zwei auf fünf Personen gewachsen. Wir waren nicht gerade arm – wir lebten in einer Wohnung mit den grundlegenden Dingen des täglichen Lebens –, aber ich frage mich oft, ob meine Eltern in diesen frühen Jahren glücklich waren. Vielleicht waren sie aber auch zu beschäftigt mit dem Großziehen von drei kleinen Kindern gewesen, um an so etwas Abstraktes wie das Glück zu denken.

Wie die meisten habe auch ich nur spärliche Erinnerungen an meine früheste Kindheit. Ich musste die vergessenen Details zusammentragen, indem ich in späteren Jahren mit meiner Tante sprach und die Familienfotos studierte.

Das Folgende weiß ich über meine Mutter: Sie war eine schlanke, zierliche Frau mit dunkelblondem Haar und blauen Augen. Ihr kurzgeschnittenes naturgewelltes Haar schmeichelte ihrer Erscheinung. Obwohl sie nicht dem klassischen Schönheitsideal entsprach, sah sie sicherlich gut aus. Meine Mutter war von Natur aus freundlich und hatte nicht den Hang zum Tratschen, wie viele andere in der kleinen Stadt. Ihr größter Makel in den Augen ihrer Schwiegereltern war, dass sie aus ärmlichen Verhältnissen stammte. Die Eltern und die Schwester von Fritz glaubten, dass er die falsche Frau gewählt hatte, und zeigten ihrer Schwägerin gegenüber keinen Respekt. Vielleicht liegt deshalb auf den alten Fotos immer ein Hauch von Traurigkeit um ihre Augen.

Mein Vater war klein von Statur. Er hatte tief liegende stahlblaue Augen und eine eher markante Nase. Von Natur aus unruhig, schien er immerzu auf der Suche nach Arbeit zu sein und nahm oft Aufträge für eine Woche oder länger außerhalbder Stadt an. Das Trompetenspielen hatte er sich selbst beigebracht und trat damit in einer Zirkusband auf. Er nutzte auch die Angebote vor Ort und arbeitete im Bergwerk oder in der Fabrik. Ich glaube, am glücklichsten war er, wenn er weggehen konnte, da es dann einfacher für ihn war, seinem Teil der Verantwortung für uns drei Mädchen zu entkommen. Tatsächlich war er auch keine große Hilfe im Familienalltag, selbst wenn er da war.

Das Interesse meiner Eltern an Politik – und somit an der steigenden Popularität Hitlers – war minimal. Die Nachrichten in Radio und Zeitung, die auf Hitlers wachsenden Zuspruch hindeuteten, hatten für sie keine Bedeutung.

Das untere Foto zeigt die Eltern meines Vaters (links), deren Tochter Erna in der Mitte und ihre beiden Jungs, Robert (hinten) und Fritz (vorn).

Die Schwester meines Vaters, meine Tante Erna, war der Sonnenschein ihrer Eltern. Sie war eine talentierte Frau, die perfekt kochen und nähen konnte. Durch diese Talente konnte sie zusätzlich Geld verdienen. Es gelang ihr dadurch, so sparsam zu wirtschaften, dass sie ihre Mutter (meine Großmutter), zu sich nach Hause holen konnte nachdem deren Mann (mein Großvater) an Krebs gestorben war. So lebte sie mit ihrer Mutter und ihrem Mann Willi zusammen unter einem Dach.

Onkel Willi war ein wunderbarer Mensch. Ich habe ihn nie kennengelernt, aber jeder lobte ihn als wahrhaften Familienmenschen im besten Sinne des Wortes. Er arbeitete nicht nur hart und nahm jede Arbeit an, um Essen auf dem Tisch zu haben, es war ihm auch sehr wichtig, mit seiner Tochter zu spielen. Er hatte eine wunderbare Beziehung mit meiner Tante, die ihn verehrte. Sogar meine Großeltern liebten ihn mehr als ihren eigenen Sohn, meinen Vater Fritz.

Tante Erna und Onkel Willi hatten zwei Kinder: Klaus und Inge, die sechs und drei Jahre alt waren, als ich geboren wurde. Ernas zusätzliche Einnahmen und das Gehalt meines Onkels von seiner Arbeit in der Porzellanfabrik ermöglichten ihnen ein Leben in Wohlstand.

Meinen Großvater väterlicherseits habe ich nie kennengelernt, da er starb, als ich noch ziemlich klein war. Ich erfuhr, dass er Vorsitzender und Aufseher der Minenarbeiter gewesen war. Meine Tante erzählte gerne eine lustige Geschichte über seinen ‚wertvollsten' Besitz – sein Fahrrad, das er lieber hochnahm, um es durch eine Pfütze zu tragen, als damit durchs Wasser zu fahren. Im Winter nahm er es auseinander, um es zu reinigen. Jedes Einzelteil wurde aufgehängt, um sorgfältig trocknen zu können.

Diese wenigen Details über meine frühe Familiengeschichte sind alles, was ich über die Jahre zusammentragen konnte. Es ist nicht gerade viel – eher im Gegenteil, leider ziemlich wenig.

Der Krieg

Als Hitler immer mehr an Macht gewann, konnte man die Politik nicht weiter ignorieren. Gerüchte über einen bevorstehenden Krieg kursierten im Radio und in den Zeitungen, wodurch sich mein Lebensweg bald drastisch ändern sollte. Da ich noch sehr jung war, kann ich den genauen Zeitablauf nur schwer wiedergeben.

Ich habe versucht, die Ereignisse von den verblassten Erinnerungen meiner Verwandten zusammenzutragen. Als ich etwa ein Jahr alt war, teilte mein Vater uns mit, dass er in der Armee dienen musste und er nach Wilhelmshaven an die Nordsee gesendet werden würde. Die Angst sickerte langsam in die Häuser, als die Männer gingen, um ihre Pflicht zu tun. Die nun eintretende Realität des Krieges erschütterte die einst verschlafene Stadt. Frauen in Trauerkleidung verrieten ihre Befürchtung, dass ihre Liebsten nie wieder nach Hause kämen.

Meine Mutter verfiel in Panik, als ihr klar wurde, dass sie ihre Heimat verlassen musste. Sie wusste noch nicht einmal, wo Wilhelmshaven lag, aber da mein Vater in die Waffen-SS eingezogen wurde, hatte sie keine andere Wahl, als mit ihm zu gehen. Geplant war, dass mein Vater zuerst gehen würde, um sich um eine sichere Unterkunft zu kümmern. Einige Wochen später teilte er uns in einem Telegramm mit, dass er eine Wohnung gemietet hatte und wollte, dass wir nachkämen.

Ich war noch zu klein, um zu reisen, besonders während der Unsicherheiten und Gefahren des Krieges. Meine Großmutter und Tante überredeten meine Mutter, mich in ihrer Obhut zurückzulassen. Den beiden gewillten Frauen war es ein leichtes, meine Mutter einzuschüchtern. Mit ihrem schwachen Willen gab sie wahrscheinlich schnell nach, ohne wirklich um mich zu kämpfen. So kam es, dass ich mit einem Jahr zum ersten Mal von meiner Mutter und meinen Schwestern getrennt wurde.

Abschied von der Familie

Ungefähr eine Woche nach Erhalt des Telegramms brachen meine Mutter, Ilse und Traute auf nach Wilhelmshaven. Meine Tante erinnerte sich, dass der Abschied sehr steif und emotionslos verlief. Keine Umarmungen, keine Tränen. Einige stoische Handschläge wurden ausgetauscht, und dann waren meine Lieben verschwunden. Ich sollte sie drei Jahre lang nicht sehen. Oft frage ich mich, ob diese frühe Trennung und der Mangel an gemeinsamer Zeit, am gemeinsamen Spielen, der Grund für unsere späteren Beziehungsprobleme war.

Mein Vater teilte Tante Erna in einem Brief mit, dass Frau und Kinder gut angekommen seien. Er erwähnte auch, dass sie sich gut einlebten unter den 100 000 Einwohnern von Wilhelmshaven. Die Stadt hatte eine riesige Schiffswerft, die U- Boote und andere Schiffe fertigte und reparierte. Mein Vater wurde als Schweißer ausgebildet, und sein Beitrag zu den Kriegsanstrengungen in dieser Zeit war die Herstellung der Schiffe.

Währenddessen kämpfte Tante Erna in Bad Charlottenbrunn darum, ihre beiden Kinder – Klaus und Inge – , mich sowie ihre Mutter durchzubringen. Sie vermisste die Unterstützung ihres geliebten Willis, der ebenfalls in Hitlers Armee eingezogen worden war. Die Tatsache, dass er Kinder hatte, schien nicht zu zählen, und er wagte es nicht, seine Pflicht zu ignorieren: Jeder, der den Dienst verweigerte, verschwand für immer. Die Frauen verband die Angst um das Leben ihrer Männer und Söhne. Sie erwarteten alle ängstlich die Ankunft des Postboten. Anfangs kamen Onkel Willis Briefe noch regelmäßig an, nach einer Weile aber blieben sie aus.

Eines Tages bekam Tante Erna ein Telegramm. Angst ergriff ihr Herz, als sie uns alle am Tisch versammelte, sodass sie den gefürchteten gelben Umschlag öffnen konnte. Er bestätigte, dass Wilhelm Fiedler vermisst wurde. Meine Tante schrie verzweifelt:

„Oh nein, nicht mein Willi!“ Klaus, Inge und ich starrten einander an. Obwohl meine Tante eine schreckliche Last zu tragen hatte, musste sie stark sein, um die ihr Anvertrauten zu beschützen. Ihre Mutter, ihre beiden Kinder und ich waren von ihr abhängig.

Ein anderes Mal kam Tante Erna vom Markt und sagte:

„Kannst du dir vorstellen, dass der Metzger kein Fleisch hat?“ Sie war außer sich bei dem Gedanken, hungern zu müssen. „Es gibt nicht einmal mehr Früchte oder Gemüse“, sagte sie. Die Nahrungsmittelknappheit war eine weitere Erinnerung an den bestehenden Krieg. Der Gesichtsausdruck der Frauen in der Stadt wurde immer ängstlicher, besonders wenn die Verkäufer den Kunden sagen mussten: „Kommen Sie morgen wieder, vielleicht bekomme ich dann eine Lieferung.“ Alle machten sich Sorgen um die Zukunft. Wir fragten uns, ob wir genug Lebensmittel für die nächste Mahlzeit bekommen würden oder ob dieser Einkauf der letzte sein würde.

Ebenso sorgten wir uns um die medizinische Versorgung. Wir beteten alle darum, gesund zu bleiben, aber 1940 wurde meine fünfjährige Cousine Inge ziemlich krank. Meine Tante war seit einigen Tagen beunruhigt, da Inge nichts mehr essen wollte und Fieber hatte. Schließlich brachte Tante Erna ihr Kind zum Hausarzt. Zu ihrer Überraschung war der Arzt ersetzt worden durch einen neuen Arzt, der offensichtlich Nazi war. Sie erfuhr erst später, dass ihr Hausarzt, der ein sehr freundlicher und wunderbarer Mensch war, eine Frau mit jüdischen Großeltern geheiratet hatte. Er und seine Familie waren verschwunden, und man hat nie wieder von ihnen gehört.

Der neue Arzt stellte bei Inge eine Grippe fest und forderte meine Tante auf, Inge ins Bett zu stecken und ihr Aspirin zu geben. Inge wurde immer apathischer. Sie wollte weder mit mir spielen, noch ließ sie jemanden in ihr Zimmer. Nach einigen Tagen brachte meine Tante sie wieder zu dem Nazi- Arzt. Wieder wurde angeordnet, sie im Bett zu behalten und ihr Aspirin zu geben.

Als eine Nachbarin einige Tage später vorbeikam, flehte sie meine Tante an: „Um Himmels Willen, bringt das Kind ins Krankenhaus – es stirbt!“ Tante Erna trug den geschwächten Körper ihrer Tochter ins Krankenhaus. Inge hatte keine Grippe, sie hatte die Diphtherie, was damals eine schwere Kinderkrankheit war. Aber es war zu spät. Inge war zu schwach, um sich zu erholen. Sie starb.

„Ich will nach Hause, Mama!“

Jahre später, als meine Tante mir die Geschichte erzählte, sagte sie, dass Inge in ihrem Krankenhausbett aufgestanden und mit erhobenen Armen gesagt hatte: „Ich will nach Hause, Mama.“ Damals hatte sie ihrem kleinen Mädchen versichert, dass sie schon bald nach Hause könne. Jahre später, als tiefgläubige Christin, war meine Tante davon überzeugt, dass ihre Tochter sich auf das ‚himmlische Zuhause‘ bezogen hatte.

Der Tod ihrer Tochter zerstörte Tante Erna, vor allem weil die falsche Diagnose zum vermeidbaren Tod geführt hatte. Meine Tante erzählte mir, dass wenn es ihr damals möglich gewesen wäre, ihre eigenen Augen zu schließen und selbst zu sterben, sie dies mit Freuden getan hätte. Der Verlust ihres Kindes war sicher das Schwerste, was sie je ertragen musste.

Trotz ihrer Schmerzen – oder vielleicht gerade deswegen – nahm sich Tante Erna vor, stark zu sein. Sie hatte immer noch Klaus, ihre Mutter und mich, um die sie sich kümmern musste, und wir brauchten sie in der Tat.

Da ich so wenige Kleider hatte, zog Tante Erna mir die Kleider ihrer verstorbenen Tochter an. Erst jetzt als erwachsene Frau habe ich begriffen, wie liebenswürdig dies von ihr war und wie schmerzhaft es für sie gewesen sein musste.

Ihre Tochter zu verlieren war fast unerträglich, aber Tante Erna versuchte alles, um uns aufzumuntern. Sie bemühte sich,

Milch und Eier von unseren freundlichen Mietern zu bekommen. Diese Zutaten wurden meistens für Pfannkuchen verwendet, und – kaum zu glauben – ich wurde es bald so leid, Pfannkuchen zu essen! Damit ich noch eine Gabelvoll hinunterzwang, musste meine Tante mich mit einem Gummibärchen bestechen. Sie flehte mich an: „Iss noch eine Gabel,

Gerda, dann bekommst du auch was Süßes.“ Da es fast keine Schokolade oder andere Süßigkeiten gab, würgte ich den letzten Bissen hinunter, um etwas Süßes zu bekommen.

Trotz Lebensmittelknappheit kamen wir gerade so über die Runden. Ich kann mich nicht daran erinnern, Spielzeug oder Bücher besessen zu haben. Die Stadt war so klein, dass auch wenn wir freie Zeit hatten, es nicht viel zu tun gab. Dazu kam, dass ich ständig Angst vor den freilaufenden Truthähnen hatte, die neben Tante Ernas Grundstück herumliefen. Ich erinnere mich genau, wie die großen Vögel mich eines Tages verfolgt haben, weil ich ein rotes Kleid anhatte, welches sie wohl gereizt haben musste. Ich schrie wie am Spieß, rannte zum Toilettenhäuschen und stellte mich brüllend auf das erhöhte Bord, damit mich jemand rettete.

Ich kann jedoch nicht behaupten, dass alle meine Erinnerungen aus dieser Zeit schlecht sind. So besinne ich mich sehr gerne an die Zeit zurück, als ich mit meiner Tante in den Hügeln hinter unserer Wohnung Blaubeeren gepflückt habe und wie wir dieselben Hänge im Winter mit den Schlitten hinunterrutschten. Ich hatte Glück, dass ich sowohl am Leben als auch die meiste Zeit gesund war. Bis auf das Jahr 1942, als ich mit vier Jahren Diphtherie bekam.

Wiedervereinigung mit Abschied

Damals bestand die einzige Heilungschance in einer Bluttransfusion. Das Blut musste von meinen Eltern stammen. Mein Vater war mittlerweile in Frankreich stationiert; meine Mutter war in

Wilhelmshaven. Beide mussten eine weite Strecke zurücklegen, aber sie reisten an. Per Zufall waren beide sogar eine Zeitlang im gleichen Zug, ohne es zu wissen. Ich erinnere mich nicht, wie ich mich fühlte, sie wiederzusehen, ich war ja erst vier. Aber meine Familie war eher nüchtern als herzlich.

Nachdem ich die Transfusion erhalten hatte, ging es mir besser. Mein Vater fuhr sofort zurück nach Frankreich, aber meine Mutter blieb bei mir in Tante Ernas Haus, bis sie sicher war, dass ich stabil genug war, um mit ihr nach Wilhelmshaven zu reisen. Als unsere Abreise näher rückte, war ich widersprüchlichen Gefühlen ausgesetzt. Ich freute mich einerseits über die Aussicht, wieder mit meinen Schwestern vereint zu sein, die ich drei Jahre lang nicht gesehen hatte. Andererseits war ich traurig, mich von Tante Ernas Fürsorge zu verabschieden.

Die Zugfahrt nach Wilhelmshaven war furchtbar. Wir mussten stundenlang auf den Zug warten, und als er einfuhr, brach ein solches Chaos aus, dass ich durch die schubsenden und drängelnden Reisenden von meiner Mutter getrennt wurde.

Der Bahnhof wirkte auf einmal so groß und angsteinflößend mit dem Durcheinander an Menschen, die alle in unterschiedliche Richtungen strömten. Das Geräusch der quietschenden Bremsen und der aufsteigende Dampf der Züge, die ein und aus fuhren auf einem riesigen Feld von Gleisen, überforderte mich. Ich war außer mir.

„Mama, Mama, wo bist du?“, schrie ich verzweifelt. Endlich bemerkte ein älterer Mann meine Not und führte mich zu meiner Mutter. Er hob mich vom Bahnsteig hoch und reichte mich durch das Zugfenster in ihre Arme. Ich kann mir denken, wie erleichtert meine Mutter war.

Der Zug war vollgestopft mit Menschen. Wir hatten Glück, einen Sitzplatz zu finden. Auf dem Schoß meiner Mutter schlief ich endlich ein. Einige Stunden später erwachte ich hungrig und durstig. Wir mussten in Hamburg umsteigen. Da meine Mutter ziemlich schüchtern und introvertiert war, wenig Selbstvertrauen hatte, muss die ganze Reise für sie qualvoll gewesen sein. Luftangriffssirenen ertönten in der Ferne. Deutschland stand zu dieser Zeit unter regelmäßigen Bombenangriffen, aber für mich war es das erste Mal, dass ich dieses Geräusch hörte, und ich fürchtete mich. Flugzeuge flogen sehr niedrig über uns, die Leute kreischten und meine Mutter hielt mich so fest, dass ich kaum atmen konnte. Irgendwie schafften wir es, den nächsten Zug zu erreichen. Wir kamen in Wilhelmshaven mit zehn Stunden Verspätung an.

Als wir zu Hause ankamen, waren Ilse und Traute überglücklich, mich zu sehen. „Schau nur wie groß du bist!“, riefen beide. Ilse hob mich hoch und wirbelte mich durch die Luft. Fast ließ sie mich fallen.

Dann umarmten wir uns alle, glücklich, wieder zusammen zu sein. Mir fiel auf, wie dünn und blass meine Schwestern waren. „Mach dir keine Sorgen“, sagte Traute mit einem zuversichtlichen Lächeln auf dem Gesicht, „wir finden schon was zu essen.“

Hanna Vasserlovsky passte auf meine Schwestern auf, während meine Mutter außer Haus war. Oft hörte ich meine Mutter sagen: „Ich bin ja so froh, dass du dich um meine Kinder kümmerst, wenn ich könnte, würde ich dir gerne etwas dafür geben.“ Ich glaube, sie umarmte Frau Vasserlovsky stattdessen. Vielleicht brachte uns das Elend des Krieges wenigstens etwas näher zusammen.

„Gertrud, meine liebe Freundin, ich bin froh, dass ich dir helfen konnte“, antwortete Hanna strahlend. Auch wenn sie schäbig gekleidet war, waren ihr Augenzwinkern und ihr freundliches Auftreten ansteckend – wir fühlten uns für einen Moment glücklich, friedvoll und zufrieden.

Nachdem Frau Vasserlovsky uns verabschiedet hatte, schaute ich mir mein neues Zuhause an. Unsere Wohnung war im ersten Stock. Sie bestand aus einem Wohnzimmer, zwei Schlafzimmern, einem Badezimmer und einer kleinen Küche. Einige der Möbel waren uns geschenkt worden, und anderes stammte aus dem Second-Hand-Laden. Obwohl die Räume klein waren und es keine Heizung oder warmes Wasser gab, war es gemütlich.

Die benachbarten Familien taten sich zusammen und bestellten eine Lieferung von 100 Pfund Kohlen bei einem Kohlenlieferanten. Wir benutzten Kleinholz und Zeitungen, um die Öfen anzuheizen. Es war also etwas mühsam zu kochen, das Haus zu heizen oder in warmem Wasser zu baden.

Im Haus gab es fünf Wohnungen. Der Dachboden wurde im Winter und an regnerischen Tagen zum Wäscheaufhängen genutzt.

Im Keller hatten wir einen kleinen Vorratsschrank und eine Waschküche, die von allen fünf Familien genutzt wurde. Ein großer schwarzer Kessel wurde mit Wasser gefüllt und mit Kohle oder Holz beheizt für die Kochwäsche.

Trostlose Umgebung, aber strahlende Augen

Trotz der trostlosen Umgebung waren wir froh, wieder vereint zu sein. Meine ältere Schwester Ilse war sehr süß, hilfsbereit und freundlich. Obwohl sie dünn und blass war, strahlten ihre blauen Augen, und ihr platinblondes Haar glitzerte. Traute, die nur ein Jahr älter als ich war, hatte sanfte braune Augen und ein liebenswertes Gesicht, obwohl auch sie sehr dünn war. Sie hatte einen wachen Geist und die Gabe, uns trotz der Sorgen zum Lachen zu bringen.

Ich mochte das Wetter nicht besonders in meiner neuen Heimatstadt. Es war deprimierend. Tagelang regnete es, was für diesen Teil Deutschlands nicht unüblich war. Die Feuchtigkeit und der bedeckte Himmel waren eine triste Ergänzung zum Hunger in unseren Bäuchen. Oft, wenn unsere Schränke leer waren, gab uns Frau Vasserlovsky etwas Suppe oder ein paar Scheiben Brot. Als die Nahrungsmittel immer knapper wurden, teilte man Essensmarken aus, um die gerechte Verteilung der ungenügenden Lieferungen zu gewährleisten. Manchmal tauschten wir sie in Geld ein, um davon anderes Lebensnotwendiges zu kaufen wie Schuhe oder Kleider.

Bunker-„Routine": Hunger, Kälte und Sirenen

Noch etwas anderes machte aus Wilhelmshaven einen ungemütlichen Ort: Es war ein bevorzugtes Ziel für die Bomben der Alliierten. Da sich in der Stadt die größte Schiffswerft für den Bau und die Instandsetzung von U-Booten befand, war sie das Ziel von vielen Luftangriffen. In der Tat war am Ende des Krieges die halbe Stadt zerstört.

Rückblickend betrachtet ist es schon erstaunlich, woran sich die Menschen und sogar Kleinkinder anpassen können.

Die Bombardements waren so häufig, dass ich den Routineablauf schnell erlernte: Sobald die Luftangriffssirenen ertönten, machten wir das Radio an, um abschätzen zu können, wann die Bombardierung beginnen würde.

Ich erinnere mich, wie meine Mutter „Beeilt euch!" brüllte, als wir zu den Bunkern rannten, zu denen wir zu Fuß zehn Minuten brauchten. Die Luftangriffe fanden tags und nachts statt. Meistens schliefen wir in unseren Kleidern, damit wir im Dunkeln schnell losrennen konnten. In der Eile konnten wir nichts mit uns nehmen. Um uns Kindern die lange Wartezeit, bis wir wieder nach Hause konnten, zu verkürzen, spielten wir „Ringlein, Ringlein, du musst wandern". Ein Spiel, bei dem ein Ring oder ein anderer kleiner Gegenstand geheim von einem zum anderen weitergereicht wurde und man raten musste, wer den Ring hatte.

Der Bunker war eine riesiger fünf- bis sechsgeschossiger Betonzylinder mit etwa drei Meter dicken Wänden. Es gab viele solcher Zufluchtsorte in der Stadt verteilt, man sah sie überall. Verständlicherweise hatten sie keine Fenster. Eine Wendeltreppe schlängelte sich die Innenwände hoch, entlang der Gänge waren Sitzbänke aus Beton aufgestellt. Die älteren Leute nahmen die Plätze in den unteren Etagen in Anspruch, während die Kinder die Treppen nach oben nahmen, was ich als angemessen empfand.

Manchmal saßen wir stundenlang fest ohne Essen und Trinken. Oft zitterten wir genauso vor Hunger wie vor Kälte.

Wenigstens konnten wir uns zusammenkuscheln, um uns zu wärmen. Was war es für eine Erleichterung, wenn die Entwarnungssirene ertönte und wir nach Hause konnten! Damals ahnte ich es nicht, aber der Klang der Sirenen sollte mich noch jahrelang später quälen.

Bei meiner Mutter machten sich Schwächeanzeichen bemerkbar. Sie war ständig müde und deprimiert. An einigen Tagen blieb sie im Bett, und wir mussten alleine für uns sorgen. Oftmals bettelten wir von Haus zu Haus um eine Scheibe Brot. Gott sei Dank gaben uns die Nachbarn, die uns kannten, alles Essen, das sie sich absparen konnten.

Dennoch zeigte sich der Nahrungsmangel an unseren Körpern. Häufig wurde ich ohnmächtig. Ich bin sicher, es kam daher, weil ich so hungerte, aber ich wurde nie von einem Arzt untersucht, um dies zu bestätigen. Wenn meine Augen in meinen Kopf zurückrollten, wusste ich, dass ich bald umkippen würde. Manchmal sah Ilse jemanden, der „Tod" hieß und Geige im Flur spielte. Sie fragte uns, ob wir ihn auch sehen könnten.

Meine Ohnmachtsanfälle hörten nicht auf, aber meine Albträume waren noch schlimmer. Jedoch wurde nichts davon ernst genommen. Niemand war da, dem ich meine Ängste hätte anvertrauen können. Jeder hatte seine eigenen Sorgen. Ohne dass ich es geahnt hätte, wurde die erste Schicht unterdrückter Gefühle angelegt.

Der schlechte Gesundheitszustand meiner Schwestern und mir stürzte meine Mutter noch tiefer in die Depression. Gelegentlich, wenn die Luftangriffssirenen nachts heulten, weigerte sie sich, in den Bunker zu gehen. Stattdessen saß sie in ihrem Bett und starrte die Wand an. Sie schickte uns zum Bunker, und obwohl wir sie nicht allein lassen wollten, rührte sie sich nicht. Ich nehme an, es gab Zeiten, in denen es ihr einfach egal war, ob sie weiterleben oder sterben würde.

An anderen Tagen hatte sie wieder mehr Lebenswillen, und sie suchte bewusst den Schutz des Bunkers auf. Einmal, nachdem der Radiosprecher einen besonders schweren Angriff vorhergesagt hatte, führte unsere Mutter uns den Weg, während die Sirenen in der Nacht heulten. Als wir am Bunker ankamen, war er bereits überfüllt, und wir mussten nach Hause umkehren. Ich erinnere mich, wie meine Mutter schrie:

„Schneller, schneller!" Da stolperte ich über meinen Schnürsenkel. „Sie sind gleich hinter uns!", kreischte meine Mutter, aber ich konnte nicht schneller rennen.

Die röhrenden Flugzeuge in der Ferne wurden lauter.

„Beeilt euch, schnell!", spornte meine Mutter uns an. Als wir fast da waren, erkannten wir endlich unser Haus – sie ähnelten sich alle in der bedrückenden Dunkelheit. Wir huschten in den Keller und waren überrascht, dass einige unserer Nachbarn schon da waren.

Ilse machte das Licht an, damit wir uns orientieren konnten.

„Mach das Licht aus, du dummes Mädchen!", schrie jemand. Im Stockdunkeln atmeten wir nervös den Staub und die Feuchtigkeit ein, das Röhren der todbringenden Flugzeuge über uns. In dieser Nacht waren wir außerhalb der Reichweite der zerstörerischen Flugzeuge. Unsere Leben wurden wieder einmal verschont. Die Entwarnungssirenen stimmten ihren paradoxerweise traurig klingenden Ton an, und wir schlüpften angezogen unter unsere Decken, bis die nächste Sirene unsere zitternden Körper wieder erheben würde.

Wenn man bedenkt, wie viele Bomben fielen, erscheint es wie ein Wunder, dass unsere Wohnung nie direkt getroffen wurde. In größter Gefahr waren wir einmal, als wir zum Schutz in den Keller gegangen waren und einen Bombenflieger direkt über uns hörten. Als wir wieder zurück in unserer Wohnung waren, hatte einer unserer Nachbarn ein Loch in seinem Dach, und sein Küchentisch war verbrannt.

Als die Luftangriffe immer häufiger stattfanden, wurden auch der Transport und die wirtschaftliche Versorgung unterbrochen. Den Geschäften war es nicht möglich, Kleidung, Schuhe oder Nahrungsmittel einzulagern, da immer mehr der Ressourcen für den Krieg verwendet wurden.

Als es richtig kalt wurde, wagten wir uns nicht nach draußen. Unsere Schuhe waren so abgenutzt, dass sie kaum zu gebrauchen waren. Meine dünne Jacke wärmte nicht, auch wenn ich sie nachts im Bett trug. Meine Schwestern rückten mein Bett von der Wand ab, da ich so sehr beschäftigt war, das Eis von den Wänden zu kratzen, und nicht zum Schlafen kam.

Ich kann mich kaum erinnern, je aus den Fenstern im Winter geschaut zu haben. Sie waren so dick zugefroren, dass man keine Sicht nach draußen hatte. Gelegentlich hauchte ich die undurchsichtige Fensterscheibe an, um ein kleines Loch ins Eis zu schmelzen. Dann konnte ich einen Blick auf die verdrießliche Welt werfen. Ich wusste nicht was schlimmer war: der Hunger, die Kälte oder das endlose Heulen der Sirenen.

Mit kindlichem Optimismus machten Ilse und ich das Beste aus der schwierigen Lage. Nach den Luftangriffen sammelten wir Granatensplitter. Diese besonderen Überbleibsel der Zerstörung, manchmal noch warm von der Explosion, dienten als Spielzeug, als Wurfeisen, um genau zu sein. Wir wetteiferten oft stundenlang, wer sie näher an ein Ziel werfen konnte.

Ich erinnere mich auch an eine Zeit, als die Brennkohle knapp wurde. Einmal sagte der freundliche Händler meiner Mutter, er könne ihr nur eine große Baumwurzel anbieten – aber sie müsste sie selbst zerteilen. Sie war viel zu schwach, um eine Axt zu schwingen und es gab auch keine arbeitslosen Männer, die hätten helfen können.

Wir Kinder suchten in der Nachbarschaft nach irgendetwas Brennbarem. Ilse sah einen Nachbarn, wie er Teile einer Parkbank stahl, um sie als Brennstoff zu nutzen. Wenn sie dort zuerst gewesen wäre, hätten wir aufhören können zu suchen. Stattdessen fragten wir meine Mutter, ob wir den alten Holzstuhl in der Wohnzimmerecke zerhacken könnten. „Macht nur“, sagte sie. Die Augen in ihrem kleinen Gesicht strahlten Niedergeschlagenheit aus, aber sie wusste, dass der Winter fast vorbei war. Als die Tage etwas länger und wärmer wurden, konzentrierte sich meine Mutter darauf, Samen zu finden, die wir pflanzen könnten. Vielleicht würde der Frühling freundlicher werden.

Aus Wochen wurden Monate. Die Luftangriffe nahmen langsam ab, aber Hunger und Erschöpfung waren stets unsere täglichen Begleiter. Eines Tages, als wir vergeblich nach etwas Essbarem gesucht hatten, waren Ilse, Traute und ich so hungrig, dass wir uns entschlossen, einen Mischmasch aus Essig und gemahlenem Kaffeeersatz herzustellen. Das waren die einzigen Lebensmittel in der Speisekammer. Es schmeckte furchtbar. Wir spukten die widerliche Mischung aus und spülten unsere Münder mit Wasser.

Da es Sommer war, entschieden wir, unsere Suche nach Essen draußen fortzusetzen. Wir kamen an eine Stelle mit stechenden Disteln, die wir pflückten und mit nach Hause nahmen. Wir kochten unseren „Spinat“ – wir taten so als wäre es welcher – im Wasser, fügten etwas Salz hinzu und aßen ihn.

Es war kaum genießbar und es schmeckte überhaupt nicht nach Spinat. Aber wenigstens hörten unsere Mägen eine Weile auf zu knurren.

Auch wenn die Gefahr, bombardiert zu werden, etwas abnahm, fürchteten wir immer noch um unser Leben. Das Gerücht ging um, dass die Deiche an der Nordseeküste gesprengt werden sollten, um durch eine Überflutung das Fortschreiten der alliierten Truppen aus dem Westen aufzuhalten. Wir waren nur zehn Minuten von den Deichen entfernt. Während einige unserer Nachbarn Karren aufluden und weiter südlich wanderten, um weiter entfernt von den Flutwellen zu sein, weigerte sich meine Mutter wegzugehen.

„Wenn wir sterben sollen", sagte sie „dann können wir das genauso gut zu Hause." Das Gerücht über die Sprengung verlief sich im Sand. Ein, zwei Wochen später kamen die Weggezogenen wieder zurück.

Ein Ende des Schreckens?

Wieder vergingen Monate. Das Ende des Krieges schien absehbar, denn es gab kaum noch etwas in unserer Stadt zu zerstören. Genau dann kam die Ankündigung der bisher schwersten Angriffe. Die Ladenbesitzer wurden angewiesen, alle Lebensmittel und Konserven zu entladen und sie den Stadtbewohnern zu geben.

Es war besser, dass jemand sie aß, als das sie zerstört wurden. Leute, die ein Fuhrwerk besaßen, beluden diese mit Grundnahrungsmitteln. Ilse und ich gingen nach Hause mit einem Kopfkissenbezug voller Zucker und Mehl und mehreren Pfund Butter. Ich wusste nicht, was wir mit der Butter machen sollten, da wir keinen Kühlschrank hatten. Bei kaltem Wetter konnten wir Butter und Milch draußen auf der Fensterbank lagern.

Verständlicherweise war nach den schweren Luftangriffen das Essen noch knapper geworden. Der benachbarte Lebensmittelladen öffnete erst, nachdem er eine Lieferung Mehl bekommen hatte. Einmal, als der Laden geöffnet hatte, schickte meine Mutter Ilse und mich, um einen Laib Brot zu kaufen. Wir wechselten uns ab mit dem Schlangestehen, da man früh da sein musste, manchmal schon um sechs Uhr am Vorabend. Meine Schwester machte die erste Schicht, und wir wechselten uns alle vier Stunden ab.

Wir warteten ganze zwölf Stunden in der Schlange, und unsere größte Sorge war, dass alles ausverkauft sein könnte, bis wir drankamen. Unsere Mägen grummelten, und wir waren erschöpft vom langen Warten. Aber wir wussten auch, dass wir nur schwer schlafen könnten, wenn wir nichts zu essen bekämen. Gott sei Dank wurden wir an diesem besonderen Tag belohnt mit einem noch ofenwarmen Brot. Der verlockende Duft von Frischgebackenem verführte mich, gleich alles aufzuessen. Aber das tat ich nicht. Denn dann hätte das Hungern gleich von vorne begonnen.

Es gab auch andere, allerdings nicht ganz legale Möglichkeiten, an Nahrung zu kommen. Allerdings hatten wir keine Wahl, als Essen zu stehlen, wenn sie die Gelegenheit dazu bot.

Herr und Frau Meyer wohnten uns gegenüber. Ihre Tochter hieß Brigitte. Frau Meyer war sehr beleibt, was für viele verwunderlich war, da alle anderen fast verhungerten. Später fand ich heraus, dass sie ziemlich geschickt war, Essen bei den Bauern zu erbetteln. Frau Meyer kam selten vom Land zurückgeradelt, ohne einen vollen Korb mit Nahrungsmitteln.

Herr Meyer trank gerne. Wir beobachteten ihn, wie er morgens mit seinem Fahrrad wegfuhr, aber wenn er getrunken hatte, hätte es einer Pferdekarre bedurft, um ihn heimzubringen. Anfangs machten uns unsere verrückten Nachbarn ein bisschen Angst, aber nach einer Weile ignorierten wir sie.

Als der Frühling in voller Blüte stand, brachte der Nachbarsgarten einiges Obst und Gemüse hervor. Hier fanden wir die perfekte Gelegenheit, Möhren, Steckrüben, Bohnen oder Gurken zu stehlen. Abends schlichen wir drei Mädchen mit einer Taschenlampe hinaus aus der Wohnung und sammelten Äpfel oder Birnen. Wir fühlten uns nicht gut dabei, anderen Leuten die Ernte wegzunehmen, aber der Hunger trieb uns dazu. Es gab keinen anderen Weg, an etwas Essbares heranzukommen.

Spielen mit wenig Spielzeug

Wir schafften es sogar, ab und an ein bisschen Spaß zu haben. Wir dachten uns Spiele aus, eines davon sah vor, ein Loch in den Boden zu graben. Dann, bewaffnet mit jeweils fünf Murmeln, schnippten wir die Glaskugeln mit unseren Fingerspitzen in das Loch. Diejenige, die mit den wenigsten Versuchen alle fünf Murmeln ins Loch brachte, wurde zur Siegerin erklärt.

Wir spielten auch eine Art Brennball. Wir benutzten einen Stock, keinen Schläger, um den Ball zu schlagen, während ein anderer Spieler um drei Haltepunkte rannte. Es war ähnlich wie Baseball, aber ich kam nie darauf, warum es Brennball hieß. Vielleicht kam der Name vom stechenden oder brennenden Gefühl in unseren Händen, wenn wir den Ball fingen.

Immer wenn wir diese einfachen Spiele spielten, konnten wir wenigstens für ein paar Stunden vergessen, wie schwer das Leben war.

Vaters Heimaturlaub

Ich kann mich nicht an das genaue Datum erinnern, aber ich weiß, dass unser Vater mindestens einmal Urlaub hatte und aus dem besetzten Frankreich nach Hause kam, da unser Bruder Günter 1943 geboren wurde. Obwohl unser Vater Geld nach Hause schicken sollte, tat er es nicht – oder jedenfalls nicht regelmäßig. Eines Tages entdeckte ich den Grund dafür: Er hatte sich ein Motorrad gekauft. Wenn er dieses schnittige Zweirad in der Nachbarschaft fuhr, kamen alle Kinder zusammen, um es anzufassen oder vielleicht sogar die Chance zu bekommen aufzusteigen. Es war ein ziemlich teures Geschenk, das er sich da gemacht hatte. Es ärgerte mich, ihn prahlen zu hören, wie viel Spaß ihm das Fahren machte. Ich nehme an, dass ein ‚Fräulein' oder zwei auch darauf mitgefahren sind. Das glänzende Motorrad mag unser Ansehen für ein paar Tage gehoben haben, aber ich hätte stattdessen lieber Essen und Kleidung gehabt. Auf dem unteren Foto sieht man, wie ich mit ungefähr sechs Jahren auf den Sitz gesetzt wurde.

Als dieser Urlaub vorbei war, wurde mein Vater an die russische Front geschickt. Er parkte sein Motorrad im Keller, und jahrelang war es das einzige Zeichen von ihm. Je länger ich es betrachtete, wie es nutzlos herumstand und Staub sammelte, desto mehr dachte ich: „Warum verkaufen wir es nicht?“ Wir Mädchen sprachen darüber, aber wir hatten schon früh im Leben gelernt, dass Kinder kein Recht hatten, ihre Meinung Erwachsenen gegenüber zu äußern, und so behielten wir die Idee für uns.

Ein Familienerbstück

Obwohl mein Vater niemals zum Vater des Jahres qualifiziert worden wäre, habe ich dennoch wenigstens eine glückliche Erinnerung an ihn. In der Zeit, als er in Schlesien in der Porzellanfabrik arbeitete, stellte er ein vollständiges Set aus zwölf Tischgedecken für seine

Mutter her. Sie behütete es und präsentierte es dekorativ in einem Eckregal. Sie nutzte die Teller voller Freude für besondere Anlässe.

Es gibt eine Geschichte über die Teller, die ich viele Jahre später noch öfters hörte. Im Jahr 1938, als sie noch in Bad Charlottenbrunn lebten, schauten meine Großmutter und meine Tante Erna aus dem Fenster und sahen einige Soldaten auf ihr Haus zukommen. Sie wussten sofort, dass es polnische Soldaten waren und dass sie alles Wertvolle mitnehmen würden. Ohne anzuklopfen schritten sie einfach ins Haus, und einer von ihnen schickte uns mit gestrecktem Zeigefinger zur Tür. „Ihr habt fünf Minuten, um eure persönlichen Sachen zu packen!", rief er aus.

Meine Großmutter und meine Tante erschraken, aber ihnen war sofort klar, dass sie besser gehorchten. Beide Frauen zogen mehrere Kleider übereinander an, um alles besser tragen zu können, und sammelten einige kleinere Dinge wie Schmuck und Bilder. Dann sah meine Großmutter ihr Porzellan und ihre Kristallgläser an. Sie nahm all ihren Mut zusammen, nahm jedes einzelne Glas und Porzellan in die Hand und zerschlug sie auf dem Boden, bis auf zwei. Die kleine Zuckerdose und das Milchkännchen versteckte sie in ihrer Manteltasche. Später schob sie alles in ihr Federbett, welches sie auch retten konnte.

Das folgende Foto zeigt das Milchkännchen und die Zuckerdose, die mein Vater selbst gemacht hatte. Sie landeten schließlich in meinem Haushalt. Der Griff der Zuckerdose ist jetzt abgebrochen, und er erinnert mich an die gebrochene Beziehung, die ich zu meinem Vater hatte.

Wann immer ich zu Besuch bei anderen Leuten bin und kostbare Familienerbstücke sehe und höre, wie liebevoll Erinnerungen darüber ausgetauscht werden, fühle ich mich traurig. Dann ermahne ich mich selbst: Ich habe ein Milchkännchen und eine Zuckerdose mit gebrochenem Henkel, die mein Vater in Schlesien gemacht hat. So wie ich hatten sie eine schwierige Reise, aber jetzt sind sie in Sicherheit.

In der Schule wird … gegessen

Ilse ging nun zur Schule. Sie sagte, es gefiel ihr dort, und wenn man sie fragte, warum, war ihre einfache Antwort: „Ich bekomme was zu essen." Es waren nur ein bisschen Milch und Brot, aber diese kleinen Häppchen brachten mich dazu, die Schule auch zu mögen.

Traute und ich mussten unserem neuen Brüderchen helfen. Das zusätzliche Geschwister brachte unsere Nachbarn dazu, sich zu fragen, ob meine Mutter sich überhaupt um uns alle kümmern könne, aber sie hatten keine Ahnung, wozu meine Mutter alles fähig war.

Das Motorrad verschwand aus dem Keller. Bald danach gab es einige Sachen bei uns zu Hause, die wir sonst kaum sahen: einen Sack Kartoffeln, ein Huhn und ein bisschen Schweinefleisch. Meine Mutter schnitt etwas von dem Schweinefleisch in Scheiben und briet es mit Zwiebeln in der Pfanne an. Mit großer Erwartung verharrten Ilse, Traute und ich schweigend und inhalierten den herrlichen Duft. Wir hatten so lange kein Fleisch mehr gegessen, dass wir es kaum erwarten konnten zum ersten Mal wieder Speck zu essen. Es war eine Mahlzeit, die uns ewig in Erinnerung blieb. Zum ersten Mal seit Jahren waren unsere Mägen voll genug, um sich satt zu fühlen. Indem sie das Fett aufhob, um es als Butter und für Sandwichs zu gebrauchen, verlängerte sie die Freude dieses Essens so lange wie möglich. Als ich später darüber nachdachte, kam ich zu dem Schluss, dass meine Mutter schon vorher Kontakt zu den Bauern aufgenommen haben musste und wusste, dass sie einen guten Handel machen konnte, indem sie das ungebrauchte Motorrad – und all die schmerzhaften Erinnerungen, die es weckte – umtauschte. Damit trug sie entscheidend zu unserem Wohlergehen bei.

1944, als ich sechs Jahre alt war, ging ich in die Schule. Ich war begeistert, denn ich bekam nun regelmäßiger etwas zu essen. Es ging um acht Uhr los, um zehn Uhr hatten wir unsere erste Pause. Ich beobachtete die anderen Kinder, wie sie ihre kleinen Pakete, die in braunem Papier eingewickelt waren, herausnahmen, öffneten und Brote mit Marmelade oder Leberwurst zum Vorschein brachten, die sie von zu Hause mitgebracht hatten.

Ich gewöhnte mir an, in dieser Zeit zur Toilette zu gehen, um zu warten, bis die Pause vorüber war, da ich nichts zu essen hatte. Zwei Stunden später hatten wir eine weitere Pause, bei der die Schule Suppe und Milch ausgab. Ich war glücklich über die Suppe, aber konnte den Gedanken nicht ertragen, Milch zu trinken.

Der Lehrer begutachtete mich und sagte: „Gerda, du siehst dünn und blass aus. Du musst deine Milch trinken.“ Ich versuchte es, aber ich musste immer würgen. Ich konnte sie nicht herunterbringen. Trotzdem durfte ich nicht aufstehen, bis ich sie getrunken hatte. Manchmal dauerte es eine Stunde oder länger. Eines Tages war ich so verzweifelt, dass ich den Lehrer fragte „Könnte ich etwas Kakaomilch haben?"

Manchmal hatte ich Glück, und meine Bitte wurde erfüllt. An diesen Tagen ging die Milch viel leichter runter.

Ich musste mich daran erinnern, dass ich den rechten Arm erheben und „Heil Hitler!" rufen sollte, wenn ich das Klassenzimmer betrat oder einen Nachbarn grüßte. Ich wusste nicht, was es bedeutet, aber ich war niemand, der die Regeln hinterfragte: Ich tat, was man von mir verlangte. Am 20. April 1945 erhielten wir den Befehl, die Nazifahne zu Ehren von Adolf Hitlers Geburtstag aufzuhängen. Ich war damals schon sieben, aber natürlich begriff ich nicht wirklich, was da vor sich ging. Alles, was ich wusste, war, dass wir immer noch wenig Essen und Kleidung hatten und alle Männer immer noch im Krieg waren, bis auf einige Ältere, die hier und da wieder in den Straßen auftauchten.

Ich kam ganz gut zurecht in der Schule, obwohl ich wenig Zeit für Hausaufgaben hatte. Ich hatte so viele Pflichten: einkaufen, betteln oder auf das Baby aufpassen. Ilse oder Traute halfen auch, aber es schien mir, dass ich häufiger als sie aufgefordert wurde.

3

NACH DEM KRIEG: DER INNERE KRIEG (1945-1949)

Nachdem in der Gegend von Wilhelmshaven zwischen 1939 und 1945 mehr als 84 000 Bomben abgeworfen worden waren, kam der Krieg endlich zu einem Ende. Ich erinnere mich noch, als ich sieben Jahre alt war, wie die Nachbarskinder mich riefen: „Gerda, Gerda, komm schnellund schau dir die Panzer an!“ Wir rannten so schnell wir konnten, um die riesigen ratternden Maschinen zu sehen. In unserer Fantasie dachten wir, es wären gigantische Monster. Die alliierten Soldaten schauten oben aus den Panzerluken heraus und warfen uns Bonbons, Kaugummis und Knäckebrot zu. Wir sprangen um die Panzer herum und folgten ihnen den ganzen Weg bis zur Hauptstraße, der Freiligrathstraße. Wir winkten kreischend und streckten unsere Hände nach mehr Süßigkeiten. Nach so vielen Jahren des Elends und der Entbehrungen erschien uns diese Geste des Überflusses wie ein Freudenfest. Auch die Menschen in der Menge – vor allem die Frauen – schienen freundlicher als sonst zu sein. Wir fühlten die Aufregung, die in der Luft lag, und glaubten, dass von nun an alles gut werden würde. Wie wenig ahnten wir, dass die harten Zeiten uns weiterverfolgen würden.

Hilfe vom Sozialamt

Seit Ilse, Traute und ich in die Schule gingen, erhielten wir mehr Aufmerksamkeit. Bald schon fiel unseren Lehrern unsere körperliche und emotionale Verwahrlosung auf. Eines Tages im Sommer, als ich am Fenster auf Ilse wartete, sah ich, wie eine Frau mit Aktenkoffer auf unser Haus zukam. Ich hörte ein lautes Klopfen an der Tür und rannte, um sie zu öffnen. Vor mir erschien eine elegant gekleidete Dame. Sie sah so förmlich aus, und ich fragte mich, was sie wohl wollte. Sie stellte sich als Frau Hildegard Rechler vom Sozialamt vor und fragte nach meiner Mutter.

Nachdem meine Mutter sie ins Haus gebeten hatte, fingen sie an, miteinander zu reden. Ich konnte im anderen Zimmer lauschen, da die Stimme der Frau so durchdringend war. Sie sagte sehr streng zu meiner Mutter: „Sie sollten besser auf ihre Kinder aufpassen, ansonsten müssen sie in eine Pflegeeinrichtung." Meine arme, kranke Mutter tat mir leid, da sie ja das Beste versuchte, um auf uns aufzupassen. Aber dann wurde ihre Stimme weicher, als sie meiner Mutter erklärte, dass wir auch sozialhilfeberechtigt wären. Das klang wie Musik in meinen Ohren! Ich war noch zu jung, um das Konzept der Sozialhilfe gänzlich zu verstehen, aber ich stellte mir vor, dass wir wahrscheinlich Essensmarken bekämen. Was für eine Erleichterung, dass ein erwachsener Mensch fähig war, unseren verzweifelten Zustand zu erkennen, jemand der wusste, dass meine Mutter zu depressiv und überfordert war mit dem, was sie zu tragen hatte. Als ich mit großem Interesse weiterhörte, erfuhr ich auch, dass die Frau plante, jemanden vom Roten Kreuz zu beauftragen, nach unserem Vater zu suchen, da wir sehr lange nichts mehr von ihm gehört hatten.

Ich fühlte mich sehr traurig, als die Frau wieder gegangen war. Sie war die einzige Erwachsene in unserem Leben, die fähig und willens schien, sich um uns zu kümmern. Ich starrte zu meiner

Mutter. Sie sah so zerbrechlich und abwesend aus, wie sie dasaß mit ihren Händen im Schoß.

Aber ich war pragmatisch erzogen worden. Ich fragte:

„Kriegen wir jetzt Hilfe? Werden wir jetzt genug zu essen haben? Bekommen wir auch neue Kleidung?"

Nachricht vom Vater

Eines Tages, nicht lange nach dem Besuch der Frau, lagen Ilse, Traute und ich auf unseren Betten. Unsere Mutter betrat den Schlafraum und mit einem Stück Papier in der Hand. Sie sah nicht glücklich aus. Sie holte tief Atem und sagte, sie habe schlechte Nachrichten. Unser Vater sei in Russland gefallen, er würde nicht wiederkommen.

Wir waren für einen Moment sprachlos, jedoch eher wenig berührt von seinem Tod. Wir kannten ihn ja kaum, da er so lange fort gewesen war. Ich bemerkte, dass meine Mutter auch keine Träne vergoss. Ich nehme an, der Krieg hatte uns gefühlstaub werden lassen. Ich fühlte jedenfalls keinen großen Verlust; eher war ich erleichtert, dass wir jetzt mehr Geld vom Amt bekommen würden. Am nächsten Tag ging meine Mutter zum Rathaus und füllte die notwendigen Formulare aus.

Zusätzlich zur Sozialhilfe bekamen wir auch gelegentlich Care-Pakete aus Amerika. Ich hatte sie fast schon vergessen, bis mein Bruder Günter neulich davon sprach: „Erinnerst du dich noch, wie wir uns immer darüber gefreut hatten? Die haben unser Leben gerettet."

Das Rote Kreuz verteilte auch Kleidung, Schuhe und andere Dinge für bedürftige Familien. Ich habe keine starken Erinnerungen an diese Zeit in meinem Leben, aber ich erinnere mich noch an die Holz-Clogs, die wir als Geschenk aus Holland bekamen. Sie waren zwar hart und laut, hielten aber unsere Füße trocken. Was für ein Geschenk! Ich bin immer noch sehr dankbar all den Ländern, die damals Lebensmittel und Kleidung für die kriegsgebeutelten Deutschen beisteuerten. Ich werde für diese Geschenke immer sehr dankbar sein.

Die Nahrungssuche geht weiter

Mit der Zeit waren mehr Lebensmittel erhältlich, und die Schlangen vor den Lebensmittelläden wurden kürzer. Trotzdem kämpfte ich noch jeden Tag darum, genug Essen für uns alle zu finden. Es schien mir so, als trüge ich die Hauptverantwortung zu betteln, Essen auszuleihen oder zu stehlen, aber meine Geschwister waren damit wahrscheinlich genauso beschäftigt. Ich erinnere mich, wie meine Mutter einmal zu mir sagte: „Du bist die Beste!"

Eigentlich sollte ein Kind nicht dafür bewundert werden, dass es am besten stehlen kann. Manchmal denke ich darüber nach, ob mein späteres kompliziertes Leben mit den Kriegsumständen zu tun hatte oder ob es mehr von meiner mangelhaften Erziehung herrührte. Sicher hat beides uns Kinder geprägt. Meine Geschwister und ich wurden nie umarmt, erhielten keine gut gemeinte Berührung oder ein Zeichen der Zärtlichkeit. Wir bekamen auch nie einen Ausdruck von Lob oder Liebe mit.

Eine der stärksten Erinnerungen aus dieser Zeit ist, dass ich immer fror. Unsere Schuhe, die von Kind zu Kind weitervererbt wurden, waren so abgenutzt, dass fast keine Sohle mehr übrig war. Wir versuchten, die Schuhe mit Schnüren zu verstärken, aber das half auch nicht. Sehr oft schickte unsere Mutter uns nicht zur Schule, weil wir zu hungrig waren und Essen für die Familie ‚besorgen' mussten oder aber keine Schuhe hatten.

Natürlich waren wir überglücklich, als der Frühling endlich kam.

Der fürchterlichste Tag

Es gab einen Tag in meiner Kindheit, den ich am liebsten auslöschen würde. Er begann erst gut. Eine Gruppe von Mädchen, meine Schwester Traute und ich waren auf dem Heimweg von der Schule. Auf diesem zehnminütigen Weg plauderten wir miteinander und achteten nicht besonders auf die vertraute Umgebung. Plötzlich trat ein Mann auf mich zu und fragte, ob wir nicht Kunden bei Kohlen-Otto wären.

Ich wusste, dass wir unsere Kohlen von diesem bestimmten Händler bekamen, und so bejahte ich die Frage. Er lächelte mich an und fragte, ob ich nicht die neue Mitgliedskarte mitnehmen wollte. Da ich meiner Mutter helfen wollte, stimmte ich zu. So müsste meine Mutter den Weg nicht gehen, und ich ging mit ihm.

Mir wurde unwohl, als wir den Eingang von Kohlen-Ottos Haus betraten, und so fragte ich, wo wir denn hingingen. Der Mann erklärte mir, der Schreibtisch stünde gleich hinter dem Gebäude. Ich folgte ihm als brav erzogenes Kind. Als wir zu einem großen Heuhaufen kamen, schnappte er mich und warf mich darauf.

Ich kreischte so laut ich konnte. Er stopfte mir ein Taschentuch in den Mund und drohte mir, meine Schuhe wegzuwerfen, wenn ich nicht aufhörte zu schreien. Er sagte mir, er wolle nachsehen, ob ich Babys bekommen könne. Während er mich vergewaltigte, wurde ich ohnmächtig. Nachdem er mich missbraucht hatte, ließ er mich gehen.

Ich wankte nach Hause – die Schuhe in meinen Händen. Ich schluchzte den ganzen Weg. Als ich in die Wohnung kam, saß meine Mutter auf dem Sofa und las etwas. Weder hob sie ihren Kopf, um mich anzusehen, noch bemerkte sie mein Schluchzen. Ich erkannte, dass sie über einigen Formularen saß. Zeitungen, Bücher oder Zeitschriften gab es bei uns zu Hause nicht.

Völlig am Ende, ging ich auf mein Zimmer, schmiss mich auf das Bett und weinte, bis ich keine Tränen mehr hatte. So wurde ein weiterer Teil meiner Jugend unwiederbringlich gestohlen, und mir blieb nichts anderes übrig, als die Schmerzen tief in mir zu vergraben.

Badetage ohne Baden

Samstags war Badetag. Da wir sehr wenig Holz oder Kohlen für den Ofen hatten und auch nicht genug Brennstoff für die Heizung im Badezimmer, wuschen wir uns nur mit dem Waschlappen. Meine Schwestern und ich wurden damit beauftragt, Günter zu baden. Diese zusätzliche Aufgabe verringerte meine Zeit für die Hausaufgaben, aber meine Beschwerden blieben unbeachtet.

Herr Harms war nicht nur mein Lehrer, sondern auch Rektor der Schule, und er war sehr streng. Eine meiner täglichen Aufgaben war es, einen Aufsatz zu schreiben. Bei der vielen Hausarbeit kam ich jedoch oft nicht dazu. Manchmal verließ ich das Haus ein bisschen früher, setzte mich auf den Bordstein und erledigte so unterwegs zur Schule meine Hausaufgaben. Mein Lehrer war nicht nur sehr streng, er führte auch sehr anspruchsvolle Regeln im Klassenraum ein.

Er inspizierte zum Beispiel jeden Montagmorgen unsere Schulranzen. Wenn der Inhalt nicht ordentlich aussah, stellte er denjenigen vor der ganzen Klasse bloß. Wenn er jemanden beim Nägelkauen erwischte, schlug er auf die Finger mit einem Rohrstock. Zum Glück kaute ich nie an meinen Nägeln und blieb somit verschont. Die Strafe muss aber sehr schmerzhaft gewesen sein. Die Kinder weinten, aber Herr Harms hörte nicht auf, sie zu schlagen. Er prüfte auch, ob unsere Fingernägel sauber waren. Wenn eines der Mädchen schmutzige Fingernägel hatte, musste sie ihre Hände den Jungs zeigen und umgekehrt. Es war erniedrigend. Ebenso kontrollierte Herr Harms auch unsere Schuhe, um zu sehen, ob sie sauber und poliert waren.

Seltsamerweise und obwohl er so streng war, mochte ich meinen Lehrer. Herr Harms lobte mich für meine Intelligenz, und dieses Kompliment gab mir ein gutes Gefühl.

Mit der Zeit bot meine Schule auch Sportunterricht an, aber die nächstgelegene Turnhalle war 25 Minuten Gehweg entfernt. Im Sommer wurde sogar Schwimmen angeboten, aber da das Schwimmbad 30 Minuten entfernt war, kamen diese Aktivitäten nur einmal in der Woche infrage. Ich ging nicht schwimmen, da ich keinen Badeanzug hatte. Obwohl der Lehrer wusste, dass ich nicht mitmachen konnte, ließ er mich dennoch mitgehen. Still und traurig saß ich auf der Bank, bis die Stunde vorbei war, und sah zu, wie die anderen Kinder Spaß hatten an ihrem Schwimmunterricht.

Das Sozialamt schreitet wieder ein

Nach Kriegsende war es immer noch schwierig, die einfachsten Hygieneartikel zu bekommen. Es gab keine Seife, um die Kleidung zu waschen oder um ein Bad zu nehmen. Wir hatten keine Zahnbürste oder Zahnpasta. Ich erinnere mich daran, wie ich meinen Finger benutzte, um meine Zähne mit Salz zu putzen. Ich weiß nicht, ob es in allen Familien solche Zustände gab, aber bei uns war es so.

Durch die Versorgungsengpässe, verbunden mit der Unfähigkeit meiner Mutter, sich um uns zu kümmern, hatten wir sehr oft Blasen und Eitergeschwüre. Das Kratzen an den wunden Stellen machte es noch schlimmer. Ilse, Traute, Günter und ich hatten sehr bald die Krätze. Die schlechte Hygiene war sicherlich daran schuld. Zusätzlich verbreiteten sich Krankheiten durch die verwundeten Soldaten, die aus dem Krieg zurückgekehrt waren, sehr schnell.

Als wir alle an der Krätze litten, waren wir sehr froh, als das Sozialamt wieder einmal wegen uns einschritt. Jahre später erzählte mir meine Schwester Ilse, die heute noch in Wilhelmshaven lebt, dass ihr Lehrer damals das Amt beauftragt hatte, nach uns zu schauen. Eine Frau vom Sozialamt kam also eines Tages zu uns und fragte nach unserer Mutter.

„Ich habe gehört, dass ihr alle krank seid. Ich werde dafür sorgen, dass ihr zum Arzt kommt."

Als meine Mutter diese Worte hörte, kam sie aus ihrem Schlafzimmer. Die Frau wandte sich an sie: „Frau Hartwich, können Sie sich auch gut um ihre Kinder kümmern?"

„Nein", antwortete sie, „ich fühle mich in letzter Zeit nicht gut."

„Dann werde ich mich darum kümmern, dass Ihre Kinder morgen abgeholt und behandelt werden."

Am nächsten Tag kam ein Auto und fuhr uns ins Krankenhaus. Ilse war damals elf, Traute acht, ich war sieben Jahre alt und Günter war zwei. Was für eine Erleichterung! Für die nächsten paar Tage würden wir genug zu essen bekommen, während wir endlich unseren Juckreiz loswurden. Es ist schon traurig, sich daran zu erinnern, dass wir von genug Essen träumten, wenn andere Kinder von Burgen und hübschen Prinzen und wunderschönen Prinzessinnen träumen. Aber unsere Welt und unsere Träume kreisten um die praktischen Sorgen des täglichen Lebens.

Natürlich war der Krankenhausaufenthalt nicht ganz so erfreulich, wie ich mir ausgemalt hatte. Zunächst waren wir alle im gleichen Zimmer, was uns ein Gefühl der Sicherheit vermittelte. Die Krankenschwester kam und gab uns Anweisungen. „Geht ins Badezimmer, zieht euch aus, geht in die Badewanne und taucht euren ganzen Körper unter", wies sie uns an.

Es schien mir, dass ich schon ziemlich lange in der Badewanne saß. Als die Krankenschwester mit einer großen Bürste in der Hand zurückkam, wusste ich, dass es wehtun würde – und tatsächlich, es war furchtbar! Nachdem sie meinen gesamten Körper mit den rauen Borsten abgeschrubbt hatte, wickelte sie mich in ein großes, weißes Handtuch. Ich blieb so eingewickelt für eine lange Zeit, und als die Krankenschwester zurückkam, zog sie das Handtuch von mir. Das tat so weh wie das Schrubben. Ich wollte weinen, war aber zu ängstlich.

Ich fragte nach meinen Geschwistern, die Krankenschwester antwortete mir, dass sie dieselbe Behandlung im Nebenraum erhielten. Nachdem sie mich in ein sauberes Nachthemd gesteckt hatte, kam der Arzt und untersuchte mich. Seine Diagnose einer ansteckenden Hautkrankheit war nicht überraschend, und er ordnete an, meine Eiterstellen mit Salbe zu versorgen. Dann sah er die Blasen an meinen Füßen.

„Die werden wir öffnen müssen", sagte er, nahm eine Schere und öffnete sie alle. Als er fertig war, sagte er: „Du bist so ein tapferes Mädchen. Du hast nicht mal geweint."

Seltsamerweise war dies das erste Mal, dass ich dafür gelobt wurde, nicht zu weinen, obwohl ich doch schon immer ein braves Mädchen gewesen war.

Nachdem meine Geschwister und ich wieder zusammen in einem Raum waren, teilten wir unsere traumatischen Erfahrungen untereinander. Eines der guten Dinge war, dass wir zu essen bekamen. Jeder von uns war begeistert von der dampfenden Schüssel Erbsensuppe. Es war so lecker! Als die Krankenschwester fragte, wer noch Nachschlag möchte, streckten wir schnell unsere Hände nach oben. Stattdessen kam sie aber zurück mit einer Schüssel mit in Milch eingeweichtem Brot.

„Es tut mir leid wir haben keine Erbsensuppe mehr", entschuldigte sie sich, nachdem sie unsere enttäuschten Gesichter bemerkt hatte,

„aber esst das hier ruhig auf." Sobald sie den Raum verlassen hatte, entschieden wir, dass man das Zeug nicht essen konnte. So dachten wir über einen Weg nach, wie wir diese schreckliche

Suppe loswerden konnten. Ich sah mich um. Der Raum hatte ein Waschbecken, aber keine Toilette. Ich schlug vor, dass wir das Brot vielleicht durch den Abfluss quetschen konnten. Wir zogen diesen Plan in Erwägung, aber entschieden uns dann doch dagegen. Wir durften nicht das Risiko eingehen, das Waschbecken zu verstopfen.

Dann überlegte ich mir, dass ich in den Flur gehen könnte, um etwas Toilettenpapier zu holen, in dem wir das Brot einwickeln und dann aus dem Fenster werfen konnten. Keine schlechte Idee, bis ich mir das Fenster noch mal genauer ansah. Ich bemerkte, dass die Fensteröffnung lediglich oben zu öffnen war, um frische Luft hereinzulassen. Dieser Plan würde also auch nicht funktionieren. Wir lösten das Problem, indem wir die Suppe in Günters Nachttopf leerten. Die Schwester kam zurück und machte das Licht aus. Das war das Ende des ersten Tages.

Am nächsten Tag besuchte uns unsere Mutter. Sie sah außergewöhnlich gut aus und hatte sogar ein Lächeln im Gesicht. Vielleicht tat es ihr gut, von der Last befreit zu sein und mal keine Verantwortung für uns zu haben. Ich erinnere mich noch, wie sie sagte: „Ihr habt es so gut hier, und ihr müsst nichts machen." Wir blieben für zwei Wochen im Krankenhaus, bis wir nach Hause durften. Die Frau vom Sozialamt versprach uns, uns alle zwei Wochen zu besuchen und meiner Mutter zu helfen. Ich war sehr froh, dass das Leben meiner Mutter sich verbessern würde.

Nach unserem Krankenhausaufenthalt mussten wir wieder zurück in die Schule. Ich hatte nichts gegen die Schularbeit, in der Tat war ich sehr wissbegierig, Neues zu lernen. Aber zur Schule zu gehen bedeutete auch, die schönen Kleider der anderen Mädchen sehen zu müssen. Meine waren so alt, und ich hätte mir so gewünscht, ab und an ein neues Kleid zu bekommen.

Wieder in die Schule zu gehen bedeutete auch, die fiesen Grausamkeiten von Herrn Becker, einem meiner Lehrer, zu ertragen. Wenn zwei Schüler dabei erwischt wurden, wie sie redeten, mussten sie sich vor die Klasse stellen, und der Lehrer schlug sie ins

Gesicht, sodass rote Stellen zurückblieben. Als ich einmal erwischt wurde, ertrug ich diese Strafe, ohne eine Träne zu vergießen, egal wie groß der Schmerz und die Erniedrigung auch war. Mein Lehrer war nicht der einzige gemeine, sie waren alle regelrechte ‚Zuchtmeister'.

Unsere Schule hatte weder eine Bibliothek, noch gab es genug Schulbücher für jeden. Sobald die Schulstunde vorbei war, mussten wir die Bücher an den nächsten wieder weitergeben. Bei diesem Büchermangel hatten wir nie vom Lesevergnügen gehört, so hatte ich auch nicht die Freude kennengelernt, in eine Fantasiewelt zu flüchten.

Die Musikstunde bestand darin, in einem Chor zu singen. Es gab einfach nicht genug Geld, um irgendwelche Instrumente anzuschaffen. In diesen Stunden tat ich so, als würde ich singen. Ich tauchte in der Menge der Kinder unter und bewegte meine Lippen. Es dauerte nicht lange, bis ich etwas herausfand: Wenn ich in den hinteren Reihen saß, konnte ich unbemerkt die wertvolle Zeit für meine Hausaufgaben nutzen.

Dann wurde ich aber doch erwischt. Der Musiklehrer war so verärgert, dass er mich zwang, vor der ganzen Klasse zu stehen und allein zu singen. Ich bettelte und flehte ihn an um Nachsicht, aber er weigerte sich, die Strafe zurückzunehmen. Als ich so vor meiner Schulklasse stand, wurde ich rot im Gesicht, und mein Herz hämmerte wie wild in meiner Brust. Ich hatte so sehr Angst, ich konnte keine einzige Note herauspressen.

Ich werde nie den Gesichtsausdruck des Lehrers vergessen, als er mir sagte: „Gerda Hartwich, ich werde dich durchfallen lassen." Ich dachte mir: Hätte ich nur genug Zeit gehabt für meine Schulaufgaben, dann wäre das hier nicht passiert.

Auch drei Jahre nach Kriegsende hatte niemand die Hochbunker abgerissen, und so standen diese Gebilde als Erinnerung an die schrecklichen Jahre.

Als die langen Sommertage kamen, bemerkten wir, dass einige Vögel zurückgekommen waren. Was für eine freudige Überraschung

– es war so lange her, seit wir Vogelgezwitscher gehört hatten. Für einen Moment lag die Erwartung einer normalen Zukunft in der Luft.

Doch Normalität gab es in unserer Familie nicht. Unser Leben sollte sich noch einmal ändern.

Eines Nachts, als wir im Bett waren, flüsterte Ilse mir zu:

„Hast du gemerkt, dass Mama anders ist?“

„Nein“, sagten Traute und ich gleichzeitig.

Ilse hob die Augenbrauen: „Seht ihr nicht, dass sie wieder schwanger ist?“

„Stimmt, du hast recht“, sagte Traute, „sie sieht ein bisschen rundlicher aus.“

Natürlich gab es nichts, was wir tun konnten, und ich war nicht gerade glücklich über die Situation. Ich resignierte gegenüber dieser neuen Entwicklung. „Jetzt werden wir noch mehr Arbeit haben und uns um das Baby kümmern müssen“, sagte ich. „Aber wie konnte das passieren? Sie ist Witwe, und kein Mann war hier seit langer Zeit.“

Wir strengten unsere Gehirne an und versuchten herauszufinden, wer der Vater sein könnte. Wir wussten von ihren einsamen Busfahrten in die Stadt. Logischerweise musste sie dort jemanden getroffen haben.

Wie sich herausstellte war unsere Mutter tatsächlich schwanger, aber sie verschwieg diesen Zustand uns gegenüber. Dann, am 29. Oktober 1948, entschied das Baby auf die Welt zu kommen. Ich rannte einige Hausblöcke weiter, um Doktor Kleber zu holen, und sobald er da war, wurden wir weggeschickt. Da es damals regnete, konnten wir nicht nach draußen gehen und spielen, so fanden wir uns im Keller zusammen. Wir waren froh, dass die Nachbarstochter Brigitte Meyer bei uns war. Das Haus war erfüllt von den furchtbaren Schreien unserer Mutter, die von oben zu uns nach unten dröhnten. Da Brigitte schon älter und klüger war, versicherte sie uns: „Habt keine Angst, das Schreien dauert nicht lange, nur bis das Baby da ist."

Mein viertes Geschwisterchen

Endlich kam Brigitte zu uns nach unten und verkündete die Ankunft von Wilhelm, unserem neuen Brüderchen. Als es uns gestattet war, nach oben zu kommen, bemerkten wir, wie blass und müde unsere Mutter aussah, als sie dieses kleine neue Wesen in ihren Armen hielt. Glücklicherweise ging es Mutter und Kind gut. Nachdem unser Bruder auf die Welt gekommen war, hatten wir noch mehr Aufgaben zu erledigen. Jetzt hatte ich noch weniger Zeit, mit Freunden zu spielen, und es war unmöglich geworden, meine Hausaufgaben zu erledigen.

Aber ich fand schnell heraus, wie ich mein Hausaufgabenproblem lösen konnte. Ich wusste, dass Herr Harms einen täglichen Aufsatz verlangte. Am nächsten Tag fragte er nach Freiwilligen, die ihren Text laut der Klasse vorlasen. Gab es keine Freiwilligen, ging er alphabetisch weiter zum nächsten Schüler. Ich wusste, wann der Name Hartwich drankommen würde, und so nahm ich mir Zeit für meinen Aufsatz. Als eines Tages kein Freiwilliger sich meldete, rief er mich auf. Ich war stolz, dass ich ihn reingelegt hatte. Ich bekam eine exzellente Note und wusste, dass ich aus dem Schneider war für die nächsten Wochen.

Der 15. November 1948 war ein weiterer Tag, den ich wohl niemals vergessen werde. Ein kühler Wind lag in der Luft, während die Herbstblätter sich auf dem Boden sammelten. Meine Mutter lag immer noch im Wochenbett und hatte sich von der Geburt noch nicht ganz erholt.

Ich war zehn Jahre alt und plauderte an diesem kühlen Tag mit meiner Klassenkameradin Helga Becker, während wir nach Hause liefen. Sie war meine beste Freundin, und sie lud mich zu sich nach Hause ein, um gemeinsam Hausaufgaben zu machen. Ich wollte wirklich mit ihr gehen, aber ich wusste, ich musste zuerst meine Mutter fragen.

„Och, warum kommst du nicht einfach mit?“, fragte sie, „Sie werden dich schon nicht vermissen.“

Das klang vernünftig für mich, also hüpften wir fröhlich den ganzen Weg zu ihrem Haus. Ihre Mutter hatte schon Ausschau nach uns gehalten und kam aus der Tür heraus, sobald wir ankamen.

Frau Becker sah unwohl aus. „Gerda, du musst nach Hause gehen, da wartet eine Überraschung auf dich.“

Eine grosse Überraschung

Eine Überraschung klang vielversprechend, aber ich war nicht gerade froh darüber, sofort nach Hause zu müssen. So würde ich auch den kleinen Snack verpassen, den Helgas Mutter uns immer zubereitete. Ich zögerte, ob ich gehen sollte, aber Frau Beckers ernste Miene überzeugte mich ihr zu folgen, ohne weiter Zeit zu verlieren.

Ich rannte so schnell ich konnte nach Hause, sprang zwei Treppenstufen auf einmal nehmend nach oben und kam in die Wohnung, völlig außer Atem. Ein fremder Mann saß im Wohnzimmer. Wer war das? fragte ich mich.

„Gerda“, sagte meine Mutter mit monotoner Stimme, „gib deinem Vater die Hand.“ Folgsam gehorchte ich. Dann stolperte ich zurück auf die Couch, auf der ich sprachlos und bewegungslos ihm gegenübersaß. Meine Mutter erklärte, das Rote Kreuz habe sich geirrt.

Sie hatten seine Spuren verloren, und er war die ganze Zeit in russischer Gefangenschaft gewesen. Während meine Mutter sprach, starrte ich diesen Fremden an, der vorgab, mein Vater zu sein. Er war 38 Jahre alt, aber er kam mir viel älter vor. Seine dünnen Haare waren zurückgegangen und seine große Nase stand ihm nicht. So wie ich mich erinnere, war seine Kleidung in Ordnung. Das Auffälligste an ihm waren seine kalten blauen Augen.

Meine Gedanken drifteten wieder zur Stimme meiner Mutter, als sie fortfuhr, die Russen hätten ihn letzte Woche freigelassen. Ich war durcheinander und wusste nicht, was ich fühlen sollte. In unserer Familie – wie in so vielen anderen – wurden Gefühle nicht ausgedrückt.

Ich bemerkte das wunderschöne Nachthemd, das er für meine Mutter gekauft hatte. Günter bekam ein Spielzeug, und jedes von uns Mädchen bekam eine ganze Tafel Schokolade. Ich fragte mich, woher er das Geld hatte für diese Geschenke.

Meine Schwestern und ich haben uns gewundert, dass unser Vater nicht auf Wilhelm, der nicht sein eigener Sohn war, reagierte. Ob er Verständnis dafür hatte, dass unserer Mutter im Glauben daran, dass er tot sei, ein neues Verhältnis eingegangen war, werde ich nie erfahren, da in meiner Familie über Gefühle kaum gesprochen wurde. Vielleicht war mein Vater durch den Krieg und die Gefangenschaft auch zu gebrochen gewesen, um zu regieren. Vielleicht hat er mit unserer Mutter über Wilhelm gesprochen, aber nicht vor unseren Augen.

Nach einigen Tagen, die mein Vater zu Hause verbrachte, begann er nach Arbeit zu suchen, aber das taten viele andere auch. Er kam zurück und fühlte sich niedergeschlagen, als er zunächst keine Arbeit finden konnte.

„Ich glaube das wird eine Weile dauern", sagte er zu unserem Nachbarn, Herrn Meier.

Als er seine Mutter und Schwester anrief, war deren Freude darüber, dass er noch am Leben war, überwältigend. Sie hatten ihm Geld für ein Zugticket nach Hagen geschickt, so konnte er die Familie besuchen, bevor er irgendwann anfangen würde zu arbeiten.

Als mein Vater fort war, waren wir alle froh. Seine Anwesenheit im Haus sorgte nämlich für eine seltsame und ungemütliche Stimmung. Als er wieder zurückkam, war er gut gelaunt. Unter den

Dingen, die er mitbrachte, waren viele Kekse und Schokolade. Er schenkte uns sogar ein Kaninchen, das nicht lange lebendig bleiben sollte. Als es Zeit wurde, das Kaninchen zu schlachten, wollte er, dass wir dabei zusahen, wie er es zubereitete. Ich war noch zu jung, um zu wissen, was mich erwartete. „Ich will es sehen!", sagte ich. Ich wünschte, ich hätte das nicht getan. Der ganze Vorgang war abscheulich, besonders als er den Bauch aufschlitzte und die Innereien herausquollen.

Aber ich gebe zu: Sobald das Kaninchen im Topf war und der leckere Duft in der Luft lag, vergaß ich das Vorangegangene. Wir freuten uns an dem wunderbaren Essen und gingen mit vollem Magen ins Bett und auch mit erleichterten Herzen.

Oma kommt zu Besuch

Die einzigen Ferien, an die ich mich erinnern kann, waren an Weihnachten 1949. Mein Vater war damals schon ein Jahr wieder zu Hause, und unsere Großmutter väterlicherseits aus Hagen hatte sich entschieden, zu Besuch zu kommen. Ich hatte sie seit unserem Aufbruch in Charlottenbrunn 1942 nicht mehr gesehen.

Ich wünschte, ich könnte mich daran erinnern, wie unsere Großmutter damals aussah. Wahrscheinlich trug sie wie die meisten Omas zu dieser Zeit dicke dunkle Kleidung, eine praktische Haarfrisur und hatte einen mürrischen Gesichtsausdruck. Kein Make-up, keine gefärbten Haare, kein Schnickschnack. Wenn ich mir Fotos von älteren Frauen aus dieser Zeit anschaue, bemerke ich immer, wie eng ihre Arme vor der Brust verschränkt sind, als ob die Existenz von Brüsten ein Grund zur Scham sein sollte.

Schließlich kam unsere Großmutter in Wilhelmshaven an. Mein Vater ging zum Bahnhof, um sie abzuholen. Wir warteten gespannt am Fenster auf ihre Ankunft. Meine Mutter war still, und ich bemerkte ihr Unbehagen wegen des bevorstehenden Besuchs ihrer Schwiegermutter. Wir waren sehr aufgeregt, als wir unsere Großmutter um die Ecke biegen sahen. Mein Vater trug ihre Tasche, und ich fragte mich, was in einem so riesigen Koffer wohl sein könnte. Als sie die Treppen nach oben kamen, bemerkte ich, wie mein Vater mit der schweren Last kämpfte.

Jetzt war meine Neugier unersättlich. Als der Koffer endlich geöffnet wurde, kamen Unmengen von Süßigkeiten zum Vorschein. Sie und Tante Erna mussten mehr als eine Woche lang gebacken haben vor ihrem Besuch.

Die meisten Kinder freuten sich, auf dem Schoß ihrer Großmutter zu sitzen und Geschichten vorgelesen zu bekommen oder zu hören, wie sehr man sie vermisst hatte und wie groß sie schon geworden waren. Aber so emotional ging es bei uns nicht zu. Wir wussten nicht, wie wir uns verhalten sollten, als wir unsere Großmutter wiedersahen. Da es über die Jahre tatsächlich keinen Kontakt zwischen uns gegeben hatte, kam es mir auch nicht in den Sinn, dass sie uns vermisst haben könnte.

An Heiligabend gingen Ilse, Traute und ich artig zur Kirche. Während des 45-minütigen Spaziergangs waren unsere Gedanken schon bei der Bescherung, die uns bei der Rückkehr erwarten würde. Ich glaube, der Kirchenbesuch hatte für uns damals keine Bedeutung, da wir keine echten Christen waren. Wir gehörten nur zur Kirche, da es nötig war, um ein Familienmitglied taufen oder konfirmieren zu lassen. Außerdem spielte die Kirche natürlich bei Hochzeiten und Todesfällen eine Rolle.

Nachdem wir wieder zu Hause waren, aßen wir ein herrliches Abendessen mit Bratwürstchen, Kartoffelpüree und natürlich Sauerkraut. Wir halfen alle, die Küche aufzuräumen, und dann waren wir bereit für die Bescherung.

Der Weihnachtsbaum wurde aus dem kalten Schlafzimmer in das warme Wohnzimmer gebracht. Getreu der Tradition schmückten die Eltern den Weihnachtsbaum, während die Kinder in der Kirche waren. Und dann kamen die Geschenke ... es waren so viele, wir konnten unseren Augen kaum glauben! Tante Erna, die eine ziemlich begabte Näherin war, hatte drei wunderschöne Faltröcke für uns Mädchen genäht. Zu schade, dass sie nicht da war, wir hätten uns gerne direkt bei ihr bedankt.

Die anderen Geschenke waren auch wunderbar. Oma hatte für uns alle jeweils einen Pullover gestrickt, der auch zum Rock passte. Oma erzählte uns eine Geschichte zu den Pullovern. Sie hatte sie in der Zeit gestrickt, als die Regierung Strom hatte einsparen müssen. Zwei- bis dreimal in der Woche hatte sie an den Pullovern gearbeitet, ganz ohne Licht.

„Wie konntest du denn im Dunkeln stricken?“, fragten wir sie.

„Oh, du kannst die Maschen fühlen,“ antwortete sie lachend, „und ich habe viele Kerzen verbraucht.“

Meine Schwestern und ich waren überglücklich mit diesen wunderbaren Kleidern. Wie konnten wir ihr nur dafür danken, dass sie dieses Weihnachten für uns so besonders gemacht hatte? Sie saß auf der Couch mit gefalteten Händen und sagte kein Wort. Wir bewahrten die wunderschönen Geschenke und das Bild von unserer Großmutter, wie sie stundenlang im Dunkeln für uns gestrickt hatte. Dieses Bild blieb unvergesslich.

Wir öffneten weitere kleinere Geschenke. Eines davon war ein Tuschkasten. So etwas hatte ich noch nie gesehen. Das letzte Geschenk war eine ganze Tafel Schokolade. Ich erinnere mich noch, wie ich sie lange anschaute und nur lächeln konnte. Dann lauschten wir einigen Weihnachtsliedern aus dem Radio. Ich glaube, wir spielten auch noch eine Runde „Mensch ärgere dich nicht“.

Jetzt, im Alter, bin ich dankbar, dass ich einige wunderschöne Weihnachtsfeste mit meinem Mann und unseren Kindern während der nun 50 Jahre, die ich mittlerweile in den USA lebe, erlebt habe. Meine beiden Kinder folgen dieser Tradition mit ihren eigenen Familien.

Aber dieser eine Heiligabend in Deutschland übertrifft alles. In der Tat kann ich mich an kein anderes Weihnachtsfest in meiner Kindheit und Jugend erinnern. Eines Tages würde ich gerne zu Weihnachten in meine Heimat zurückgehen und vielleicht eine kleine Schifffahrt auf dem Rhein machen.

Ich möchte den wahren Geist von Weihnachten erleben – mit Christus und Gott in meinem Herzen. Ich möchte Weihnachtsmusik hören, in Deutsch gesungen, und die Kirche besuchen, wenn die Weihnachtsgeschichte vorgelesen wird. Ich denke, dass dadurch meine Seele endlich Frieden finden könnte. Ich könnte abschließen mit allem, was in meinem Heimatland passiert ist.

Kinderarbeit

Ich erinnere mich noch an die Zeit, als mein Vater mir und Ilse sagte, wir sollten ihn nach der Schule in der Stadt treffen. Er hatte eine Arbeit gefunden. Er sollte Steine sammeln, und wir sollten ihm helfen. Als wir in Wilhelmshaven die Straßen entlanggingen, sahen wir viele zerstörte Häuser, aber es gab auch erste Zeichen vom Wiederaufbau. Glücklicherweise gab es genug Ziegelsteine, die man sammeln konnte. Unser Vater reinigte sie mit einem Meißel, während Ilse und ich sie zu ihm trugen und stapelten. Am Ende des Tages zählte er sie, und die Gesamtzahl in der Woche bestimmte sein Gehalt. Da wir nach der Schule mit ihm arbeiten mussten, litten unsere Hausarbeiten darunter, aber er kümmerte sich nicht darum.

Nach ein paar Tagen fingen unsere Hände an zu schmerzen von den rauen schweren Ziegelsteinen. Er zuckte nur mit den Schultern.

„Haltet die Steine lockerer“, riet er uns. Nach mehreren Wochen fand ich einen alten Lumpen, mit dem ich meine Hände einwickelte, sodass es nicht mehr so sehr wehtat.

Es war harte Arbeit, die auf den Rücken ging. Wir waren immer müde und hungrig. Am Wochenende und in den Schulferien arbeiteten wir meistens den ganzen Tag. Nach der Schule arbeiteten wir mehrere Stunden. Dieser Job dauerte fast zwei Jahre.

Ich kann mich nicht mehr daran erinnern, wie ich damals aussah, als ich so hart arbeitete, aber neulich fand ich ein Foto in der Wilhelmshavener Zeitung aus dieser Zeit mit einem etwa zehnjährigen blonden Mädchen, das in einem Haufen Trümmern steht und die genau das tut, was ich damals tat. Der einzige Unterschied zwischen ihr und mir ist, dass sie eine Haartolle auf dem Kopf trug, was damals eine sehr beliebte Mädchenfrisur war.

Bestrafungen

Mein Vater arbeitete in verschiedenen Jobs, mal als Tapezierer, mal als Schweißer, aber am liebsten machte er Schweißerarbeiten, da sie besser bezahlt wurden. Er war ein strenger Zuchtmeister mit schlechter Laune. Wir mussten wie auf Eierschalen um ihn herumgehen, da er so leicht in Rage geriet.

Wenn er sich über meine Mutter geärgert hatte, gab er uns Kindern böse Blicke. Ich kann immer noch seine eiskalten blauen Augen spüren, wie sie mich durchdringen.

Eines Tages ging meine Mutter in die Stadt, und ich blieb zu Hause mit Günter und Wilhelm. Sie waren ungefähr sechs und zwei Jahre alt. Als ich hörte, wie mein Vater meine Brüder anschrie, eilte ich ins Wohnzimmer. Mein Vater schlug Wilhelm so stark, dass der arme Kinderkopf gegen die Wand knallte. Obwohl ich selbst total geschockt war über diesen Gewaltausbruch, ging ich zu meinem kleinen Bruder, um ihn zu trösten. Als ich versuchte, seine Tränen durch eine Umarmung zu lindern, bemerkte ich, wie mein Vater uns anstarrte mit seinen kalten blauen Augen.

Nachdem ich meiner Mutter erzählt hatte, was geschehen war, bekam ich eine ‚Spezialbehandlung'. Mein Vater nannte mich eine Verräterin und bestrafte mich, indem er mich im Zimmer einsperrte. Für eine ganze Woche musste ich nach der Schule in diesem Zimmer bleiben. Es gab weder eine Heizung noch irgendwelche Bücher, außer meinen Schulbüchern. Essen wurde mir gebracht, aber ich wurde isoliert, bis Ilse und Traute auch zum Schlafen kamen. Eines Tages, als ich ihn im Flur hörte, fragte ich ihn, ob er meinen Bleistift spitzen könnte. Er lächelte und spitzte meinen Bleistift. Dieser kleine Zwischenfall bedeutete das Ende meiner Bestrafung. Ich war stolz auf mich selbst, weil ich stark genug geblieben war und kein einziges Mal geweint hatte während dieser Strafe. Das war einer der Momente, in dem ich mir gewünscht hätte, er wäre in Russland geblieben oder dass die Nachricht seines Todes wahr gewesen wäre.

Es gab noch einen anderen Zwischenfall mit meinem Vater, den ich nie vergessen werde. Ich war ungefähr 14 Jahre alt und die stolze Besitzerin eines neuen Fahrrads. Eines frühen Abends besuchte ich mit dem Fahrrad eine gute Freundin. Ich sollte um 21 Uhr zu Hause sein, also ließ ich mir genug Zeit für die Rückfahrt.

Ich würde durch die Hölle gehen, wenn ich zu spät käme. Während ich schnell durch die Stadt radelte, hörte ich einen lauten Schlag. Ich hatte einen Platten! Ich wusste, dass ich auf dem Fahrrad nicht weiterfahren sollte mit dem platten Reifen, also schob ich das Fahrrad nach Hause. Als ich um die Ecke vor unserem Haus bog, bekam ich Panik: Mein Vater stand am Eingang mit einem Gürtel in der Hand.

Als er mich damit schlug, sagte er: „Wage ja nicht zu weinen, oder du bekommst noch mehr drauf." Ich zwang mich, nicht zu weinen, und irgendwann hörte er auf. Während ich die Treppen nach oben krabbelte, fühlte ich, wie schlimm mein Rücken schmerzte, doch mein Herz schmerzte viel mehr. Ich blickte auf meine Mutter, aber sie hatte zu viel Angst, um mich zu verteidigen, also sah sie nur weg.

Es gab viele solcher Vorkommnisse von harter Bestrafung – physisch und verbal. Wir Kinder versuchten, den strikten Anweisungen meines Vaters zu gehorchen, aber er schlug uns trotzdem weiter. Als Kinder verstanden wir nie, warum er uns mit solcher Missachtung und solchem Hass in seinen kalten gefühllosen Augen ansah.

KEIN PLATZ FÜR GERDA (1950-1959)

Als ich zur Schule ging, entschied das deutsche Schulsystem über die Zukunft jedes einzelnen Schülers. Im Alter von 14 Jahren wurde jedes Kind entweder als schulfähig eingeteilt oder dazu bestimmt, eine Lehre zu machen. Herr Harms sah in mir Potenzial fürs Gymnasium.

„Du bist ein sehr schlaues Mädchen. Du solltest in der Schule bleiben. Ich würde gerne mit deinen Eltern darüber sprechen." Er gab mir ein Schreiben.

„Gib das bitte deinen Eltern."

Glühend vor Stolz über dieses Kompliment hüpfte ich wie ein kleines Kind nach Hause. Ich gab den Zettel meines Lehrers meiner Mutter. Sie las ihn und legte ihn dann zur Seite. „Lass uns warten, bis dein Vater nach Hause kommt", sagte sie. Ich wusste, dass das kein gutes Zeichen war. Meine Mutter fuhr fort: „Warum nimmst du nicht die Jungs mit nach unten und spielst mit ihnen? Ich fühle mich nicht so gut."

Ich murmelte leise, dass ich dadurch nicht genug Zeit hätte für meine Hausaufgaben, aber ich tat, was mir gesagt wurde. Später am Abend, nachdem wir uns ein spärliches Abendessen geteilt hatten, zeigte ich meinem Vater die Notiz von Herrn Harms, in der er um ein Eltern-Lehrer-Gespräch bat, um über meine Zukunft zu entscheiden.

„Was ist das für ein Unsinn?", zischte er, „Du weißt, dass wir hier jeden in der Familie im Haushalt brauchen. Ich werde deinen Lehrer morgen treffen, um ihm zu sagen, dass du nicht weiter auf die Schule gehen wirst. Ich finde nämlich schon Arbeit für dich." Er starrte mich mit diesen hasserfüllten Augen an. „Ende der Diskussion!" Damit war meine schulische Laufbahn beendet.

Als mein Vater in Wilhelmshaven keine Arbeit fand, bekümmerte das niemanden. Im Gegenteil, denn das bedeutete, dass er die Stadt verlassen musste, um einen Job zu finden. Sein fieses Wesen würde sicher nicht vermisst werden. Er brauchte ein Transportmittel für seine Arbeitssuche, aber ein Auto war zu teuer, also kaufte er sich ein Motorrad und fuhr Richtung Süden. Ich habe mich oft gefragt, ob diese Fahrten zur Arbeit mehr eine Flucht vor seiner Familie waren. Er versprach, einen Teil seines Gehalts nach Hause zu schicken, aber wir sahen kaum einen Pfennig.

Konfirmation: Mein erstes eigenes Kleid

Während meiner Kindheit wurde ich nicht gerade religiös erzogen. Ich weiß, dass ich als Kind in Bad Charlottenbrunn getauft wurde, da wir ein Familienstammbuch haben, in dem alle Familienereignisse notiert wurden. Alle Familienmitglieder wurden dort registriert, es enthielt Informationen über ihre Geburten, Ehen und Todesfälle sowie die Geburten der Kinder.

Aber in Neuengroden, einem Vorort von Wilhelmshaven, wo unsere Wohnung lag, gab es keine Kirche. Die nächste lutherische Kirche war 45 Minuten von unserer Wohnung entfernt, sodass der Konfirmationsunterricht in der Schule stattfand. Der Pastor kam mit dem Fahrrad einmal die Woche, um uns die Grundlagen unserer Religion beizubringen. Der einstündige Unterricht war überhaupt nicht lustig. Keiner der Schüler respektierte diesen Mann. Wir haben uns oft hinter seinem Rücken über ihn lustig gemacht.

Eine Woche, bevor wir konfirmiert werden sollten, gab uns der Pastor Anweisungen, wie wir vor unseren Eltern schlau aussehen sollten. Er sagte, wenn ihr die Antwort wisst, streckt die rechte Hand, wenn ihr die Antwort nicht wisst, die linke.

Wie absurd, dass eine der ersten Lektionen, wie wir tricksen konnten, von einem Kirchenmitglied stammte.

Schließlich kam der Konfirmationssonntag. Eifrig wartete ich, dass mein Vater nach Hause kam, weil er mir die neuen Schuhe mitbringen sollte. Als er endlich ankam, war ich so aufgeregt, ich wollte unbedingt diese schwarzen Lackschuhe tragen. Ich hielt meinen Atem an, als ich die Schachtel öffnete. Sie waren wunderschön! Ich nahm sie voller Ungeduld heraus, um sie anzuprobieren, aber als ich meinen Fuß hineinsteckte, waren sie zu klein. Ich war so enttäuscht und wollte weinen. Meine Mutter hatte eine schnelle und einfache Lösung: „Zieh' einfach deine Zehen ein, das wird schon gehen."

Dann musste ich mich für die Zeremonie fertig machen. Ich öffnete den Kleiderschrank und holte mein Kleid heraus, das ich vom Roten Kreuz bekommen hatte. Es war dunkelblau und hatte einen weißen Kragen. Als es sanft über meinen schlanken Körper fiel, wurde mir klar, dass dies das erste schöne Kleid war, das ich je besessen hatte. Als jüngstes Mädchen bekam ich immer die weitergereichte Kleidung von Ilse und Traute. Aber nicht an diesem Tag – in diesem Moment fühlte ich mich wie eine Prinzessin.

In der Kirche stellten wir uns in einer Zweierreihe auf. Als ich um mich schaute, war ich recht zufrieden damit, wie ich aussah. Dann gingen wir den Gang in Richtung Altar entlang, wobei jeder von uns eine kleine Bibel trug. Auf die Bibel legten wir ein kleines Blumenarrangement, das eingewickelt war in ein weißes Spitzentaschentuch. Ich erinnere mich an den starken, süßen Duft von Maiglöckchen und weißen Glockenblumen, als ich an dem Strauß roch. Der berauschende Duft war unglaublich, und ich dachte, Gott hätte diese Blumen nur für diesen besonderen Anlass geschaffen. Ich war so vom Glanz der Zeremonie gefangen, dass ich auf kein einziges Wort des Pastors achtete.

Die Hiobsbotschaft

Die Jahreszeiten kamen und gingen, und wir wurden alle älter. Ilse hatte jetzt eine Stelle bei der Firma Olympia, einer Schreibmaschinen Fabrik. Sie fuhr jeden Tag mit dem Fahrrad zur Arbeit und zurück – fast zehn Kilometer. Traute half einer Familie mit ihren Kindern, und ich lieferte Brot für eine lokale Bäckerei aus. Günter war jetzt zehn Jahre alt und Wilhelm fünf.

Mein Vater kam immer noch gelegentlich nach Hause, und seine Besuche waren überraschend friedlich. Inzwischen waren wir an ein Leben ohne ihn gewöhnt. Das zusätzliche Geld, das er mit nach Hause brachte, war zwar hilfreich, es kam aber nicht sehr regelmäßig.

Unsere Mutter wurde immer teilnahmsloser. Das folgende Foto von ihr wurde einige Jahre vor dieser Zeit aufgenommen. Ihre Gesichtsfarbe war noch nie rosig gewesen, aber jetzt konnte jeder sehen, dass sie nicht gesund war.

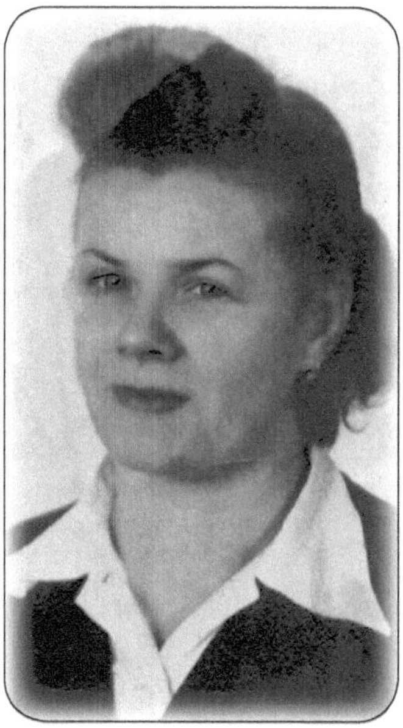

Eines Tages saß sie im Hinterhof, als unsere Nachbarin Frau Oldmann ihr schlechtes Aussehen bemerkte.

„Wie geht es Ihnen?", fragte sie. Meine Mutter nickte. „Gut."

Selbst Frau Oldmann wusste, dass das nicht stimmte. Sie muss ihre Bedenken Dr. Kleber gegenüber erwähnt haben, denn kurz darauf schickte er unserer Mutter eine Nachricht, dass sie ihn sofort aufsuchen solle.

Die Wahrheit war, dass sie Krebs hatte. Vielleicht erkannte sie, wie krank sie war, als sie das Plakat an der Wand des Arztes sah: Dort waren die sieben Warnzeichen für Krebs aufgeführt.

Die nächstgelegene Stadt mit einem Krankenhaus, das über ein Bestrahlungsgerät verfügte, war Göttingen und lag zweieinhalb Stunden mit dem Zug von Wilhelmshaven entfernt.

Als es Zeit für sie war, zur ersten Behandlung zu gehen, halfen wir ihr, sich anzuziehen und ihre Tasche zu packen. Ein Gefühl der Hoffnungslosigkeit durchzog ihr Gesicht, als wir uns unbeholfen umarmten und verabschiedeten. Wir sahen ihr zu und winkten, als sie und mein Vater sich auf den Weg zum Bus machten, der sie zum Bahnhof bringen würde. Bevor sie aus unserem Blickfeld verschwanden, winkte meine Mutter zum Abschied.

Obwohl meine Mutter schon seit vielen Jahren krank und von uns abhängig gewesen war, war es traurig, sie jetzt nicht mehr in unserer Nähe zu haben. Ich war verzweifelt, und ich versuchte in dieser herzzerreißenden Situation, bei Gott Halt zu finden. Aber ich fand ihn nicht. Vielleicht hätte ich in meinem Konfirmandenunterricht lernen sollen, wie man betet; aber das war leider nicht der Fall gewesen.

Mir wurde klar, dass wir Mädchen gegen die Traurigkeit und Verzweiflung ankämpfen mussten, indem wir unsere Energie in die Fürsorge für unsere Brüder lenkten.

Vater hatte das Glück, eine Arbeit in der Stadt zu finden, und wir Mädchen kümmerten uns um den Haushalt. Jetzt, da unsere Mutter weg war, kommandierte er uns tatsächlich wie Soldaten herum. Seine kritische und ungeduldige Art wurde anmaßend. Oft strafte er uns mit diesem kalten, angewiderten Gesichtsausdruck, wenn die Dinge nicht nach seinem Wunsch liefen. Wenn er zum Beispiel „Hol' mir einen Schraubenzieher!" befahl und wir nicht sofort alles stehen und liegen ließen, um das zu tun, schrie er uns an und nannte uns faul.

An den Abenden ging er oft aus, und wir waren froh, wenn er fort war. Da er stark rauchte, war es eine Erleichterung, frei atmen zu können, wenn er auf seinem Motorrad für ein paar Stunden verschwand. Wir dachten manchmal, er hätte vielleicht irgendwo eine Geliebte, aber das war nicht unsere Hauptsorge. Vor allem sorgten wir uns um unsere Mutter.

Wir riefen das Krankenhaus einmal pro Woche an, um uns über den Zustand unserer Mutter zu erkundigen, aber die Antwort war immer die gleiche: „Wir wissen nicht, wie lange sie bleiben muss. Wir werden Sie benachrichtigen."

Wir beschlossen, ein Paket ins Krankenhaus zu schicken, um sie aufzumuntern. Wir kauften Kekse, Schokolade, Orangen und ein paar andere Dinge, aber Vater fand heraus, wieviel wir ausgegeben hatten. Er warf uns wütend vor, es sei nicht nötig gewesen und wir hätten unser Geld nicht verschwenden sollen. Vorfälle wie diese bewirkten bei uns nur, diesen Mann jeden Tag ein wenig mehr zu hassen.

Drei lange Wochen vergingen, bis wir die gute Nachricht hörten: Mutter kommt aus dem Krankenhaus! Wir hielten wachsam am Fenster Ausschau, bis ein Taxi vor unserem Haus hielt. Mutter war blass und dünn und sah überhaupt nicht gut aus, aber wir waren glücklich, unsere Mutter wieder zu Hause zu haben.

In den nächsten Tagen konzentrierten wir uns darauf, sie wieder gesund zu machen. Ich erinnere mich, dass ich ihr oft ein besonderes Getränk zubereitete — ein Glas Rotwein mit einem geschlagenen rohen Eigelb darin. Ihr Arzt hatte das Gebräu verschrieben, um die Bildung ihrer roten Blutkörperchen zu fördern. Anscheinend funktionierte es; an manchen Tagen sah sie tatsächlich munterer aus. Einmal ging sie mit meinem Vater ins Kino und kam mit einem breiten Lächeln auf ihrem Gesicht zurück. Sie sagte, der Film sei eine Komödie gewesen und wie gute Medizin für ihre Seele.

Tatsächlich kam sie wieder so gut zurecht, dass sie sich sogar wieder um meine Brüder kümmern konnte.

Leider verblasste dieser Hoffnungsschimmer ein paar Wochen später, und sie lag wieder im Bett. Die Strahlenbehandlungen waren nicht erfolgreich gewesen. Sie fing an, viel Gewicht zu verlieren und wurde unsicher auf den Füßen. Wir hatten kein Telefon, aber zum Glück wohnte Dr. Kleber nur ein paar Minuten entfernt. So wurde ich oft mit Nachrichten zu ihm geschickt, und er gab mir im Gegenzug Medikamente mit – oder er kam selbst, um unserer Mutter Injektionen zu geben.

Ilse, Traute und ich nahmen abwechselnd Auszeiten von der Arbeit, um bei ihr bleiben zu können, doch es war schwierig, zuzusehen, wie die Kraft sie verließ. Dr. Kleber war ehrlich, als er sagte, er könne nicht sagen, wie lange sie noch zu leben habe. Ihr Herz war stark, aber der restliche Körper war es nicht. Ich fürchtete, dass ihr Tod bevorstand, als sie in den Spiegel schaute und fragte:

„Wer ist diese Frau?"

Die Tage wurden kürzer und düsterer, als sich der Herbst näherte. Die Luft war kühl, und es regnete die ganze Zeit. Ich zog in das Zimmer neben meiner Mutter, damit ich in ihrer Nähe sein könnte. Ich musste nicht mehr zum Arzt laufen, weil er jede Nacht kam, um ihr eine Spritze gegen die Schmerzen zu geben. Zu dieser Zeit war sie völlig bettlägerig.

Eines Tages erschien Frau Rechler vom Sozialamt vor unserer Tür. Ich vermutete, dass ein Nachbar das Amt informiert haben musste, da sie uns seit langem nicht mehr besucht hatte. Sie nahm uns beiseite und fragte uns nach unseren Plänen, wenn unsere Mutter nicht mehr leben würde. Ich war wie betäubt bei dem Gedanken; niemand hatte bisher irgendetwas darüber gesagt, was wir in diesem Fall tun sollten.

Frau Rechler bat uns, den Tatsachen ins Auge zu sehen und ihr unsere Gedanken mitzuteilen. Ilse, die damals neunzehn Jahre alt war, würde weiterhin im vermieteten Zimmer neben unserer

Wohnung leben. Traute, damals 17, plante, bei einer Tante in Nordheim zu leben. Nur ich wusste nicht, wie es bei mir weitergehen sollte. Alles, was ich wusste, war, dass ich nicht eine einzige Nacht allein mit meinem Vater unter dem gleichen Dach bleiben würde.

Was meine Brüder betraf, erklärte sich Tante Erna bereit, den zwölfjährigen Günter zu sich zu nehmen, aber damit würde Wilhelm zurückbleiben, der erst sechs Jahre alt war. Wer würde ihn nehmen? Unsere Zweifel wurden schnell ausgeräumt. Frau Rechler sagte uns, dass unsere Mutter Vorkehrungen getroffen hatte, um ihn adoptieren zu lassen. Dr. Kleber kannte bereits ein interessiertes Paar. Obwohl wir alle durch diese neue Entwicklung völlig verblüfft waren, stimmten wir zu, dass dies die beste Lösung war. Ich wunderte mich damals über die Umsicht meiner Mutter; sie hatte begriffen, dass sich unser Vater nicht um ein Kind kümmern würde, das nicht sein eigenes war.

Glücklicherweise wurde ich eingeladen, bei der ältesten Schwester meiner Mutter, Tante Gretel, zu leben. Ich war begeistert, dass sich mein Wunsch erfüllen würde: Ich würde nicht allein mit meinem Vater leben müssen.

Der 12. November 1954 war ein grauer und regnerischer Tag. Die Luft war kalt, und unsere Herzen waren schwer. Unsere Mutter hatte seit einigen Tagen nichts mehr gegessen, wir saßen alle an ihrem Bett und beobachteten ihren Atem. Der Arzt kam immer noch jeden Tag, um ihr Schmerzspritzen zu geben.

Als Mutter anfing, seltsame Geräusche zu machen, erschreckte das uns Mädchen noch mehr. Es wurde beschlossen, dass ich Tante Hannchen holte, die jüngste Schwester meiner Mutter, die etwa acht Kilometer entfernt wohnte.

Es war fast Mitternacht, als ich mit dem Fahrrad losfuhr. Die Reise war schwierig, da mich nur ein kleines Licht leiten konnte. Ich schaffte es sicher zum Haus meiner Tante, klopfte an die Tür und weckte die Familie auf. Meine Tante willigte sofort ein, zu uns zu kommen. Sie zog sich schnell an, da sie wusste, dass der Tod ihrer Schwester nahe war. Ich blieb bei ihren beiden Jungs, beim sechsjährigen Jürgen und dem Kleinkind Peter, damit meine Tante mit dem Fahrrad zu mir nach Hause fahren konnte.

Erschöpft vom Stress und der körperlichen Anstrengung mitten in der Nacht, schlief ich bald auf der Couch ein. Einige Stunden später kehrte Tante Hannchen zurück. Meine Mutter war gestorben. Leider hatte ich nicht mehr die Gelegenheit gehabt, mich persönlich von meiner Mutter zu verabschieden. Es war zwar richtig gewesen, Tante Hannchen zu holen, damit sie sich von meiner Mutter verabschieden und meine Geschwister unterstützen konnte. Doch es wurde leider nicht mehr in meiner Familie darüber gesprochen, dass ich nicht dabei war, als unsere Mutter starb. Erst viele Jahre später erfuhr ich, dass solche Situationen typisch sind für dysfunktionale Familien.

Abschied von meiner Mutter

Tante Erna kam zur Beerdigung aus Hagen. Auch meine andere Tante aus Nordheim traf zwei Tage später ein. Unsere kleine Kirche in Wilhelmshaven hatte eine kleine Kapelle, in welcher der letzte Abschied von meiner Mutter stattfand. Es war das erste Mal, dass ich einen Toten sah. Als ich ihr Gesicht betrachtete, sah meine Mutter so friedlich aus. Sie hatte so lange so hart gekämpft, jetzt war sie zur Ruhe gekommen. Ich weiß nicht warum, aber ich konnte nicht weinen.

Ich weiß nicht mehr, wie viele Menschen anwesend waren oder was der Pfarrer sagte, außer dass er über Leben und Tod sprach und uns daran erinnerte, dass unsere liebe Mutter bei Gott war. Ich hatte diese Botschaft schon einmal gehört, aber ich habe sie nie wirklich geglaubt. Als wir alle hinter ihrem Sarg hergingen, hatte ich das Gefühl, gar nicht anwesend zu sein. Nach dem Gottesdienst fuhr uns der Chauffeur vom Beerdigungsinstitut zum Friedhof, wo meine Mutter für die Ewigkeit liegen würde.

Ihr Grab war mit Blumen und Kränzen bedeckt. Wie tragisch, dass sie in ihrem Leben bestimmt noch nie so viele schöne Blumen gesehen hatte. Ich bin sicher, sie hätte es vorgezogen, sie noch zu Lebzeiten zu genießen.

Unmittelbar nach der Trauerfeier gab es ein kleines Mittagessen in der nahegelegenen Gaststube, einem einfachen Restaurant. Diejenigen, die sich zu uns gesellten, sprachen wenig über meine Mutter, sie konzentrierten sich darauf, Pläne zu schmieden, um sich um uns Kinder zu kümmern. Ganz benommen verabschiedeten meine Geschwister und ich uns zum letzten Mal voneinander und wussten nicht, wann wir uns je wiedersehen würden.

Tante Gretel und ich nahmen den Zug nach Bentheim. Während der langen Reise sprachen wir kaum miteinander, nur das Kreischen von Metall auf Metall, als die Dampflok vorbeirauschte, unterbrach meine Gedanken. Ich war 16, und ich war deprimiert.

Jedes Mal, wenn ich die schwarze Armbinde, die ich um den Ärmel meines grauen Mantels trug, ansah, wurde ich an den Tod meiner Mutter erinnert. Es war üblich, nach dem Tod eines Familienmitglieds mindestens sechs Monate lang schwarze Kleidung zu tragen. Da meine Garderobe sehr begrenzt war, trug ich nur die schwarze Armbinde.

Als der Zug in meinem neuen Zuhause ankam, war ich zu betäubt, um irgendetwas zu fühlen.

Neues Leben in der Kleinstadt

Mein Leben in Bentheim erwies sich als ereignislos. Jeder Tag verging wie der vorherige, und ich war schrecklich einsam. Die Menschen waren nett zu mir, aber ich vermisste meine Geschwister. Außerdem war ich eher an eine größere Stadt gewöhnt. Wilhelmshaven, eine

Stadt mit fast 100 000 Einwohnern, war dynamischer als Bentheim, wo nur 6 000 Menschen lebten.

Da meine Tante und mein Onkel zwei Söhne hatten, gab es keinen Platz für mich in ihrem kleinen Haus. Ich wurde an eine Familie weitergegeben, die ein Fisch- und Gemüsegeschäft besaß, und als Gegenleistung für Unterkunft und Verpflegung arbeitete ich in ihrem Geschäft. Ich konnte mich wirklich nicht beklagen, ich hatte schon Schlimmeres überlebt. Zusätzlich zu meinem eigenen Zimmer erhielt ich drei anständige Mahlzeiten am Tag.

Die Menschen, mit denen ich lebte, waren erträglich. An den Wochenenden besuchte ich meine Tante und meinen Onkel und ihre beiden Söhne. Wenn ich sie besuchte, spielten wir oft Spiele, und manchmal gingen die Jungs mit mir ins Kino. Ich versuchte, mich so oft wie möglich abzulenken, aber meine Traurigkeit blieb.

Obwohl ich nicht viel Post erwartete, wünschte ich mir, meine Familie würde mir gelegentlich Briefe schreiben. Die Isolation verstärkte sicherlich meine Verzweiflung, und ich lebte mehrere Monate lang so weiter.

Eines Abends, als ich mit meiner Gastfamilie zu Abend aß, spürte ich, dass etwas nicht stimmte. Dann erfuhr ich, dass ein Brief meines Vaters eingetroffen war, der meine Rückkehr nach Wilhelmshaven erbat. Einerseits war ich fassungslos, weil ich seit meiner Abreise kein Wort von ihm gehört hatte, andererseits war ich froh, dass ich wieder mit meinen Schwestern vereint sein würde, die ich so sehr vermisste. Dasselbe konnte ich von meinem Vater nicht gerade sagen.

Ich freute mich auch, in die Stadt zurückzukehren, in der ich aufgewachsen war. Ich packte meinen Koffer so schnell ich konnte, und bereits zwei Tage später saß ich im Zug und fuhr zurück nach Wilhelmshaven. Während der Zug nach Hause ratterte, fragte ich mich, ob mein Vater wohl auch Traute nach Hause geholt hatte.

Ich hätte mich auf eine Enttäuschung gefasst machen müssen. Für Traute und mich gab es überhaupt keinen Platz mehr.

Mein Vater hatte vergessen zu erwähnen, dass er wieder geheiratet hatte – und dass seine neue Frau Dora drei Kinder hatte, die bei ihnen lebten. Wieder einmal hatte mich seine rücksichtslose Verantwortungslosigkeit enttäuscht. Schon früh in unserer Beziehung hatte ich erkannt, wie hart und gefühllos er war, aber dieser letzte Vorfall war einfach der Gipfel. Es war schockierend, mit gepackten Koffern in Wilhelmshaven anzukommen und zu erfahren, dass mein Vater gar keinen Platz für mich hatte, weil er nun eine neue Familie hatte.

Als ich merkte, dass selbst meine Tante Hannchen keinen Platz für mich hatte, fand ich durch Glück eine ältere Dame in der Stadt, die ein schönes, sauberes und komfortables Zimmer zu vermieten hatte. Meinen Lebensunterhalt verdiente ich bei der Firma Olympia, die auch Ilse beschäftigte. Ich fuhr mit dem Fahrrad zur Arbeit und zurück, und an den Wochenenden traf ich mich mit Ilse oder Traute oder verbrachte den Tag mit meiner Tante.

Wieder daheim

Die Stadt erwachte wieder zum Leben. Viele der zerstörten Häuser und Geschäfte wurden herausgeputzt oder wiederaufgebaut. Die meisten oberirdischen Bunker wurden abgerissen oder zu Wohnungen umgebaut

Der Schutzraum in der Nähe unserer Schule wurde abgerissen, aber in Schortens, einem Außenbezirk der Stadt, in dem meine Schwester Ilse und ihre Familie immer noch leben, blieb er erhalten.

Wie auf dem Foto zu sehen ist, konnte er nicht beseitigt werden, da er umgeben von Wohngebäuden war. Die Amerikaner hatten einmal versucht, ihn zu sprengen, nachdem sie ihn mit Wasser gefüllt hatten, aber das hatte nicht funktioniert. Das alte Relikt ist eine hässliche Erinnerung an den Krieg geblieben, aber in den letzten Jahren wurde es zu einem guten Zweck umfunktioniert: Eine Klettergruppe trainiert jetzt dort.

Wenigstens bei der Arbeit gelang es mir, mich gut zu fühlen, obwohl die meisten meiner Kolleginnen verheiratet waren und wenig mit einer jungen, alleinstehenden Frau gemeinsam hatten. Manchmal traf ich meine Schwestern in Tanzkursen, damit wir samstags im Tanzsaal unsere neuen Schritte vorführen konnten. Wir verbrachten auch Zeit im Kino und gingen auf örtliche Märkte. Ab und zu machten wir ein Picknick und genossen den Sonnenschein und die frische Luft. Wie die Stadt selbst erwachten auch wir wieder zum Leben. Aber ich vermisste noch immer meine Brüder Günter und Wilhelm. Ohne sie war die Familie nicht vollständig.

Familienzusammenführung?

Eines Tages bat unser Vater darum, uns zu sehen. Er erzählte uns, dass er an unsere Tante Erna in Hagen geschrieben und erfahren hatte, dass Günter, jetzt 15 Jahre alt, sich einsam fühlte. Mein Vater hielt es für das Beste, wenn Günter nach Wilhelmshaven zurückkehrte, um bei ihm und seiner Frau zu leben. Günter könnte dann mit seinen Freunden den Unterricht besuchen und wäre auch in unserer Nähe.

Zwei Wochen später holten Ilse, Traute und ich unseren Bruder vom Bahnhof ab. Da stand er, einen halben Meter größer als in unserer Erinnerung, sein gewelltes Haar nach hinten gekämmt. Seine blauen Augen füllten sich mit Tränen. Es war das einzige Mal, dass unsere kühle Art wich und die stoische Fassade bröckelte. Meine Schwestern und ich umarmten ihn stürmisch. Mit dem Bus fuhren wir zurück zur Wohnung unseres Vaters. Er und Dora schienen sich über seine Ankunft zu freuen.

Dann machte ich mir über Wilhelm Gedanken. Wo war er? War er glücklich? War er bei einer guten Familie? Mein Vater wusste es nicht und schien sich auch nicht wirklich darum zu kümmern.

Ein Neuanfang

Es war das Jahr 1956. Ich war 18 Jahre alt, und Wilhelmshaven war aus der Asche wiedergeboren worden. Neue Gebäude wuchsen wie Pilze aus dem Boden, die alten Mietshäuser hatten einen hellen Anstrich erhalten. Üppige Bäume und Sträucher boten eine angenehme Farbpalette, und die Menschen gingen im Park spazieren. Es schien friedlich zu sein. Die Geschäfte zeigten eine Fülle von Waren, die wir noch nie zuvor in ihnen gesehen hatten. Es gab Kleider, Bettwäsche, Schuhe – es war absolut erstaunlich. Wenn die Geschäfte geschlossen waren, war es aufregend, ins Kino zu gehen, dann die Hauptstraße auf und ab zu schlendern und vielleicht bei Kaffee und Kuchen in einem Café einzukehren.

Ich ging mit einigen jungen Männern aus und erhaschte einen Kuss oder zwei, aber ich hatte nicht vor, mich auf jemanden einzulassen, zumindest noch nicht. Erst als ich älter wurde, träumte ich davon, eine eigene Familie zu haben. Ich bat Gott darum, mir einen gut aussehenden, gütigen und rücksichtsvollen Mann mit Eltern zu schicken, auf die ich stolz sein konnte.

Dann wurde ich etwas konkreter. „Ich will nicht zu gierig sein, Gott“, betete ich, „aber würdest du dafür sorgen, dass mein Mann genug Geld verdient, um eine Familie zu ernähren, damit ich nicht jeden Pfennig dreimal umdrehen muss?“ Wie wenig ahnte ich, dass mein Wunsch tatsächlich in Erfüllung gehen würde, aber das lag noch weit in der Zukunft.

Damals fühlte ich mich seit mehreren Tagen nicht gut. Mein Magen schmerzte, und mein Körper war erschöpft, also beschloss ich, einen Termin bei unserem alten Hausarzt, Dr. Kleber, zu machen.

An dem Tag, als ich ihn besuchte, wehte der Wind so heftig, dass ich all meine Energie aufbringen musste, auf meinem Fahrrad in die Pedale zu treten. Jedoch war die schwierige Fahrt es wert. Dr. Kleber hieß mich mit seiner aufrichtigen Sorge um mich willkommen.

Der freundliche Arzt war groß und hatte ein kräftiges Kinn. Sein dichtes, dunkles Haar umrahmte seine weichen, braunen Augen. „Was ist los mit dir, liebes Kind?“, fragte er. Nachdem er mich untersucht und befragt hatte, fand er mein Problem heraus. „Ich habe den Verdacht, dass du ein Magengeschwür haben könntest. Zuerst möchte ich, dass du zu einem Spezialisten gehst, und dann kann ich dich behandeln. Mach dir keine Sorgen, du wirst wieder gesund."

Seine freundlichen Worte waren beruhigend, und ich war erstaunt über die Zeit, die er sich für mich nahm. Aber dann überraschte er mich völlig, als er mich fragte: „Möchtest du mehr über Wilhelm wissen?"

Mir liefen die Tränen in die Augen. „Ja!" Ich vermisste meinen kleinen Bruder.

Damals gab es noch keine Vertraulichkeit bei Adoptionen, und so erzählte mir Dr. Kleber alles über das Ehepaar, das Mitte 40 gewesen war, als es Wilhelm adoptiert hatte. Er konnte mir auch sagen, wo Wilhelms Adoptiveltern lebten.

Dann stellte mir der Arzt eine Frage, die mich überraschte. Er fragte, ob ich auch dort wohnen möchte. War es möglich, dass ich endlich Teil einer richtigen Familie würde? „Ja", sagte ich ohne zu zögern. Ich war so aufgeregt, dass meine Schmerzen verschwunden zu sein schienen. In dieser Nacht fiel mir das Einschlafen schwer.

Fast zwei Wochen später wurde ich zur Behandlung eines Magengeschwürs ins Krankenhaus eingeliefert. Mir wurde empfohlen, viel Milch zu trinken, was ich abgrundtief hasste. Der Arzt warnte mich davor, meine Milch nicht zu trinken. „Du wirst sonst nie gesund werden", sagte er. Zu meiner täglichen Behandlung gehörte es, Medikamente zu schlucken, die nach Kerosin schmeckten. Nachdem ich die Flüssigkeit getrunken hatte, musste ich mich hinlegen und zehn Minuten lang auf jeder Seite ruhen. Die Kur machte mich fast kränker als die Geschwüre.

Allein gelassen im Krankenhaus

Ich war fast sechs Wochen im Krankenhaus, und ich vermisste meine Familie schrecklich. Kein einziges meiner Geschwister besuchte mich, obwohl es Busse gab. Ich hätte nie erwartet, dass mein Vater mich besuchen würde, er war zu beschäftigt mit seiner neuen Familie.

Rückblickend glaube ich, dass der Mangel an Mitgefühl meiner Schwestern auf die Tortur des Überlebens im Krieg zurückzuführen ist. Der Mangel an Güte und Freundlichkeit in unserem Leben hatte unsere Fähigkeit, Liebe und Zuneigung zu zeigen, zunichte gemacht. Es ist, als ob jede von uns emotional in ihrem eigenen kleinen Boot trieb.

Während ich Tag für Tag unter den Behandlungen litt, hielt ich an dem tröstlichen Gedanken fest, dass meine Mutter, wenn sie noch am Leben wäre, sicher zu mir gekommen wäre. Immerhin hatte sie mich vor Jahren im Krankenhaus besucht, als ich einen Fahrradunfall gehabt hatte.

Nach meiner Entlassung aus dem Krankenhaus spielte ich mit dem Vorschlag von Dr. Kleber, bei Wilhelm und seinen Adoptiveltern zu leben. Sobald ich körperlich dazu in der Lage war, fuhr ich mit dem Fahrrad in sein Büro, und der Arzt versicherte mir, dass Wilhelms Vormunde mich noch immer erwarteten.

Noch einmal packte ich meine Koffer, verabschiedete mich von meiner Tante und ihrer Familie und versicherte ihnen, dass ich nach meiner Eingewöhnung auf einen Besuch zurückkommen würde. Meine Tante und mein Onkel brachten mich zum Busbahnhof, damit ich die 25 Kilometer bis auf die andere Seite von Wilhelmshaven zurücklegen konnte.

Während der langen Busfahrt fing ich an, mit meinen Nerven zu kämpfen. Wieder einmal schwirrten mir die Gedanken im Kopf herum: Würde ich in der neuen Familie akzeptiert werden? Wie würden sie mich behandeln? Ich war so mit meinen Gedanken beschäftigt, dass es eine Weile dauerte, bis ich eine ältere Dame im Bus stehen sah. Als ich mich auf ihr Gesicht konzentrierte, wurde mir klar, wie traurig sie aussah. Wo sind meine Manieren, dachte ich, sie ist alt und wahrscheinlich ist ihr nicht wohl. Ihr Gesicht leuchtete auf, als ich ihr meinen Platz anbot, und sie dankte mir überreichlich.

Doch meine Besorgnis über dieses neue Kapitel in meinem Leben kehrte zurück. Die Tränen kribbelten mir in den Augen, aber ich war Experte im Zurückhalten von Gefühlen geworden.

Endlich kam ich an meinem Ziel an. Ich nahm ein Taxi von der Bushaltestelle, der letzten Etappe meiner Reise, und wartete sehnsüchtig auf das Wiedersehen zwischen meinem kleinen Bruder und mir. Als ich vor dem dreistöckigen Haus stand, fasste ich den Mut, an der Tür zu klingeln.

Bei den Beckers

„Ich hoffe, sie sind genauso aufgeregt wie ich", betete ich inbrünstig. Als Frau und Herr Becker die Tür öffneten, schüttelten sie mir beide die Hand. Als Nächstes sah ich Wilhelm, und ihm wurde gesagt, er solle mich grüßen. Höflich trat er vor und streckte seine kleine Hand aus.

Ich war enttäuscht über die gleichgültige und formelle Begrüßung. Ich hatte mir große Umarmungen und Äußerungen darüber vorgestellt, wie wir uns in all den Jahren vermisst hatten. Ich wurde hineingebeten.

Sie baten mich, sie als Herr und Frau Becker anzusprechen. Das war keine ungewöhnliche Forderung, im Alltag war es nicht ungewöhnlich, sich auf distanzierte Art und Weise anzureden. Aber ich war schockiert, als sie deutlich machten, dass Wilhelm mich Fräulein Gerda nennen sollte. Als ‚Fräulein' wäre ich nicht mehr seine Schwester, schoss es mir durch den Kopf. Es brach mir das Herz, aber ich widerstand wieder einmal, meine Gefühle zu zeigen.

Die Wohnung der Beckers war schön. Das Wohnzimmer war ziemlich groß, mit einer bequemen Couch und einem

Cocktailtisch, der für die Mahlzeiten höhergestellt werden konnte. Der Porzellanschrank zeigte einige schöne Dinge:

hübsche Vasen, schönes Geschirr und einige Kristallgläser. Sie zeigten mir ihr Schlafzimmer, das Badezimmer und ein gemütliches Zimmer für Wilhelm. Die Küche war klein, aber funktional. Als die Führung zu Ende ging, wurde mir klar, dass es keinen Raum speziell für mich gab. Frau Becker zeigte auf die Couch und sagte, ich müsse dort schlafen. Ich hoffte, meine Enttäuschung würde sich nicht zu sehr in meinem Gesicht niederschlagen. Praktisch gesehen hatte ich mich mit der Situation bereits abgefunden und war dankbar, dort zu sein.

Frau Becker kochte uns ein einfaches Essen, obwohl ich mich nicht erinnern kann, was es war. In diesem Moment kümmerte ich mich nicht um Essen oder lebhafte Gespräche, ich hatte nur Augen für meinen wiedergefundenen kleinen Bruder. Sein Gesicht war runder geworden, und seine schönen blauen Augen erinnerten mich an unsere Mutter.

Nach dem Abendessen packte ich meine Koffer aus. Es gab eine kleine Kommode, um meine ordentlich gefalteten Kleider aufzubewahren, und ich hängte meine Kleider in den Flurschrank. Frau Becker gab mir Laken und ein Kissen, damit ich mein Bett machen konnte. Dann sagten alle gute Nacht, und wieder wurde Wilhelm angewiesen, mir die Hand zu schütteln.

Das war das Ende meines ersten Tages bei den Beckers, aber ich war zu ängstlich, um sofort einzuschlafen. Meine Gedanken wanderten immer wieder zu Wilhelm, meiner Mutter und meinen anderen Geschwistern. Ich gab meinen Tränen nach und weinte leise. Hatte ich das Richtige getan, indem ich hierhergekommen war? Wenigstens war ich in der Nähe meines kleinen Bruders. Irgendwann schlief ich ein.

Der Wecker rüttelte mich aus einem tiefen Schlaf, und meine Glieder waren schwer, als ich mich aufrichtete, um den Tag zu begrüßen. Ich bekam etwas Tee und Brot zum Frühstück. Frau

Becker packte mir ein Lunchpaket, und ich ging zur Arbeit in der Olympia-Fabrik.

In den folgenden Tagen gaben mir die Beckers klare Signale, meine Blutsbande zu Wilhelm nicht zu offenbaren: Niemand sollte es wissen. Es wurde mir verboten, mit meinem Bruder unterwegs zu sein, falls uns jemand als Geschwister erkennen könnte. Das Ehepaar und Wilhelm lebten sehr bescheiden in der Wohnung, und vielleicht hatten sie mich nur aufgenommen, weil sie das Geld für Kost und Logis brauchten, das ich ihnen gab. Die erzwungene Distanz zermürbte mich, aber ich sah keinen anderen Weg, als mitzumachen. Was mir am meisten das Herz brach, war, dass mein kleiner Bruder und ich nur unter dem Tisch unsere Hände halten konnten, was wir auch taten, wann immer wir die Gelegenheit dazu hatten.

Meine Anspannung wuchs. Die seltsamen Blicke von Herrn Becker beunruhigten mich, und ich begann, ihm zu misstrauen. Irgendwie wusste ich, dass dies doch nicht der richtige Ort für mich war. Wieder einmal fand ich mich ungeliebt und ungewollt.

Warum konnte ich nicht meinen Platz in der Welt finden? Das fragte ich mich immer wieder. Ich war zu jung, um zu wissen, was ich als Nächstes tun sollte. Ich hätte zu Gott um Antworten gebetet, wenn ich davon überzeugt gewesen wäre, dass es einen Gott gibt, aber selbst er schien nicht für mich da zu sein.

Ich brauchte nicht lange zu warten, bis mein Schicksal für mich entschied. Eines Tages nach der Arbeit wollte Frau Becker mit mir sprechen. Mit einem ernsten Blick in ihren Augen erwähnte sie ihren Cousin, der eine Pullover Fabrik in Kiel besaß. Kiel war einige hundert Kilometer entfernt, nahe der Ostsee. „Hättest du Interesse, dorthin zu ziehen?“, bot sie mit kühler Stimme an. „Sie haben eine Tochter, Christa, die etwa in deinem Alter ist, und einen Sohn, Peter, der zwei Jahre jünger ist. Vielleicht wärst du mit ihnen glücklicher.“ Sie sah mich unverwandt an. Ich hatte das Gefühl, dass sie mit mir genauso unzufrieden war, wie ich mit ihr.

Ich befand mich also in folgender Situation: Ich durfte weder Wilhelm als meinen kleinen Bruder anerkennen, noch fühlte ich mich wohl mit dem Paar, das ihn adoptiert hatte. Ich überlegte, was ich tun sollte. Wilhelmshaven war zwar der Ort, an dem ich aufgewachsen bin, aber er barg so viele schlechte Erinnerungen. Meine Familienbande hielten mich sicherlich auch nicht hier; meine Geschwister waren unabhängig und lebten ihr eigenes Leben. Mein Vater war wiederverheiratet und mit seiner neuen Familie beschäftigt. Wir sahen uns nur selten.

Ich dachte kurz an einen jungen Mann namens Horst, einen Maschinenbauingenieur, den ich öfters bei der Arbeit traf. Obwohl zwischen uns eine gewisse Anziehungskraft herrschte, vermutete ich, dass sein sozialer Status in der Oberschicht die Beziehung zu mir verhindern würde. Ich erinnere mich, dass er einen weißen Volkswagen fuhr. Mein Herz machte einen Sprung, wenn ich ihn sah. Doch irgendwie schien er mir weit weg mit seinem Wohlstand.

Ich entschied mich, nach Kiel zu gehen. Der Blick in Wilhelms Augen war herzzerreißend, als ich es ihm sagte. Er rannte aus dem Zimmer.

Frau Becker setzte sich mit ihren Verwandten in Verbindung und sagte ihnen, wann sie mich erwarten konnten. Ich ließ Ilse und Traute wissen, dass ich umziehen würde, aber ich hörte kein Bedauern aus ihnen heraus. Ich habe auch meinen Vater über meinen bevorstehenden Umzug informiert, aber er schien nicht im Geringsten beunruhigt. Der Einzige, der mich vermissen würde, war Wilhelm, und ich beruhigte mich damit, dass es ihm gut gehen würde. Obwohl seine Adoptiveltern ihn nicht mit Zuneigung überhäuften, hatte er wenigstens Essen, Kleidung und eine Unterkunft.

Aufbruch nach Kiel

Der Tag meiner Abreise kam, und meine wenigen Habseligkeiten wanderten zurück in meinen Koffer. Höflich schüttelten wir uns alle die Hand zum Abschied. Wilhelm und ich hatten kaum Augenkontakt, sonst hätten wir beide geweint.

Ilse bot mir an, mich am Bahnhof zu verabschieden, und ich freute mich, dass meine Abreise doch nicht so einsam werden würde. Während wir auf den Zug warteten, waren Ilse und ich ein wenig unbeholfen miteinander. Wir wussten wirklich nicht, was wir einander sagen sollten. Ich glaube, wir fühlten uns beide erleichtert, als die Ansage der Abfahrt meines Zuges über die Lautsprecher erklang. Unsere Umarmung war ein wenig steif, aber wir sprachen darüber, uns gegenseitig zu besuchen.

„Bitte lass uns in Kontakt bleiben", sagte ich.

Als der Zug schneller fuhr, sah ich zu, wie Ilse mit ihrem weißen Taschentuch winkte, bis ich sie nicht mehr sehen konnte.

Ich war fast 20 und sehnte mich immer noch verzweifelt nach einer liebevollen, funktionierenden Familie. Ich lauschte dem Geräusch der massiven eisernen Lokomotive, die mich weit weg von diesen kargen Wurzeln brachte, die alles waren, was ich je gekannt hatte. Die Sonne schien hell, aber sie konnte die Düsternis in meinem Herzen nicht vertreiben. Ich fand mich mit meiner unbekannten Zukunft ab und klammerte mich an den Hoffnungsschimmer, dass mein nächster Schritt mir Frieden bringen würde.

In Kiel angekommen, zog ich ein weißes Taschentuch aus meiner Tasche und hielt es in meiner rechten Hand. Dies war das vorher vereinbarte Zeichen, die Schwester meines neuen Gastgebers und Chefs zu finden, die eine rote Nelke in ihrer linken Hand tragen würde. Wir fanden uns in der Nähe eines Restaurants.

Unter den lärmenden Geräuschen des Bahnhofs stellten wir uns einander vor. Ihr Name war Irene. Sie fuhr kein Auto, also fuhren wir mit der Straßenbahn in die Kieler Vorstadt Kiel-Gaarden. Dort wohnte die Familie Scheff, die eine Pullover Fabrik besaß.

Kaum waren Irene und ich angekommen, hatte sich die ganze Familie versammelt, um mich willkommen zu heißen. Alle schienen erfreut und plapperten um mich herum im Eingangsbereich. Ich bekam aber kaum etwas mit, denn ich war überwältigt von der luxuriösen Einrichtung des Wohnzimmers, ich schaute an der kleinen Menschenmenge vorbei und bestaunte die Inneneinrichtung. Exquisite persische Teppiche schmückten die gepflegten Holzböden. Die Vorhänge waren wunderschön genäht und rahmten die Fenster mit einem königlichen Flair. Innerlich kam ich zur Überzeugung, dass ich mich an diese verschwenderische Umgebung gewöhnen könnte.

Dann wurde ich der Haushälterin Frau Schliebener vorgestellt. Sie war eine kleine stämmige Frau reifen Alters. Als wir uns die Hand schüttelten und einander in die Augen sahen, verstanden wir uns sofort. Ihr herzlicher Empfang verriet ihre freundliche Gesinnung. Frau Scheff, die Besitzerin des Geschäfts, lud uns alle zum Abendessen im Speisesaal ein.

Auch dieser Bereich war geräumig und aufwendig ausgestattet mit einem geschnitzten Mahagonitisch und Stühlen. Der dazu passende Porzellanschrank war riesig und beherbergte eine Fülle von feinem Knochenporzellan sowie verschiedene Kunstgegenstände. Mir fiel sofort auf, wie sorgfältig der Tisch gedeckt war.

Zuerst konzentrierte sich das Gespräch auf meine Pflichten und meine Unterkunft und Verpflegung. Ich war erfreut zu erfahren, dass ich alle meine Mahlzeiten mit der Familie einnehmen würde, zumal Christa und Peter dabei sein würden. Ich hörte ihnen gerne zu, wie sie lachten und sich gegenseitig neckten. Leider musste ich feststellen, dass meine Geschwister und ich diese unbeschwerte Leichtigkeit im Umgang nie erlebt hatten.

Die zweite Etage des Hauses der Scheffs war wie eine separate Wohnung, und mein Schlafzimmer war dort das kleinste Zimmer. Christa besetzte das große Wohnzimmer mit einem Schlafsofa, und

Peter war im Zimmer nebenan. Soweit ich mich erinnere, hatten weder Peter noch ich eine Heizung in unseren Räumen. Nur Christa hatte diesen Luxus.

Mein Zimmer hatte eine Dachschräge, wodurch es sich noch kleiner anfühlte. Es enthielt einen Kleiderschrank, einen kleinen Tisch, einen Stuhl und eine Lampe. Das Bett war an die Wand geschoben, und wenn ich aus dem Fenster schauen wollte, musste ich aufstehen, weil es so hoch war.

Ich packte meine wenigen Sachen aus und brachte meine Kulturtasche ins Badezimmer. Dann stellte ich fest, während ich mir die Zähne putzte und mir das Gesicht wusch, dass es in der Wohnung kein heißes Wasser gab. Anscheinend war der einzige Ort, an dem ich eine warme Dusche nehmen konnte, unten. Ich müsste mich morgens und abends an das kalte Wasser gewöhnen. Mein einziger kleiner Luxus war mein kuscheliges Federbett, in dem ich bald einschlief.

Ein wirklicher Neuanfang

Am nächsten Morgen wurde ich mit einem riesigen Frühstück verwöhnt, was für mich ein noch nie dagewesenes Vergnügen war. Mit vollem Magen gewappnet war ich bereit, den Angestellten der Pullover Fabrik vorgestellt zu werden. Alle waren freundlich, lächelten und hießen mich willkommen.

Die Firma der Scheffs hatte 25 Mitarbeiter, und während der Ferien mussten alle hart arbeiten, um die großen Aufträge zu erfüllen. Zuerst musste ich lernen, wie man die komplizierten Maschinen bedient. Sobald ich das beherrschte, arbeitete ich oft abends und an den Wochenenden. Wenn ich nicht arbeitete, bildete ich neue Mitarbeiter aus. Zum ersten Mal in meinem Leben verdiente ich einen anständigen Lohn: genug, um mir ein paar schöne Kleider zu kaufen.

Mein Lebensgefühl änderte sich: Bis zu diesem Zeitpunkt hätte ich nie in Betracht gezogen, dass das Leben tatsächlich Spaß machen könnte. Das einzige Unbehagen, das ich hatte, betraf meine Arbeitskollegen. Da ich mit dem Chef zusammenlebte, vermieden es die Angestellten, mich in ihren Klatsch und Tratsch einzubeziehen.

Ein Lichtblick in meinem täglichen Leben war die Freundschaft mit Frau Schliebener. Wenn ich Zeit hatte, half ich ihr bei der Hausarbeit, nur um in ihrer Nähe zu sein. Als wir uns besser kennenlernten, tauschten wir die Tragödien unserer Leben aus. Ich erfuhr vom Verlust ihres Mannes und ihrer beiden Söhne im Krieg.

Manchmal besuchte ich sie, bevor ich in mein Zimmer ging. Sie hatte einen Plattenspieler, und ich genoss es, mit ihr zusammen zu sitzen und der Musik zuzuhören. Vor allem ein besonderes Lied hatte einen traurigen Text:

„Hast du dort oben vergessen auf mich?
Es sehnt doch mein Herz auch nach Liebe sich."

Frau Schliebener spielte dieses Lied oft, weil sie ihre Lieben vermisste. Aber sie beklagte sich nie. Wenn ich am Wochenende arbeitete, teilten wir uns am Nachmittag Kaffee und Kuchen.

Ich traf auch Inge, die in der Buchhaltung arbeitete und näher an meinem Alter war als Frau Schliebener. Wir wurden gute Freundinnen und unternahmen viel zusammen. An manchen Abenden gingen wir ins Kino in der Stadt. Inge und ich liebten es zu tanzen, und es gab einen besonderen, jungen Mann, den ich bewunderte, als ich auf dem Tanzparkett war.

Er hieß Dieter, und seine Familie war wohlhabend und gebildet. Sein Vater war der Präsident der Kieler Werft, auf der 11 000 Menschen für ihn arbeiteten. Einmal lud Dieter mich zu sich nach Hause ein. Er und seine Mutter unterhielten mich mit einem Klavierduett. Ein dichter Klangteppich lag in der Luft und erfüllte mein Herz mit Freude. Dann schwebte eine dunkle Wolke über mir, als mir klar wurde, dass ich nie in diese Familie aufgenommen werden würde.

Ich trug noch immer ein tiefes Gefühl der Unwürdigkeit in mir, als ob ich nirgendwohin gehörte. Ich sagte eine bevorstehende Verabredung mit Dieter ab, fest entschlossen,

der unvermeidlichen Ablehnung zuvorzukommen. Natürlich waren meine Minderwertigkeitsgefühle viel zu groß, doch damals durchschaute ich nicht, was in mir vor sich ging und woher ich diese Gefühle hatte. In meiner Familie hatte man mir nicht ausreichend beigebracht, mich wertvoll zu fühlen und mich selbst so zu akzeptieren, wie ich war. Wahrscheinlich schlimmer als die ärmlichen Verhältnisse, in denen ich aufwuchs, war die Tatsache, dass ich aus einer dysfunktionalen Familie kam, in welcher der Nachwuchs nicht genügend in seinem Selbstwert gestärkt wurde.

Nachdem ich Dieters Interesse zurückgewiesen hatte, verschlechterte sich mein Lebensgefühl. Ich fühlte mich in der Fabrik überlastet und im Haus der Scheffs unterlegen. Christa begann, mich wie eine Dienerin zu behandeln. Sie machte ihre Position klar: Ich bin die Tochter, du bist die Angestellte.

Mein Traum, zu einer richtigen Familie zu gehören, rückte weiter in die Ferne. Ich fühlte mich wieder einmal verlassen und einsam.

Da war noch eine Sache, die mir schwer auf der Seele lag. Es gab ein paar Tage, an denen ich mich nicht wohl fühlte, und da meine Mutter an Krebs verstorben war, fürchtete ich, ich würde derselben gefürchteten Krankheit erliegen. In dieser Situation konnte ich wenigstens etwas tun, also machte ich einen Termin beim Arzt.

Am Tag meines Termins, als ich gerade das Haus verlassen wollte, konnte Frau Scheff nicht widerstehen, ihre Meinung zu äußern. „Der Arzt wird nichts finden“, sagte sie voraus. „Er wird Ihnen eine Taschenlampe in den Hintern stecken, und das war’s dann.“

Ich war schockiert und angewidert von ihrer groben Bemerkung. Ich hätte nicht gedacht, dass ein Mensch aus der

Oberschicht so etwas sagen würde, und an diesem Tag verlor ich etwas Respekt vor meiner Chefin.

Was für eine Erleichterung, als die Diagnose kam: Ich hatte keinen Krebs, ich hatte eine Krankheit, die heute als Reizdarmsyndrom bezeichnet wird. Mit der richtigen Ernährung und den richtigen Medikamenten, so die Vorhersage des Arztes, würde es mir in wenigen Tagen besser gehen.

Wir schrieben das Jahr 1958, und mein zwanzigster Geburtstag stand kurz bevor: der 7. Oktober. Ich dachte, dass die Familie Scheff diesen besonderen Tag vielleicht erwähnen würde. Blumen wären schön gewesen. Als das Mittagessen eintraf, hatte mir noch niemand aus der ganzen Fabrik zum Geburtstag gratuliert. Ich konnte meine Enttäuschung nicht mehr zurückhalten, also platzte ich heraus: „Heute ist mein Geburtstag!“

Alle im Speisesaal drehten ihre Köpfe um und starrten mich an. Frau Scheff unterbrach ihr Gespräch mit jemand anderem, zeigte auf den Laden und sagte: „Warum suchen Sie sich nicht einen Pullover im Laden aus?“

Obwohl der Gedanke großzügig war und ich das Geschenk zu schätzen wusste, hätte ich es vorgezogen, wenn jemand meinen besonderen Tag zur Kenntnis genommen hätte. Zudem hatte niemand aus meiner Familie in Wilhelmshaven mir eine Karte geschickt. Als das Mittagessen vorbei war, ging ich schweren Herzens wieder an die Arbeit.

Urlaub bei der Familie

Ich brauchte dringend Urlaub, um meine Laune zu heben. Ich beschloss, meine Tante Erna und meine Großmutter in Hagen zu besuchen. Ich war schon viele Male mit dem Zug gereist, aber nicht in letzter Zeit. Ich war auch nervös, in einer größeren Stadt wie Hamburg umzusteigen. Ein Taxi zum Bahnhof zu nehmen war die erste einfache Etappe meiner Reise, auch wenn ich dem Fahrer wahrscheinlich zu viel Trinkgeld gegeben habe. In dem lauten, geschäftigen Bahnhof bat ich einen Schaffner, mir den Zug nach Hamburg zu zeigen. Ich prüfte ängstlich die Schilder an den Waggons, um sicherzustellen, dass ich in den richtigen einstieg. Nachdem ich meinen Platz gefunden hatte, seufzte ich erleichtert auf und versuchte, mich zu entspannen.

Als der Zug vom Bahnsteig rollte, gab die Trillerpfeife einen schrillen Ton von sich. Ich blickte aus dem Fenster und beobachtete die vorbeiziehende Landschaft. Kinder winkten mir zu. Ich winkte zurück. Ich bemerkte Menschen, die ganz normale Dinge taten wie Unkraut jäten und Früchte pflücken. Bald änderte sich die ländliche Szenerie aus meinem Fenster, als die Stadt Hamburg in Sicht kam.

Wieder einmal packte mich der Schrecken. Ich musste mich selbst davon überzeugen, dass ich damit umgehen konnte.

„Gerda“, sagte ich zu mir selbst: „Solange du Geld in der Brieftasche hast und die Sprache sprichst, kannst du nicht verloren gehen!“

Mit neuem Mut stieg ich aus dem Zug aus und schaffte es, in den richtigen Zug nach Hagen zu steigen. Inzwischen war ich am Verhungern, ich hatte vergessen zu essen. Zum Glück kam ein Servierwagen vorbei, und ich bestellte eine Limo und einen Hot Dog. Ein paar Stunden später erreichte ich mein Ziel.

Sofort nach dem Aussteigen aus dem Zug begann ich mit der Suche nach meiner Tante und meiner Großmutter. Ich sah beide nicht, und die Panik kehrte zurück. Als Kind hatte ich einmal dasselbe Gefühl gehabt, als ich von meiner Mutter getrennt worden war. Ich rügte mich wieder: „Du bist kein kleines Kind mehr.“ Ich ging auf Nummer sicher und rief ein Taxi.

Als ich bei meiner Großmutter ankam, umarmte sie mich überschwänglich. Nach unserer herzlichen Begrüßung machten wir uns Sorgen um Tante Erna, die zum Bahnhof gegangen war, um mich zu treffen. Nach wenigen Minuten kehrte sie nach Hause zurück. Da beschlossen wir, ihr einen Streich zu spielen. Ich versteckte mich hinter der Tür und lauschte. „Ich konnte Gerda nirgendwo finden“, klagte sie, „ich hoffe, es geht ihr gut.“ Sie klang so aufgewühlt, ich konnte nicht zulassen, dass ihr Kummer anhielt.

„Hier bin ich“, rief ich, als ich hinter der Tür hervortrat und sie umarmte. Sie war kein Spielverderber und nicht wütend, sondern einfach froh, mich zu sehen.

Nach einem kurzen Rundgang durch ihre hübsch eingerichtete Wohnung setzten wir uns zusammen und unterhielten uns lange.

Das Thema ihrer neu entdeckten Religion kam zur Sprache, und ich hörte fasziniert zu, wie sie über ihre Beziehung zu Jesus sprachen und wie glücklich sie das machte. Sie erwähnten ihre Gewohnheit, zweimal täglich die Bibel zu lesen, und ihre Vorliebe für Gospelmusik. Ich dachte, sie seien ein wenig fanatisch. Da mein Glaube bestenfalls wackelig war, fühlte ich mich unbehaglich. Wenn es ans Beten ging, brachte ich diskret mein Strickzeug zum Tisch, und während sie beteten, klickten meine Nadeln leise unter dem Tisch.

Diese beiden wunderbaren Frauen waren gut zu mir. Sie schlugen vor, dass ich bei ihnen wohnen könnte, wenn ich wollte. Da ich ihre Gefühle nicht verletzen wollte, sagte ich ihnen, ich würde darüber nachdenken. Als sich mein Besuch dem Ende zu neigte, dankte ich ihnen von ganzem Herzen, aber ich wusste, dass ich niemals dorthin ziehen würde.

Wieder meine Sorge vor Ablehnung

Ich kehrte nach Kiel zurück, arbeitete hart und sparte etwas Geld. Mein Budget erlaubte mir einen gelegentlichen Kinobesuch mit meinen Freundinnen, und ich ging sogar einmal in die Oper. Dazu eingeladen hatte mich Hans, ein netter junger Mann, den ich kennengelernt hatte. Ich wollte nicht zugeben, dass ich noch nie eine Oper gehört hatte, aber ich war begierig auf diese Erfahrung. Der Abend erwies sich als wunderbar, wie ein Traum, den ich nicht enden lassen wollte. Hans war ein wahrer Gentleman – sanftmütig, höflich und respektvoll. Er behandelte mich auch wie eine Dame, eine Eigenschaft, die ich bewunderte und auf die ich großen Wert legte bei der Wahl meiner Bekanntschaften. Natürlich war ich darauf bedacht, niemandem die Gelegenheit zu geben, mich auszunutzen.

Hans und ich verbrachten viel Zeit miteinander, gingen ins Kino, tanzten und lernten uns besser kennen. Er war neugierig auf meinen Hintergrund, also verriet ich ihm die Geschichte meiner Familie: Ich erzählte ihm von meinen Geschwistern, vom Tod meiner Mutter und der zweiten Ehe meines Vaters mit einer Frau mit drei Kindern. Wenn mir das Gespräch zu persönlich wurde, wechselte ich schnell das Thema. Ich schämte mich zu sehr für meine zerrüttete Familie. Statt zu riskieren, dass Hans schlecht über mich urteilen könnte, lenkte ich das Thema auf seine Familie.

Hans' Vater leitete eine Telefongesellschaft, daher lebten er und seine Familie in einer wohlhabenden Gegend. Als er mich zu sich nach Hause einlud, sagte ich ihm, ich sei noch nicht bereit, seine Eltern zu treffen. Wie ich es mit Horst getan hatte, brach ich die Beziehung kurz danach ab – aus demselben Grund: Ich erwartete, dass man mich ablehnen würde. Ich war entschlossen, nicht verletzt zu werden, also hörte ich auf, ihn zu treffen, bevor sich meine Vorhersage erfüllen konnte.

Nachts, wenn ich im Bett lag, machte ich mir oft Gedanken über meine Zukunft. Ich fragte Gott, ob er mir einen gütigen Ehemann schicken würde, der über einen guten Lebensunterhalt verfügt. Ein kleines Haus wäre schön und ein paar Kinder. Ich wollte eine Familie, ich wollte irgendwo dazugehören. Ich fühlte mich so allein in der Welt, und ich hoffte, dass die Ehe eine Familie mit sich bringen würde, die mich so akzeptierte, wie ich war. In unzähligen Nächten verweilten diese Gedanken in meinem Kopf, bis ich einschlief.

Am Morgen brachte mich das durchdringende Klingeln des Weckers immer wieder in die Realität zurück. Mir wurde dann immer wieder aufs Neue bewusst: Ich war immer noch dasselbe einsame Mädchen, das ich in der Nacht zuvor gewesen war.

Ich begann jeden Tag damit, mir kaltes Wasser ins Gesicht zu spritzen, bevor ich mich zur Arbeit schleppte. Das Gefühl, ein Außenseiter in der Familie Scheff zu sein, verstärkte sich, und meine Pläne, meine Situation zu verbessern, begannen eine neue Richtung einzuschlagen.

Ich erkundigte mich telefonisch nach Weiterbildungsmöglichkeiten, aber was ich herausfand, war kaum ermutigend. Abends wurde kein Unterricht angeboten, und es gab keine staatliche Finanzierung für Leute wie mich.

Mein Unglück hing also nicht mit dem Krieg, der Armut und meiner kaputten Familie zusammen, sondern auch mit einem Mangel an Bildungsmöglichkeiten.

5

DER BESUCH, DER MEIN LEBEN VERÄNDERTE (1960-1966)

ICH ERINNERE MICH NOCH GENAU, wie Christa Scheff mir eines Tages im Sommer 1960 einen Brief überreichte. Ich erkannte sofort die Handschrift von Tante Erna und riss schnell den Umschlag auf. Welch eine Freude zu erfahren, dass meine Cousine Rose und ihr sechsjähriger Sohn Roy in zwei Wochen aus Amerika zu einem Besuch nach Hagen kommen würden! Tante Erna wollte wissen, ob ich zu ihr reisen und sie treffen könnte.

Rose war meine Cousine väterlicherseits. Sie und ihr Ehemann Hjalmar, ein gebürtiger Norweger, waren 1951 in die USA ausgewandert. Zuerst hatten sie sich in Brooklyn, New York, niedergelassen. Später hatten sie ein Haus in Griggstown, New Jersey, gebaut.

Christa spürte meine Aufregung und flehte mich an, ihr meine guten Neuigkeiten mitzuteilen. Ich kündigte an, dass ich meine lang verschollene Cousine treffen würde. Als Christa aus dem Zimmer rannte, lief sie zu ihrer Mutter und erzählte ihr meine Pläne. Etwas später bemerkte Frau Scheff: „Ich weiß, du wirst Überstunden machen, um mit deiner Arbeit voranzukommen."

Aufregender Besuch aus den USA

Also schrieb ich sofort zurück und teilte Tante Erna mit, dass ich gerne kommen und Rose und ihren kleinen Jungen treffen würde. Zwei Wochen später saß ich wieder im Zug, und diesmal war die Reise überhaupt nicht beängstigend. Vielleicht war ich zu sehr damit beschäftigt, ein Buch über die USA zu lesen, welches ich vor der Abreise gekauft hatte. Als die Landschaft an mit vorbeiraste, erfuhr ich, dass die Bevölkerung des Landes vielfältig war: ein ‚Schmelztiegel' von Menschen, die aus allen Kontinenten der Erde kamen. Ich versuchte, ein Bild von den mit Gold gepflasterten Straßen zu finden, aber es gab keins.

Mit einem lauten Quietschen kam der Zug am Bahnsteig in Hagen zum Stehen. Meine Tante und ich hatten nicht vereinbart, uns am Bahnhof zu treffen, also suchte ich ein Taxi. Zu meiner Überraschung sah ich Tante Erna, Rose und Roy, die besorgt darauf warteten, mich abzuholen. Rose, eine große, junge Frau, hatte ein freundliches, sanft aussehendes Gesicht. Als sie mich mit ihrer zierlichen Gestalt umarmte, flüsterte sie mir ins Ohr: „Ich bin so froh, dass wir uns endlich treffen!" Ich konnte mich nicht erinnern, jemals solch freundliche Worte gehört zu haben, sie waren wie Musik in meinen Ohren.

Roy sprach kein Deutsch, aber nach ein paar Tagen waren wir in der Lage, uns mit Handgesten zu verständigen. Wir verbrachten unsere gemeinsame Zeit mit Ball- und Brettspielen. Die enge familiäre Atmosphäre gefiel mir sehr gut.

Eine Sache plagte mich jedoch: Würde ich genug Mut aufbringen, Rose zu fragen, ob ich ihre Familie in Amerika besuchen dürfte? Vielleicht könnte Gott mein Verbündeter sein. Diesen Gedanken hatte ich, weil ich an die Religiosität meiner Tante und Großmutter dachte. Schließlich fanden sie großen Trost in ihrem Glauben. Von ihnen hatte ich gehört, dass Gott und Jesus unsere

Retter seien. Wenn Er an meiner Seite wäre, würde mein Traum vielleicht wahr werden. Ich musste nicht lange warten, bis meine Gebete erhört wurden.

Kurz nach dem Frühstück am nächsten Tag holte ich tief Luft und fragte Rose: „Könnte ich dich vielleicht besuchen kommen?"

Sie zögerte nicht einen Moment lang. „Natürlich kannst du das, wir würden uns freuen, wenn du uns besuchst!"

Nun, da ich wusste, dass ich nach Amerika gehen würde, spielte ich mit einem weiteren gewagten Gedanken: Ich könnte den Besuch dauerhaft machen, wenn ich mich für die Einwanderung entscheiden würde. Rose und ich diskutierten diese neue Möglichkeit. Zuerst sagte sie, dass ich mir einen, Sponsor' suchen müsse, der für mich bürgt, um zu versichern, dass ich mich selbst versorgen kann, damit ich der amerikanischen Regierung nicht zur Last fallen würde. Ein Sponsor zu sein war ein großes Unterfangen. Wenn der Einwanderer keine Arbeit finden konnte, wäre der Sponsor für die Unterstützung verantwortlich. „Ich werde immer Arbeit finden", beruhigte ich sie. Ich versprach auch, in mein Heimatland zurückzukehren, falls es nicht klappen sollte.

Meine grosse Chance: Mein American Dream

Das war meine Gelegenheit, die schlechten Erinnerungen an den Krieg hinter mir zu lassen, und ich konnte meinem tyrannischen Vater ein für alle Mal entkommen. Ich war im siebten Himmel, als Rose ihrem Mann Hjalmar erklärte, dass sie mich sponsern wollte und dass es ihr eine Ehre wäre. Im Stillen dankte ich Gott für seine Hilfe.

Roses letzte Woche in Hagen schien zu verfliegen, bald wurde es Zeit, sich zu verabschieden. Ich fühlte eine solche Verbundenheit mit dieser Frau – meine Worte fielen mir vom Herzen in den Mund:

„Rose“, sagte ich, „danke, dass du mir vertraust und mir erlaubst, nach Amerika zu kommen. Ich werde hart arbeiten, um mich selbst zu versorgen, und ich verspreche, weder dir noch Hjalmar zur Last zu fallen!“ Als mir Tränen der Dankbarkeit über das Gesicht liefen, sah ich zufällig Tante Erna an. „Ich glaube, jetzt verliere ich dich auch noch“, sagte sie wehmütig.

Nun, da meine Zukunft gesichert war, wollte ich sofort nach Kiel-Garden zurückkehren, um Frau Scheff von meiner Absicht zu erzählen, nach Amerika auszuwandern. Als ich wieder zu Hause ankam, gab es jedoch einen Berg von Arbeit aufzuholen, sodass ich zusätzliche Abend- und Wochenendstunden einplanen musste.

Dann wurde es Zeit, dass ich meinen Antrag auf Einwanderung in die USA stellen musste. Ich bat Frau Scheff um eine Auszeit, um zur amerikanischen Botschaft in Hamburg zu gehen, aber sie spottete über meinen Plan. Ich erwartete von ihr keine positive Reaktion, aber ihre Missgunst machte mich nur noch entschlossener.

In der Botschaft erkundigte ich mich nach der Möglichkeit, in die Vereinigten Staaten einzuwandern. Innerhalb einer Woche erhielt ich ein riesiges Antragspaket, das etwa 300 Fragen enthielt. Ich war überrascht, als ich auf die Frage stieß:

„Haben Sie vor, Prostituierte zu werden?“ Zuerst war ich ein wenig beleidigt, aber dann verstand ich den Grund der Frage.

Es dauerte mehrere Monate, bis die amerikanische Einwanderungsbehörde alle meine früheren Adressen überprüft hatte. Dann traf ein Brief ein: Ich sollte mich in Hamburg zu einer mündlichen Befragung und einer medizinischen Untersuchung melden. Frau Scheff war immer noch skeptisch und glaubte nicht, dass ich dieses Vorhaben zu Ende führen würde. Als ich um einen freien Tag bat, um mich in Hamburg untersuchen zu lassen, ließ sie mich nur widerwillig gehen.

„Untersuchung“ in der Botschaft

Es waren gleich mehrere deutsche Frauen in der Botschaft, die hofften, nach Amerika einwandern zu können. Ich hörte ihr Geplapper. Viele von ihnen hatten vor, einen Amerikaner zu heiraten, andere wollten Kindermädchen werden. Als ich mich an dem Gespräch beteiligte, erzählte ich ihnen von meiner Cousine Rose und wie sie mich sponsern wollte.

Dann wurden wir in ein Zimmer geordert und angewiesen, uns bis auf Unterhose und BH auszuziehen. Wir warteten lange Zeit halbnackt, bis endlich ein Arzt kam. Dann stellten wir uns in einer Reihe auf, damit der Arzt unsere offenen Münder mit einem Zungenspatel untersuchen konnte.

Als ich an der Reihe war, fragte ich ihn: „Warum musste ich mich ausziehen, damit Sie mir in den Rachen schauen können?“

Er grinste. „Die Nächste!“, sagte er und wandte sich ab.

Es vergingen mehrere qualvolle Monate, bis ich endlich erfuhr, dass mein Antrag genehmigt worden war. Man schrieb das Jahr 1961, was fast ein ganzes Jahr später war, seit ich Rose in Hagen getroffen hatte. Obwohl ich unsicher war, was mich auf der anderen Seite des Ozeans erwartete, war ich zuversichtlich, dass ich mein Leben wieder mit einer reinen Weste beginnen konnte. Ich kündigte meine Arbeit und hatte noch zwei Wochen Zeit, um meinen Vertrag zu erfüllen. Frau Scheff, immer noch pessimistisch, unkte: „Ich glaube nicht, dass Sie es schaffen werden.“ Aber sie sollte nicht Recht behalten, entschied ich.

KEIN WEG ZURÜCK! EIN ABSCHIED NACH DEM ANDEREN

Ich ging ins Reisebüro, um ein einfaches Flugticket nach New York zu buchen. Der Agent, ein pfiffiger junger Mann, versuchte mich davon zu überzeugen, dass eine Schiffsreise billiger wäre, aber ich blieb standhaft. „Nein", sagte ich, „ich habe mich entschieden, mein Land für immer zu verlassen. Falls ich unterwegs meine Meinung ändern sollte, könnte ich versucht sein, ins Wasser zu springen."

Der weit aufgerissene Mund des Agenten brachte mich fast zum Lachen. Ohne weitere Ratschläge buchte er meinen Flug auf die inzwischen stillgelegte Trans World Airlines.

Bevor ich nach Amerika gehen konnte, musste ich noch eine letzte Sache erledigen. Ich musste eine Rundreise machen und mich von meiner Familie verabschieden. Doch zuerst musste ich mich von der Familie Scheff sowie von meinen Kollegen in der Pullover Fabrik verabschieden.

Der schwierigste Abschied war der von Frau Schliebener, der Haushälterin, die meine engste Freundin gewesen war. Ihre Augen waren von einer schrecklichen Traurigkeit erfüllt. Uns beiden war klar, dass wir uns wahrscheinlich nie mehr auf dieser Erde wiedersehen würden.

„Ich werde dich vermissen", sagte ich ihr.

Nach einer letzten Umarmung ging ich schnell weg, aus Angst, meine Gefühle würden mich überwältigen.

Der Abschied zwischen Inge und mir war ganz anders. Sie war begeistert, eine Freundin in Amerika zu haben, die sie eines Tages besuchen könnte. Mit leichterem Herzen versprachen wir, einander zu schreiben.

Mittlerweile war ich eine erfahrene Reisende. Dennoch fühlte ich mich erleichtert, als ich mich im Abteil des Zuges einrichtete, der mich nach Wilhelmshaven bringen sollte, um mich von all meinen Familienmitgliedern zu verabschieden.

Ich blieb ein paar Tage bei Ilse und plante, meine anderen Geschwister zu sehen. Ich rief sogar meinen Vater und seine Frau Dora an und traf Vorkehrungen, sie zu besuchen. Als ich ankam, war Dora in der Küche beschäftigt, und mein Vater saß vor dem lauten Fernseher. Er machte sich nie die Mühe, den Fernseher auszuschalten, sodass unser kurzes Gespräch von lauten Hintergrundgeräuschen durchdrungen war. Seine letzte Bemerkung blieb für immer bei mir hängen.

„Nun, ich wünsche dir viel Glück. Wenigstens hast du eine Cousine dort."

Sein glanzloser Abschied bewies schließlich, dass ich ihm völlig egal war. Ich weiß nicht, was ich von ihm erwartet hatte, aber diese fade, gefühllose Aussage war schlimmer als alles, was ich mir vorgestellt hatte. Nach einem festen Händedruck von Dora schloss ich die Tür und atmete tief auf. Ich war fertig mit meinem Vater!

Ilse hatte arrangiert, dass Traute und Günter in ihr Haus kamen, um mich zu verabschieden. Es war wunderbar, sie zu sehen, aber ich fragte mich, wann wir uns das nächste Mal wiedersehen würden. Das bittersüße Wiedersehen ging zu Ende, und Ilse brachte mich zum Bahnhof.

Gemischte Gefühle durchströmten mich: Ich war traurig darüber, dass ich meine Familie zurücklassen musste, aber auch glücklich über den Neuanfang. Ich stieg in den Zug, nachdem ich Ilse ein letztes Mal die Hand geschüttelt hatte und winkte mit meinem weißen Taschentuch aus dem Fenster, bis wir uns nicht mehr sehen konnten. Innerlich hakte ich eine weitere Verpflichtung ab, die ich erfüllt hatte, bevor ich mein neues Leben so weit weg von hier beginnen wollte.

Der Zug ratterte auf Hagen zu, während ich über meine Familie nachdachte. Wahrscheinlich hatte uns die Erfahrung, den Krieg zu überleben, für immer gezeichnet. Aber warum hatten uns die vielen Notsituationen nicht enger zusammengeschweißt? Ich wusste es nicht. Alles, was ich wusste, war, dass jeder seine eigene Suppe kochte. So wollte ich nicht weiterleben. Ich wollte eine Familie haben, in der die Mitglieder zusammenhielten und herzlich zueinander waren.

Ich war froh, dass während der Zugfahrt niemand mit mir sprach. Alle starrten aus dem Fenster oder lasen Zeitung, während mich das eintönige Schienengeratter schläfrig machte. Trotz meines schweren Herzens fühlte ich eine freudige Aufregung, nach Amerika aufzubrechen.

Zum Glück erwartete mich das lächelnde Gesicht von Tante Erna zur Begrüßung, als ich in Hagen ankam. Ich umarmte sie und dankte ihr, dass sie mich vom Bahnhof abholte. Als wir meine Koffer auf einem Wagen stapelten, war ich stolz darauf, dass ich mit einer schönen Garderobe in den USA eintreffen würde.

Eine kurze Taxifahrt später waren wir in Tante Ernas Wohnung. Das Erste, was mir auffiel, war das große Lächeln auf dem Gesicht meiner Großmutter, das ihr Glück über meine Rückkehr verriet. Sie war gealtert, seit ich sie das letzte Mal gesehen hatte. Vielleicht sah ihr Haar in dem verdrehten Haarknoten grauer aus, oder vielleicht hatte ihr verwittertes Gesicht ein oder zwei Falten hinzubekommen. Es zeigte, wie hart ihr Leben gewesen war. Ich bin sicher, es hatte seinen Tribut gefordert.

Der Besuch bei Tante Erna und meiner Oma ging nur langsam vorüber, so ungeduldig und entschlossen war ich wegzugehen. Schließlich, als ich endlich meinen Kopf ein letztes Mal auf mein Kissen legte, dachte ich: Das ist meine letzte Nacht in Deutschland. Meine Gebete in dieser Nacht waren einfach: Ich bat Gott, mir eine friedliche Ruhe zu schenken und mir durch den morgigen Tag und darüber hinaus zu helfen.

Das Beten fiel mir in dieser Zeit ein wenig leichter. Die Zeit mit Tante Erna und meiner Oma brachte für meinen Glauben den Stein ins Rollen. Ihre Gebete zu hören und in der Heiligen Schrift zu lesen, brachte etwas Sinn in mein Leben, aber ich fühlte immer noch nicht die gleiche persönliche Verbindung zu Gott wie sie. Aber ich stellte mir vor, dass in Zukunft alles möglich sei. Schließlich schlief ich ein.

Am nächsten Morgen riss mich der Wecker aus dem Bett. Ich konnte meine Aufregung kaum noch zügeln – der Tag war endlich gekommen! Ich zog mir ein hübsches Kleid an, packte sorgfältig meine Taschen und frühstückte mit meiner Tante und meiner Großmutter.

Bei einer Tasse Tee unternahm Tante Erna einen letzten Versuch, mich in Hagen zu halten. „Bist du sicher, dass du nicht bei uns bleiben willst?“, fragte sie, „Es ist noch nicht zu spät, deine Meinung zu ändern.“

Mein Schweigen war die einzige Antwort, die ich ihr geben konnte. Ich hatte nicht vor, meine Meinung zu ändern; die Entscheidung war endgültig. Als ich meine Großmutter umarmte, fragte ich mich, ob ich sie jemals wieder lebend sehen würde.

„Ich werde euch bald schreiben“, versprach ich.

Draußen hupte das Taxi. Ich musste gehen. Tante Erna begleitete mich den ganzen Weg zum Flughafen in Frankfurt. Während ich auf mein Flugzeug wartete, entstand eine unbehagliche Stille zwischen uns. Ich wollte einfach nicht reden. Unbewusst hatte ich mein altes Leben bereits hinter mir gelassen. Als ich die Aufforderung hörte, an Bord meiner Maschine zu gehen, war ich erleichtert. „Jetzt beginnt meine Reise!“, dachte ich.

Ich dankte meiner Tante für alles und versprach, ihr zu schreiben, sobald ich angekommen wäre. Sie umarmte mich und gab mir einen Kuss, dann rief sie mir zu: „Grüß Rose, Hjalmar und den kleinen Roy von mir.“ Ich blickte über meine Schulter. Sie wischte sich die Tränen aus den Augen.

Am Gate checkte ich mich für meinen Flug ein. Als ich mich setzte, wurde ich mit meinem ersten Kulturschock konfrontiert. Alle um mich herum sprachen Englisch! Obwohl ich mich noch auf deutschem Boden befand, waren die Leute, die an Bord gingen, offenbar alle Amerikaner. Natürlich war mein Wörterbuch in meinem Koffer, der sich auf dem Weg in den Bauch des Flugzeugs befand. Ich lächelte und zwang mich, mich zu entspannen. Amerika, ich komme!

Landung in der Neuen Welt

Der Flug verlief ereignislos, und die Sprachbarriere stellte kein größeres Problem dar. Glücklicherweise waren einige Amerikaner an Bord, die Deutsch sprachen und so freundlich waren, mir zu helfen.

Das Flugzeug landete am Nachmittag unter strahlend blauem Himmel. Während ich in der Schlange für die Flughafensicherheit stand und mich umsah, wuchs mein Unbehagen. Ich suchte verzweifelt nach Rose. Was würde ich tun, wenn sie nicht hier war? Schließlich sah ich sie hinter den Glasschiebetüren, die den US-Zoll von der öffentlichen Lobby trennte. Es war ein langer, zermürbender Prozess, durch den Zoll zu kommen, und ich verbrachte die Zeit damit, meine Zweifel zu bekämpfen. Was habe ich getan? Wie kann ich in diesem Land zurechtkommen, ohne Englisch zu sprechen? Ich beschloss, meine nervösen Nerven zu beruhigen, bis ich mit Rose und ihrem Mann Hjalmar gesprochen hatte.

Wusch! Die Schiebetüren öffneten sich. Im Gewühl der Menge hörte ich: „Gerda, wir sind hier drüben!" Ich drehte meinen Kopf und sah sie sofort, denn sie waren beide groß. Rose war 1,80 Meter und Hjalmar war weit über zwei Meter groß.

Ihre einladenden Umarmungen waren ein enormer Trost. Es fühlte sich gut an, eine Zeit lang unter den Menschen zu sein, die mir in der nächsten Zeit Halt geben sollten.

„Lasst uns aus dieser Menschenmenge herauskommen!", sagte Rose. Sie trug einen schwarzen Mantel mit einem bunten Schal, der um ihren Hals drapiert war. Ihr braunes Haar, dicht und lockig, verstärkte den warmen Ausdruck ihrer blauen Augen. Ihr Strahlen hieß mich willkommen. Hjalmar war zurückhaltender als seine hübsche Frau. Er hatte ein ovales Gesicht und dunkelblonde Haare. Sobald er sprach, wurde seine norwegische Herkunft offensichtlich. Er war so riesig, dass er sich ein wenig beugen musste, um mit mir zu sprechen.

Meine neuen Gastgeber bestanden darauf, dass wir einen Rundgang durch die Stadt machten, bevor wir zu ihrem Haus in Griggstown, New Jersey, fuhren. Ich war müde und hungrig und konnte mit ihrer Begeisterung nicht mithalten, aber ich traute mich nicht, „Nein" zu sagen.

Die ersten Minuten in New York waren überwältigend. Die Stadt war riesengroß, und alles, was ich zuvor gelesen hatte, konnte mit der Realität nicht mithalten.

„Wow!", sagte ich, als ich die monumentalen Gebäude anstarrte. Sie ließen mich an eine Steinwüste denken, allerdings an eine stark belebte, in der es nur von Menschen wimmelte. Meine Augen konnten einfach nicht alles aufnehmen.

Die Fahrt nach Griggstown, in der Nähe von Princeton, zog sich immer weiter hin, und ich war gespannt darauf, das Haus zu sehen, in dem Rose und Hjalmar lebten. Wir fuhren eine ganze Weile auf einer Landstraße, bevor wir schließlich die letzte Kurve nahmen und in die Garage fuhren.

Ich war vom Haus beeindruckt. Hjalmar hatte es vor einigen Jahren selbst gebaut, sodass alles neu und einladend wirkte. Wie schön, einen geschickten und talentierten Mann als Ehemann zu haben. Rose hatte schon immer schöne Dinge geliebt, und ihr Haus war geschmackvoll damit eingerichtet. Ich hatte sofort das Gefühl, nach Hause gekommen zu sein.

Rose und Hjalmar waren äußerst nett, und ich fühlte mich von Anfang an wohl bei ihnen. Tief in meinem Herzen wurde mir klar, dass dies die Familie war, nach der ich gesucht hatte. Ich war mir sicher, dass ich Deutschland hinter mir lassen konnte, einschließlich all der schmerzlichen Erinnerungen und Enttäuschungen. Allerdings ahnte ich nicht, dass die Vergangenheit mich einholen sollte, dass chronische Schmerzen mich dazu zwingen würden, die Vergangenheit stärker zu verarbeiten.

Hjalmar sprach Deutsch, was die Kommunikation zwischen uns einfach machte. Roy, der jetzt sieben Jahre alt war, erinnerte sich an mich. Wir wurden gute Freunde, und er begann, mir Englisch beizubringen. Wenn wir zusammen spielten, fiel es mir leicht, viele Wörter aufzuschnappen. Roy war so liebenswert, und die Zeit, die ich mit ihm verbrachte, erinnerte mich daran, wie ich früher mit meinen kleinen Brüdern zusammen gewesen bin.

Rose und Hjalmar waren so großzügig, mich eine ganze Weile bei ihnen wohnen zu lassen. Natürlich wusste ich, dass ich irgendwann allein zurechtkommen musste.

Die Vergangenheit drängt sich in die Gegenwart

Drei Monate später erwachte ich und hörte den üblichen morgendlichen Trubel im Haus, bis Roy zur Schule ging. Ich beschloss, noch etwas länger im Bett zu bleiben. Ich wollte den anderen nicht im Weg sein. Benommen vor Müdigkeit grübelte ich über meine ungewisse Zukunft nach. Warum mich jeden Morgen diese Ängste trafen, wenn ich die Augen öffnete, war mir unklar. Eines Tages würde ein Psychologe das Rätsel für mich lösen müssen, doch das ahnte ich zu dem Zeitpunkt noch nicht. Ich dachte mir: Vielleicht bleibe ich hier liegen, bis Hjalmar zur Arbeit und Roy in die Schule gegangen waren. Ich drehte mich um und döste wieder ein.

Der Duft von Kaffee weckte mich wieder auf. Es war Zeit aufzustehen, egal wie bequem das Federbett auch war. Mein Bett erinnerte mich an das Zimmer, das ich bewohnte, als ich im Haus der Scheffs in Deutschland gelebt hatte. Ich erinnere mich an viele Nächte, in denen ich, nachdem ich den ganzen Tag in der Fabrik hart gearbeitet hatte, völlig erschöpft in mein bequemes Federbett gefallen bin.

„Guten Morgen, Rose“, sagte ich, als ich in die Küche ging.

„Ich hoffe, du hast gut geschlafen." Nach der fröhlichen Begrüßung platzte es aus mir heraus: „Ich muss mir Arbeit suchen, ja?" Ihr einfaches Achselzucken sagte mir, dass sie einverstanden war. Ich wusste, dass es an der Zeit war, ernsthaft damit zu beginnen, mich selbst zu versorgen. Schließlich hatte ich es versprochen. Ich brach das Schweigen, indem ich Rose bat, mich zur nächsten Arbeitsvermittlung zu bringen.

Auf der Suche nach Arbeit

Rose fuhr mich zur Agentur in New Brunswick, New Jersey. Ich trug einen schwarz-weiß karierten Anzug, und war zufrieden mit meinem professionellen Äußeren. Innerlich war ich jedoch ein Wrack. Ich bin sicher, dass Rose während der Fahrt dorthin mein nervöses Geplapper satt hatte. Die Arme versuchte, meine Flut von Fragen zu beantworten: „Wie alt sind diese Gebäude? Ist diese Nachbarschaft sicher? Wohin gehen diese Leute?"

Wenigstens hatte sich mein Englisch ausreichend verbessert, um einen Job zu bekommen. Ich konnte alles ganz gut verstehen, aber das Sprechen war eine andere Sache. Solange ich deutschsprachige Leute um mich herum hatte, brauchte ich kein Englisch zu sprechen. Zur Not konnte ich ein einfaches Gespräch auf Englisch führen.

Was meine Anstellung betraf, so hatte ich zwei Möglichkeiten: Entweder konnte ich in einer Fabrik arbeiten oder ich konnte Kindermädchen werden. Meine Vorliebe galt der Stelle als Kindermädchen, da ich Kinder liebte. Ein weiterer zusätzlicher Vorteil war, dass ich durch die Anwesenheit von Kindern mehr Englisch lernen konnte. Leider gab es in der Zeit keine offenen Stellen für ein Kindermädchen. Ich musste mich wohl mit der Plackerei in einer Fabrik abfinden. So dachte ich zumindest.

Doch da machte die zierliche Frau, die hinter dem Schreibtisch saß, einen unerwarteten Vorschlag: „Wären Sie daran interessiert, einem älteren Ehepaar in ihrem Haus zu helfen?“ Ohne Vorbehalte nickte ich.

„Sie müssen sie erst kennen lernen“, erklärte sie, „aber das dürfte kein Problem sein.“

Am nächsten Morgen genossen Rose und ich ein ruhiges Frühstück. Während ich dasaß und meinen Toast aß, dachte ich darüber nach, wie sich unser Leben wohl ändern würde, wenn ich diesen Job bekäme. Wir hatten uns angewöhnt, gemeinsam Filme bis spät in die Nacht zu sehen, nachdem alle anderen eingeschlafen waren. Es war uns egal, ob der Film schrecklich war, wir mussten ihn bis zu Ende ansehen, um zu wissen, wie es ausging. Dann beschwerten wir uns darüber, wie wir unsere Zeit verschwendet hatten. Eigentlich habe ich eine Menge gelernt, indem ich mir all die schlechten Filme angesehen habe. Wenn ich etwas nicht verstanden habe, erklärte Rose es mir. Mein Englisch hatte sich dadurch zwar verbessert, mein Filmgeschmack kam aber selten auf seine Kosten.

Als wir nun beim Frühstück verweilten, sagte ich: „Ich schätze, unsere späten Filmnächte sind vorbei.“

Rose beruhigte mich: „Das müssen sie nicht sein. Wir werden Zeit dafür finden.“

Ich lächelte sie an und war dankbar, dass sie mich wie eine Schwester in ihr Herz geschlossen hatte.

„Bist du bereit für dein Gespräch mit den Duncans?“, fragte sie, schob sich vom Stuhl hoch und brachte ihr Geschirr in die Spüle.

Die Duncans waren das ältere Ehepaar, das meine Hilfe brauchte. Sie wohnten in Highland Park, eine halbe Stunde Fahrt von meiner eigenen Familie entfernt. Meine eigene Familie! Ich mochte diesen Gedanken. Und ich mochte es, wenn diese Worte von meiner Zunge rollten. Meine Familie lebt in Griggstown, New Jersey, dachte ich immer wieder, und ich wärmte mich an dieser Vorstellung.

Rose rief an und vereinbarte einen Termin zum Kennenlernen für den folgenden Abend.

Bei den Duncans

Am nächsten Tag, als Rose mich zu dem Treffen mit meinen zukünftigen Arbeitgebern fuhr, bemerkte ich die gutbürgerlichen Häuser in der Straße und die Fülle alter Ahorn- und Eichenbäume in den Höfen des Viertels Highland Park. Ich stellte mir vor, wie ich einen gemütlichen Spaziergang durch die Gegend machen würde, und der Gedanke war angenehm.

Wir blieben vor einem der schönen Häuser stehen. Mein Herz begann zu rasen, als ich mir die verschwitzten Handflächen an meinem Kleid abwischte. „Okay, Gerda", murmelte ich vor mich hin,

„jetzt gibt es kein Zurück mehr."

Rose klopfte mir aufmunternd auf die Schulter, als sie an der Tür klingelte. Mrs. Duncan öffnete die Tür, und wir schüttelten uns die Hände. Sie war eine umwerfende Erscheinung: schlank, Mitte 60 mit zurückgekämmten Haaren.

„Bitte treten Sie ein", sagte sie, indem sie die Tür weit öffnete.

„Das ist mein Ehemann", sagte sie, auf den Mann deutend, der auf der Couch saß und Pfeife rauchte.

Mr. Duncan streckte seine Hand aus und zeigte ein warmes Lächeln. Wir begannen ein angenehmes Gespräch, um uns kennenzulernen, und ich erfuhr, dass Mr. Duncan der Direktor einer Bank war.

Während des Gesprächs konnte ich nicht umhin, ihr schönes Zuhause zu bemerken. Meine Augen schauten gebannt auf die kostbaren Möbel und die aufwendigen importierten Teppiche. Das Wohnzimmer war prächtig und freundlich eingerichtet, wie auch der Rest des Hauses.

Nach ein paar Minuten gingen wir in die dritte Etage hinauf, um meine Wohnung zu inspizieren. Mr. Duncan zeigte stolz auf eine Klimaanlage. „Ich bin letzte Woche losgegangen und habe sie speziell für Sie besorgt, weil es hier oben ein bisschen warm wird", vertraute er mir an. Das Dachzimmer hatte nicht die luxuriöse Ausstattung wie der Rest des Hauses, aber es bot alles Wesentliche.

Wir vereinbarten, dass ich meine Arbeit in einer Woche beginnen würde. Rose und ich waren fast bereit zu gehen, als ein junger, gut aussehender Mann den Raum betrat.

„Mein Name ist Robert", stellte er sich mir vor. „Ich bin der Sohn." Er bot mir seine Hand. „Ich bin froh, dass Sie hier arbeiten werden." Sein Lächeln war freundlich, und ich schätzte den wohlwollenden Empfang. „Ich kann Ihnen Englisch beibringen, und Sie mir Deutsch", ergänzte er.

An meinem ersten Morgen bei der Arbeit erfuhr ich, dass es zu meinen Aufgaben gehörte, Frühstück zu machen. Mrs. Duncan brachte mir bei, wie man Spiegeleier machte. Mein erster Versuch landete im Müll. Die Eier waren zerkocht und die Ränder waren braun. Doch dann lernte ich schnell und es passierte mir nie wieder.

Einige Stunden später erfuhr ich, dass ich eine Uniform tragen musste. Sehr zu meinem Leidwesen sollte ich beim Servieren des Abendessens eine weiße Schürze umbinden. Wenn ich das Essen servierte, würde ich natürlich auch nicht mit der Familie essen, also musste ich meine Mahlzeiten in der Küche allein einnehmen. Ich habe schnell gelernt, die kleine Glocke zu verachten, mit der mich Mrs. Duncan immer rief.

Mehrere Male an diesem ersten Tag fragte ich mich, ob ich den Job angenommen hätte, wenn ich alle Regeln gekannt hätte.

Als ich an diesem Abend zu Bett ging, war ich so unglücklich darüber, eine Dienerin zu sein, dass ich anfing, in mein Kissen zu weinen. Ich schätze, ich schlief schließlich doch noch ein, denn das nächste, woran ich mich erinnere, war der Morgen. Die Sonne schien so hell, dass ich mich etwas besser fühlte.

Ich bin froh, dass ich durchgehalten habe. Mit der Zeit lernte ich Mr. Duncan sehr zu schätzen, unter anderem, weil er großzügig mit seinen Komplimenten mir gegenüber war. Ich sehnte mich nach Lob und mochte es, wenn er sagte: „Du bist ein sehr kluges Mädchen.“ Wann immer er das tat, dankte ich ihm und fuhr mit meiner Arbeit fort. Das Komische war, dass ich nicht wusste, was *smart* (klug) bedeutete, und es war mir zu peinlich, ihn nach der Bedeutung zu fragen.

Einmal war Robert dabei, als sein Vater mir sagte, wie klug ich sei. Robert merkte, dass ich nicht verstand, was das Wort bedeutete, also kaufte er mir ein Englisch-Deutsch Wörterbuch. Ich war überglücklich und dankbar für diese Geste. Auch heute noch, wenn ich mich an dieses Geschenk erinnere, kommen mir die Tränen.

Die Duncans überschütteten mich mit Lob, und ich nahm ihre positiven Worte wie ein Schwamm in mich auf. Ich wünschte, ich hätte solche Zuneigung bereits während meiner Jugend erfahren, aber wenigstens waren in diesem Moment diese wunderbaren Menschen Teil meines Lebens.

Ich gewöhnte mich an den Tagesablauf einer Dienerin, obwohl ich immer noch nicht gern allein aß und nichts von der dummen Uniform hielt. Sobald ich abends meine Arbeit beendet hatte, ging ich auf mein Zimmer, zog mich um und machte einen Spaziergang.

Es war ein ruhiges, einsames Leben, aber über einen Zeitraum von vier Monaten verlor ich durch die zusätzliche Bewegung fast 20 Pfund, die ich kein bisschen vermisste.

Robert war Anwalt, und er pendelte zu seinem Job in New York. Am besten fühlte ich mich, wenn er da war, denn er brachte mich zum Lachen. Robert war wirklich daran interessiert, meine Sprachkenntnisse zu verbessern, er überzeugte sogar seine Eltern, mich mit ihnen im Speisesaal essen zu lassen, damit ich die Sprache schneller lernen konnte. Dabei fiel allen auf, wie widersinnig es war, dass ich beim Essen mit ihnen eine Uniform trug, also durfte ich die Uniform für immer ablegen. Wie froh ich war!

Jeden Morgen kam Mr. Duncan mit seiner Pfeife im Mund die Treppe hinunter, zog die alte Standuhr auf und begrüßte mich herzlich: „Guten Morgen, Gerda!"

Dieser freundliche, familiäre Start in den Tag verstärkte meinen Eindruck, dass wirklich alle in der Familie nett zu mir waren, obwohl sie es nicht sein mussten.

Mr. Duncan hatte ein interessantes Hobby. Er war ein aktiver Funkamateur, und manchmal hörte ich ihm zu, wenn er rund um den Globus plauderte. Seine einzige Einschränkung war, dass er nur mit Leuten kommunizieren konnte, die Englisch sprachen, da er keine Fremdsprachenkenntnisse hatte.

Wie habe ich diesen alten Mann verehrt! Insgeheim wünschte ich mir, er wäre mein Vater – wie stolz und dankbar wäre ich gewesen, so einen Vater zu haben. Ich wusste, dass es nur ein Traum war, aber ich sah kein Problem darin, sich manchmal seinen Träumen hinzugeben.

Eines Tages kam Mr. Duncan aus heiterem Himmel auf mich zu und fragte: „Gerda, wie fändest du es, hier in Highland Park auf eine öffentliche Schule zu gehen?"

Sein Angebot verblüffte mich, aber die Idee gefiel mir. Ich nickte und dachte: Was für eine großartige Gelegenheit, mein Englisch zu verbessern!

Back to school!

Überraschenderweise dauerte es nur ein paar Wochen, bis ich in eine Klasse von Sechstklässlern aus Highland Park kam. Ich hatte Englisch, Mathe, Geschichte und Sozialkunde. Zwei- bis dreimal wöchentlich ging ich hin. Es fühlte sich seltsam an, als 23-jährige Frau mit Zwölfjährigen auf einer Bank zu sitzen, aber die Kinder waren freundlich zu mir und die Lehrer behandelten mich mit Respekt.

Ich erinnere mich an eine bestimmte Aufgabe, die uns der Englischlehrer gab. „Ich möchte, dass ihr eine zehnminütige Rede über eine berühmte verstorbene Person haltet." Dann ging er an meinem Platz vorbei und gab mir einen hilfreichen Tipp. „Lies die Zeitung", flüsterte er mir zu, „Eleanor Roosevelt ist gerade gestorben."

Ich nickte und lächelte.

Zwei Wochen später war ich an der Reihe zu sprechen. Ich erinnere mich, dass ich vor der Klasse stand und darauf wartete, dass sich alle beruhigten. Ich hörte ein leises Husten aus dem hinteren Teil des Raumes. Die grünen Wände der Institution schluckten das Summen der Leuchtstoffröhren, und ich begann meine Rede. Als ich fertig war, war ich stolz auf meine Leistung. Dann warf ich meine Arme in die Luft und sagte: „Das war's, Leute."

Die Kinder lachten, und ich war erleichtert, dass es vorbei war. Aber die Zeiten haben sich geändert. Heute wäre es für eine 23-

Jährige nicht mehr akzeptabel, sich für die Mittelschule anzumelden. Nicht nur die Schüler würden es nicht akzeptieren, ich bezweifle auch, dass die Schulverwaltung es zulassen würde. Ich weiß nicht mehr, wie lange ich den Unterricht besucht habe, aber ich habe immer noch mein erstes Zeugnis, und es war ein gutes.

Roberts Schwester, Nancy Seibert, und ihr Mann Tom wohnten neben den Duncans. Nancy, ebenfalls eine freundliche Seele, die sich für mich interessierte, brachte mir Zeitschriften, um meine Lesefertigkeiten zu verbessern. Tony, ihr jugendlicher Sohn, hatte wenig Interesse an der Dame von nebenan, die mit der Sprache kämpfte. Der einzige Grund, warum ich das überhaupt erwähne, ist, dass Nancy und ich über die Jahre in Kontakt gebli-eben sind, auch wenn es nur Grüße zur Weihnachtszeit waren aus einer Seniorenwohnanlage in Highland Park.

Das Leben mit der Familie prägte weiterhin mein Leben. Die Duncans stellten mich ihren Freunden vor und führten mich manchmal zum Essen aus. Ich habe viele schöne Erinnerungen an diese Anlässe, da das Paar oft Gäste hatte.

Angst und Panik eines Kriegskindes

Bei einer Gelegenheit luden sie mich als Gast zu ihrem Festessen ein. Ich kaufte ein schönes Kleid, trug hübsche Schuhe und legte Make-up auf. Dann kamen die Gäste. Ich kam auf halbem Weg die Treppe hinunter und erstarrte. Meine Augen huschten durch den Raum, und ich bemerkte, was für eine gehobene Gesellschaft mich dort erwartete. Ich hatte nichts mit ihnen gemeinsam. Meine Handflächen waren klatschnass, mein Herz raste, und mein Gesicht war knallrot. Wenn ich zurückdenke, wird mir klar, dass ich eine Panikattacke hatte. Alles, woran ich denken konnte, war, zurück in mein Zimmer zu flüchten und dort zu bleiben.

Mrs. Duncan klopfte an meine Tür und versuchte, mich herauszulocken. „Bitte, Gerda, komm runter. Unsere Freunde würden dich gerne kennenlernen.“ Ihr Flehen änderte meine Meinung nicht. Ich konnte es einfach nicht. Am nächsten Tag sagte niemand etwas, und zum Glück kam mein Verhalten auf der Party nie wieder zur Sprache.

Die meisten von Mrs. Duncans Freunden verkehrten in Kreisen der High Society. Unter ihnen waren die Thompsons, die enge Verbindungen zu Johnson & Johnson, dem berühmten Pharmakonzern hatten.

Eines schönen, sonnigen nachmittags nahm mich Mrs. Duncan zum Tee zu den Thompsons nach Hause mit. Als ich die Auffahrt hinaufkam, bewunderte ich ihr wunderschönes Anwesen mit Blick auf den Raritan River.

Trotz all ihres Reichtums behandelten mich die Thompsons nicht wie ein Dienstmädchen. Tatsächlich holten mich Herr und Frau Thompson sogar einmal vom Haus der Duncans ab und luden mich zum Abendessen ein.

Es war ein so schöner Abend, der mich davon überzeugte, dass diese Leute nicht auf andere herabsahen und dadurch umso mehr ‚Klasse' hatten.

Meine Angst vor wohlhabenden Menschen musste wohl damit zusammenhängen, dass ich in meiner Kindheit und Jugend, vor allem während des Krieges, niemals mit solchen Menschen in Kontakt gekommen war.

Robert genoss es, Sport live zu sehen, und er lud mich öfters ein, ihn zu begleiten. Die Hockeyspiele in Princeton, seiner Alma Mater, haben mir sehr gut gefallen. Ich bin kein großer Sportfan, aber Eishockey war einfach zu verstehen: Zwei Mannschaften, zwei Tore, ein Puck. Eine Mannschaft versucht, den Puck in das Tor der anderen Mannschaft zu befördern und umgekehrt.

Baseball hingegen war eine andere Geschichte. Ich werde nie vergessen, wie er mich das erste Mal zu einem Baseballspiel mitnahm. Ich hatte absolut keine Ahnung, wie der Sport gespielt wurde und ich habe sogar die volle Länge eines Doubleheaderspiels geduldig ertragen.

Ich weiß noch, wie ich es geliebt habe, mit Robert zusammen zu sein. Vielleicht habe ich mich sogar in ihn verliebt, was mich aber gleichzeitig verwirrte und beängstigte. Ehefrau zu werden und eigene Kinder zu haben war mein sehnlichster Wunsch, und das Zusammensein mit ihm hat diesen Wunsch wahrscheinlich noch verstärkt, weil er so ein wunderbarer Kerl war.

Ich glaube, es war ungefähr 1963, als Herr und Mrs. Duncan vorschlugen, ich sollte meinen Führerschein machen. „Es würde meiner Frau enorm helfen", argumentierte Mr. Duncan.

„Dann könnten Sie Robert morgens zum Bahnhof bringen und ihn abends abholen, wenn er nach Hause kommt." In Roberts Nähe zu sein war mir natürlich sehr recht.

Einige Tage später, an einem Samstagnachmittag, beschlossen die beiden Männer, dass es Zeit war, mir meine erste Fahrstunde zu geben. Robert setzte mich hinter das Lenkrad und nahm auf dem Beifahrersitz Platz. Nachdem Mr. Duncan auf den Rücksitz geklettert war, fuhren wir los.

Die Straßen waren menschenleer, als er mich um den Block führte. Ich manövrierte den Wagen vorsichtig die breite Straße hinunter und freute mich insgeheim, dass ich ein Naturtalent zu sein schien. Plötzlich schrie er: „Tritt auf die Bremse!" Es gab keine Notwendigkeit; er testete nur meine Reflexe. Mir war danach, zurückzuschreien, aber das tat ich nicht.

Robert gab noch ein paar Kommandos, und das Nächste, woran ich mich erinnere, war, dass ich durch den Verkehr der Hauptstraße fuhr wie ein Profi. Mr. Duncan schüttelte den Kopf auf dem Rücksitz.

„Du erstaunst mich, Gerda", sagte er. „Bei dir sieht alles so leicht aus."

An meinen freien Tagen holte mich Rose ab, damit wir den ganzen Tag zusammen verbringen konnten. Ich hatte ihr so viel zu erzählen und so viele Fragen zu stellen! Das Beste war jedoch, dass ich mit ihr Deutsch sprechen konnte.

Als sie erfuhr, dass ich meinen Führerschein machen wollte, brachte sie mich zur Fahrschule, um die Übungshefte abzuholen. Ich studierte sie, legte zwei Wochen später die schriftliche Prüfung ab und bestand sie.

Ich vermute, mein Stolz stand mir deutlich ins Gesicht geschrieben – mit einem breiten Grinsen überreichte ich Robert den vorläufigen Führerschein. Er hänselte mich: „Du hast also eine Lizenz zum Lächeln bekommen, was?" Mr. Duncan war ebenfalls erfreut über meine Leistung und gratulierte mir ausdrücklich. Ein wenig enttäuscht war ich von Roberts Reaktion. Ich fand, ich hätte etwas mehr Anerkennung von Robert verdient als seine schlaue Bemerkung, also überlegte ich mir, wie ich mich an ihm rächen könnte.

„Robert“, fragte ich ihn, „willst du wirklich wissen, wie ich so leicht bestanden habe?“

Er zuckte mit den Schultern, also fuhr ich fort. „Bei der Prüfung trug ich einen engen Rock und einen sexy Pullover. Während der Prüfung ließ ich meinen Bleistift fallen, und als ich sicher war, dass der Prüfer mich ansah, schwang ich meine Hüften, als ich ihn aufhob.“

Die gesamte Familie Duncan war sprachlos, aber wenigstens hatte ich mich bei Robert revanchiert.

Mr. Duncan bot großzügig sein Auto für meine Fahrprüfung an.

„Ich habe ein neues Familienauto bestellt, aber da du daran gewöhnt bist, dieses Auto zu fahren, werde ich es behalten, bis du deine Prüfung bestanden hast“, sagte er.

Zwei Wochen später bestand ich meine praktische Fahrprüfung mit Bravour. Jetzt wollte ich die Freiheit haben, mein eigenes Fahrzeug zu besitzen. Ich lebte für eine Weile sparsam, in der Hoffnung, genug Geld für einen Gebrauchtwagen zu sparen, und ich wusste sogar, welchen ich wollte. Hjalmar ging mit mir los, um einen VW Käfer zu kaufen. Das armeegrüne Auto war erschwinglich und mir vertraut, ich liebte es.

Robert nahm es auf sich, mir die korrekte Aussprache der englischen Sprache beizubringen, insbesondere den th-Laut. Für Deutsche kann es schwierig sein, ihn zu beherrschen, weil es in unserer Sprache keinen solchen Laut gibt. Wenn ich „Mr. Smith“ nicht mit der Zunge zwischen den Zähnen aussprach, weigerte sich Robert, mit mir ins Kino zu gehen. Ein weiterer Buchstabe, den ich schwer zu fassen fand, war das englische „r“. Er erklärte mir, dass ich den hinteren Teil meiner Zunge einrollen müsse, um den Ton richtig auszusprechen. Nachts lag ich in meinem Bett und übte diese Laute, bis ich sie perfekt aussprechen konnte.

Gefördert und gefordert werden – wie in einer Familie

Die Wintermonate zu überstehen erwies sich als eine ziemliche Herausforderung. Die dunklen Abende waren einsam, und das düstere Wetter schmälerte meine Lust auf Spaziergänge. Oft studierte und las ich in meinem Zimmer. In dieser Zeit sah man allgemein nicht viel fern, obwohl die Duncans in ihrem Arbeitszimmer einen Fernseher hatten. Gelegentlich lud mich Mr. Duncan ein, mit ihnen eine Sendung anzuschauen. Sie führten mich auch in das Bridgespiel ein, und bald war ich fasziniert davon und ernsthaft dabei.

Ich weiß nicht mehr, wie gut ich mich gemacht habe, aber ich habe das Spiel sehr genossen und über die Jahre hinweg weitergespielt. Auch heute noch genieße ich den Wettbewerb.

Eines Morgens setzte sich Mr. Duncan mit mir hin, der ernste Gesichtsausdruck signalisierte eine wichtige Angelegenheit. „Gerda", sagte er, „ich glaube, du bist so weit, deinen High School-Abschluss in Angriff zu nehmen." Er erklärte, dass ich mich für Abendkurse einschreiben konnte. Nach sechs Wochen könnte ich das allgemeine Bildungszertifikat bekommen. Ich brauchte die High School, um später einen College-Abschluss zu machen. Mr. Duncan konnte mich sogar in die örtliche High School mitnehmen, wie er mir sagte.

„Ich würde dir gerne außerdem", erklärte er weiter, „eine Stelle in der Bank anbieten. Ich habe mit den anderen Direktoren gesprochen, und sie sind sich alle einig, dass du tagsüber arbeiten könntest, während du abends für deinen Abschluss lernst."

Ich war fassungslos. Vor allem war ich überrascht, dass Mr. Duncan mir so viel zutraute und so viel von mir hielt. Wie anders war doch das Verhalten meines Vaters gewesen, der mich im Alter von 14 Jahren von der Schule genommen und nichts als Spott für jede höhere Bildung übrig gehabt hatte. Doch dieser Mann, der mir nichts schuldete, achtete auf meine Entwicklung. Es war ihm wichtig, dass ich vorankam.

Mr. Duncan war so großzügig, dass ich nie um seine Hilfe bitten musste. Da er wusste, wie dankbar ich für die Gelegenheit war, mich zu verbessern, klopfte er mir leicht auf die Schulter und sagte: „Wir gehen zusammen hin und sorgen dafür, dass du dich einschreibst."

Eine neue Wohnung

Nachdem ich meine Arbeit in der Bank aufgenommen hatte, fühlte ich, dass es Zeit war, aus dem Haus der Duncans auszuziehen. Ich mochte die Idee, unabhängig zu sein, aber es fiel mir schwer, mich von den Menschen zu verabschieden, die mich wie ein Familienmitglied behandelt hatten. Robert beruhigte mich: „Ich bin sicher, dass meine Eltern mit dir in Kontakt bleiben wollen." Ich weiß, dass seine Worte mich beruhigen sollten, aber mir fiel auf, dass er seine Absicht, mich weiterhin zu sehen, nicht erwähnte.

Eine Anzeige in der Zeitung wies mir den Weg zu einer schönen, erschwinglichen Wohnung. Sie befand sich im Haus eines älteren Ehepaars, das mir den Zugang zu seinem Telefon ermöglichte, wodurch ich Geld sparte. Das bescheidene Gehalt, das ich bei der Bank verdiente, deckte meine Miete, die Autoversicherung und das Benzin für mein Auto ab.

Gelegentlich luden mich Mr. und Mrs. Duncan zum Abendessen in ihr Haus ein. Es war nett, sie besuchen zu können. Allerdings war das auch eine Möglichkeit für Robert, mich zu sehen, ohne sich mit mir verabreden zu müssen. Und weil keiner von uns beiden einen Schritt weiter ging, passierte nichts zwischen uns.

Mein Englisch machte Fortschritte, meine Arbeit bei der Bank lief gut, und ich setzte meine Ausbildung an der örtlichen Hochschule fort. Je mehr ich mich in mein neues Leben vertiefte, desto seltener sah ich die Duncans. Ich begann sie zu vermissen – besonders Robert.

Auf der anderen Seite gewann ich in der Schule neue Freunde. Ich lernte Helga kennen, ein hübsches deutsches Mädchen mit einem wunderbaren Sinn für Humor. Helga und ich haben oft nach der Schule gelernt und an den Wochenenden Zeit miteinander verbracht. Sie wohnte in meiner Nähe und lud mich oft mit ihrem Freund John, einem Medizinstudenten, zu sich ein. Ich wünschte, ich hätte ihre Angebote, auszugehen und Spaß zu haben, angenommen, aber ich entschied mich meist dafür, zu Hause zu bleiben, für den Fall, dass Robert anrief. Vielleicht habe ich zu viel in unsere Beziehung hineininterpretiert. Heute weiß ich, dass es nicht gut ist, so lange in einer Warteposition zu bleiben. Anstatt die Sache mit ihm zu besprechen, grübelte ich vor mich hin und nahm das Schlimmste an. Irgendwann beschloss ich – und ich hatte auch keine andere Wahl – weiterzumachen.

Rose und ihre Familie waren ein großer Trost für mich, und sie trugen dazu bei, meine Enttäuschung zu mildern.

Voller Verzweiflung und Enttäuschung versuchte ich, Robert aus meinem Gedächtnis zu löschen, aber es kostete mich viele unruhige Nächte. Oft schlief ich vor lauter Erschöpfung ein.

Meine Überraschung war riesig, als er mich eines Tages anrief, um mich zu einem American-Football-Spiel in Princeton einzuladen.

Ich war begeistert ... für einen Moment. Der nächste Satz zerbrach meinen Traum: Eine seiner New Yorker Freundinnen würde ihn begleiten, und mich wollte er mit einem Blind Date verkuppeln. Ich fragte mich, ob dieses Arrangement seine Art war, mir zu sagen, dass unsere Freundschaft sich nicht zu einer ernsthaften Beziehung entwickeln würde. Allerdings hatte ich auch nicht den Mut, ihn mit einem offenen Wort damit zu konfrontieren, was ich mir von ihm wünschte.

Ich beschloss, sein Angebot trotzdem anzunehmen. Ein Abend in der Stadt würde meinen Arbeits- und Schulalltag unterbrechen. Nun konzentrierte ich mich darauf, mein Bestes zu geben. Als ich meinen neuen Mantel über mein neues Kleid anzog, erfreute ich mich an meinem Anblick im Spiegel.

Robert holte mich ab und erzählte mir etwas über mein Blind Date, einen charmanten New Yorker Gentleman, der Börsenmakler war. Mein verwirrter Gesichtsausdruck veranlasste Robert zu einer Erklärung.

„Ein Börsenmakler verkauft Aktien", sagte er.

Ich verwechselte das Wort „Aktien" (engl. *shares*) mit „Stühlen" (engl. *chairs*), also dachte ich, mein Date sei ein Möbelverkäufer.

Als wir in Princeton waren, stellte Robert mich Kenneth vor, seinem ehemaligen Zimmergenossen (engl. *roommate*) vom College. Da ich nicht vertraut war mit der amerikanischen Lebensart, dachte ich, er sagte ‚Zimmermädchen' (engl. *room maid*), was für mich keinen Sinn ergab.

Das Footballspiel war ereignislos, und meine Erinnerung daran ist bestenfalls skizzenhaft. Dann trafen wir uns alle wieder in einem Studentenversammlungsraum, wo die Damen ihre Nerzmäntel auf dem Boden ausbreiteten. Die Männer lieferten den Schnaps, und wir tranken ein oder zwei Drinks.

Ich fühlte mich so fehl am Platz. Die Sprachbarriere wurde immer deutlicher, und ich hatte nicht das natürliche Selbstvertrauen und die Leichtigkeit der anderen. Also blieb ich still.

Ich dachte nicht, dass der Abend noch viel schlimmer werden könnte, aber er wurde es. Der Plan war, in New York zu Abend zu essen, und so stürzten wir uns alle ins Auto, um die Reise von Jersey aus anzutreten. Ich war mitten auf dem Rücksitz eingeklemmt, und die ungemütliche Fahrt schien endlos zu sein. Wieder konnte ich nicht an ihrem einfachen Geplänkel teilnehmen, und ich saß da wie eine Statue.

Schließlich haben wir es nach New York geschafft. Da wir für einen späteren Zeitpunkt reserviert hatten, beschlossen wir, einen schnellen Cocktail in Kenneth's Wohnung zu trinken, die sich in unmittelbarer Nähe des Restaurants befand.

Als wir ankamen, nahm ein Butler unsere Mäntel mit stiller Effizienz an sich. Meine Augen schweiften durch die Gegend und nahmen die Weite des Raumes wahr. Die große Wohnung war wunderschön eingerichtet und dekoriert.

Der Butler begann, Getränke aus einer eleganten Anrichte zu mixen. Während wir warteten, rief Kenneth das Kindermädchen und bat sie, seine Kinder herbeizuholen. Bald erschien eine zierliche Frau mit drei Kindern. Der fünfjährige Junge war der älteste. Er wäre ohne die dicke Brille auf der Nase ein hübsches Kind gewesen. Die Mittlere tat mir leid, sie trug Schienen an ihren Beinen. Bei dem jüngsten Kind konnte ich nicht sagen, ob es sich um einen Jungen oder ein Mädchen handelte, aber ich war erleichtert, glücklich glucksende Geräusche zu vernehmen. Fünf Minuten später führte das Kindermädchen die Kinder ins Bett.

Obwohl alle freundlich zu mir waren, hatte ich schreckliche Angst zu sprechen. Ich hätte mich gerne an dem Gespräch beteiligt, aber mein Herz pochte bei dem Gedanken, die Aufmerksamkeit auf mich zu lenken. Es war ganz offensichtlich, dass Roberts Freunde wohlhabend waren und sich mit ihrem sozialen Status wohlfühlten.

Nach ein paar Drinks machten wir uns auf den Weg zum Restaurant. Offensichtlich war das Lokal auf privilegierte Menschen ausgerichtet. Schummriges Licht umgab die Gäste, die sich in feinem Gemurmel unterhielten. Die Tische, die in großem Abstand zueinander standen, waren mit feinem Leinen, elegantem Porzellan und funkelnden Kristallgläsern geschmückt. Selbst die Luft roch nach altem Geld.

Man sagte mir, ich solle von der Speisekarte bestellen, was ich wolle, aber ich war so angetan von meiner Umgebung, dass ich nicht mehr sagen kann, was ich an diesem langen Abend gegessen habe. Inzwischen wollte ich nur noch nach Hause gehen und mich in mein Bett verkriechen. Mir war das alles zu viel.

Der Abend neigte sich schließlich dem Ende zu. Robert und ich verabschiedeten uns von seinen Freunden. Ich wollte mich bei allen für die schöne Zeit bedanken. Auf dem Heimweg sprachen wir nicht viel. Das war für mich in Ordnung, denn ich wollte nicht zugeben, dass mir die meisten Gespräche über den Kopf gewachsen waren. Ich merkte auch, dass mein starker deutscher Akzent nicht gut in das Amerika der Oberschicht passte.

Der Schlaf kam erst spät über mich in dieser Nacht, ich erinnere mich, dass ich mir wünschte, ich wäre hier geboren worden mit all den Privilegien der Leute, die ich an diesem Abend getroffen hatte.

Seit diesem unangenehmen Abend waren fast drei Jahre vergangen, doch meine Sprachkenntnisse und mein Leben verbesserten sich. Natürlich brachte mich meine unvollständige Beherrschung der englischen Sprache immer noch in Schwierigkeiten.

Ich erinnere mich an die Zeit, als ich einem der Bankmanager eine komplizierte Frage zu den Steuererklärungen stellen musste. Sorgfältig formulierte ich meine Worte und Sätze am Abend zuvor, damit ich nicht so aufgeregt und nervös war. Ich ging auf Herrn Williams zu und fragte ihn, ob ich ihn unterbrechen dürfte. Er antwortete: „Nun, das ist das Privileg Ihres Geschlechts." Nachdem ich meine Frage gestellt hatte, konnte er meine Bedenken ausräumen. Zufrieden dankte ich ihm und drehte mich, um zu gehen. Bevor ich einen Schritt machte, rief er mir zu: „Wissen Sie, was der Ausdruck ‚Privileg Ihres Geschlechts' [engl. *prerogative of your sex*] bedeutet?"

„Natürlich weiß ich das. Es bedeutet, dass Sie immer Zeit für Sex haben." Zu meiner Verlegenheit brachen alle in Gelächter aus.

Herr Williams sagte: „Ich glaube, Sie sollten mehr Englischunterricht nehmen."

Tatsächlich konnte ich eine Menge Geschäftsenglisch lernen, indem ich den anderen Bankkassierern zuhörte. Ich studierte, was sie die Kunden fragten und hörte mir ihre Antworten an.

Meine ganze Welt drehte sich damals um meinen Job, die Schule und den Besuch meiner Cousine Rose. Obwohl ich entschlossen war, mich nicht auf eine Absage einzustellen, wünschte ich mir insgeheim, Robert würde anrufen und mich bitten, mit mir auszugehen. Ich versuchte sogar, mich mit anderen Männern zu verabreden, aber sie hatten weder seinen Charme noch seinen Sinn für Humor. Ich vermisste es auch, bei den Duncans zu sein.

Ich vertiefte mich in Schularbeiten, um nicht unruhig zu werden. Normalerweise genoss ich den Lernprozess, aber einer meiner Lehrer war mir unbehaglich. Herr Levine, mein amerikanischer Geschichtslehrer, war Jude. Erst durch das Ansehen von Filmen und Dokumentarfilmen erfuhr ich von den schrecklichen Verbrechen der Nazis an den Juden. Danach wurde ich in der Gegenwart einer jüdischen Person ungeheuer unsicher, und Herr Levine schien mein Unbehagen zu genießen. Es bereitete ihm Genugtuung, dass mein Gewissen unter dem, was er uns vermittelte, stark litt. Es wurde so schlimm, dass ich es hasste, in seine Klasse zu gehen, so unwohl fühlte ich mich. Also beschloss ich, die Klasse mit einem anderen Lehrer zu wiederholen.

Langsam vergaß ich mein Leben in Deutschland. Das war gar nicht so schwierig, da die Briefe meiner Familie und Freunde immer seltener wurden. Ich legte Wert darauf, nicht in der Vergangenheit zu verweilen, ich arbeitete und lebte für die Zukunft. Aus heutiger Sicht finde ich es natürlich problematisch, die Vergangenheit zu verdrängen. Zu dieser Zeit waren meine Gefühle aber völlig verschüttet. Als Kind ohne familiäre Unterstützung war ich nur darauf bedacht gewesen, etwas zu essen zu bekommen, zu schlafen und am Leben zu bleiben. Ich wusste nicht, wie man Gefühle oder belastende Erinnerungen verarbeitet, um gesund zu bleiben. Deshalb machte mein Körper Schwierigkeiten, aber ich verstand die Zeichen nicht, die mein Körper mir gab. Ich verdrängte meine deutsche Vergangenheit und wurde Amerikanerin. Es mussten noch Jahre vergehen, bis ich lernen konnte, mit Gefühlen und mit der Vergangenheit besser umzugehen.

Obwohl die Amerikaner nett und freundlich waren, machten sich nur sehr wenige die Mühe, mich kennenzulernen.

Der Schlüssel zu meinem Erfolg war, mich mit der Sprache besser vertraut zu machen.

Dann kam Ida Lipp in mein Leben, und wieder einmal änderte sich mein Kurs. Ich erinnere mich an den Tag, an dem ich mit ihr buchstäblich auf der Straße zusammenstieß.

Eines Morgens lief ich zügig durch den Nieselregen zu meinem Arbeitsplatz, und sie huschte unter eine Markise, um trocken zu bleiben. Keiner von uns beiden passte auf, und wir stießen gegeneinander.

„Entschuldigung!“, sagte sie auf Deutsch.

Meine Ohren vernahmen meine Muttersprache. „Geht es Ihnen gut?“

Wir unterhielten uns ein paar Minuten, bevor ich zur Arbeit gehen musste. Ich fand heraus, dass sie einen Verwandten besuchte, der ursprünglich aus München stammte. Sie lebte jetzt in Massachusetts, wo sie für das Massachusetts Institute of Technology arbeitete. Wir tauschten Telefonnummern aus und vereinbarten, uns später am Tag auf einen Kaffee zu treffen.

Wir wurden schnell Freunde. Ob es an unserer Seelenverwandtschaft oder ihrer temperamentvollen Persönlichkeit lag, weiß ich nicht. Ida schwärmte ständig von Boston, wo sie lebte, und erwähnte öfters, wie viele attraktive Junggesellen dort lebten. Fasziniert von ihren Geschichten beschloss ich, mich selbst davon zu überzeugen.

Ich bat um eine Woche Urlaub und fuhr mit meinem VW nach Boston. Ich wohnte bei Ida, die eine Mitbewohnerin suchte und unbedingt wollte, dass ich bei ihr einziehen sollte. Ich dachte: Warum nicht? Mir wurde klar, dass mein Leben allmählich langweilig wurde, und ich war bereit für eine Veränderung. Ich wusste auch, dass ich als Erstes einen Job finden musste.

Am nächsten Morgen nahm ich die U-Bahn – was für mich eine neue Erfahrung war – und fuhr in die Innenstadt von Boston. Als ich aus der U-Bahn ausstieg, sah ich ein Schild mit der Aufschrift „Charlestown Savings Bank". Ich nahm all meinen Mut zusammen, ging hinein und sprach mit dem Manager. Ich erklärte ihm, dass ich in New Jersey arbeitete und vorhätte, nach Boston zu ziehen. Nach einem kurzen, spontanen Gespräch stellte er mich ein. Wir verhandelten ein Gehalt und stimmten überein, dass ich in zwei Wochen anfangen könnte.

Boston ruft!

Ich verbrachte noch ein paar Tage damit, die schöne Stadt zu erkunden, die ich bald mein Zuhause nennen würde. Ein weiteres Kapitel meines Lebens wartete darauf, geschrieben zu werden, und ich war gespannt darauf, dass es beginnen würde.

Als ich mit meinem grünen VW zurück nach New Jersey fuhr, hatte ich fünf Stunden Zeit, mich zu fragen, ob ich die richtige Wahl getroffen hatte. Wenn Robert sich ein Leben mit mir aufbauen wollte, würde er einen Weg finden, mich dort zu halten. Wenn nicht, dann wäre es für alle besser, wenn ich weiterziehen würde.

Mr. und Mrs. Duncan luden mich eines Tages in ihr Haus ein, um von meinem Urlaub zu hören. Ich erzählte ihnen von meinem neuen Job in Boston und meiner Abreise in zwei Wochen.

Mr. Duncan war nicht nur freundlich und nett, sondern auch ein scharfsinniger Mann. Mit einem Augenzwinkern drückte er seine Meinung aus. „Gib Robert nicht auf“, sagte er. „Weißt du, meine Frau und ich würden dich mit offenen Armen in der Familie willkommen heißen.“

Obwohl es beruhigend war, ihn im Namen seines Sohnes sprechen zu hören, konnte ich nicht viel darauf geben, denn ich musste diese Worte von Robert hören. Ich meinte, den Grund dafür zu kennen, warum Robert sich nie dazu durchrang mir solche Worte selbst zu sagen: Meine dysfunktionale Herkunftsfamilie und das Fehlen einer Hochschulausbildung würden für ihn immer Stolpersteine sein. Ein Leben mit ihm war mein Traum, nicht seiner. Jedenfalls war das meine Erklärung dafür, warum Robert nie die Initiative ergriff.

Während meiner letzten beiden Wochen in New Jersey war Robert im Urlaub, und er machte es sich zur Gewohnheit, mich nicht anzurufen. Es gab keinen Abschied zwischen mir und ihm. Ich packte meine Habseligkeiten zusammen und zog mit meinen ungelösten Problemen weiter.

Alle meine Besitztümer gingen in mein Auto. Als ich wegfuhr, liefen mir Tränen über meine Wangen. Meine Selbstzweifel waren groß. Ich war es leid, mich von meinen Freunden und meiner neuen Familie zu verabschieden, obwohl Rose und Hjalmar verstanden, warum ich gehen musste. Es war schwer für mich, Mr. Duncan zurückzulassen. Ich spürte, dass er besonders traurig war, mich gehen zu sehen.

Ida und ich verstanden uns gut als Zimmergenossen, und bald traf ich viele junge Leute. Sie hatte recht behalten, es gab viele attraktive Junggesellen in Boston. Ida und ich trafen uns mit ein paar Leuten vom MIT, der technischen Hochschule, und von der Harvard Universität. Ich achtete sehr auf meinen Ruf. Mein alter Freund, Dr. Kleber, hatte mich vor langer Zeit davor gewarnt, dass die Amerikaner deutsche Mädchen ausnutzten.

Ich gewöhnte mich schnell an meine neue Umgebung. Ich liebte meinen Beruf und den Besuch kultureller Veranstaltungen wie auch die Doppeldates mit Ida. Alles in allem war das Leben gut zu mir. Hin und wieder hoffte ich, dass Robert mich anrufen oder besuchen würde, aber ich weigerte mich, in der Vergangenheit zu verweilen.

Mein Ehrgeiz, den amerikanischen Geschichtsunterricht fortzusetzen, kam wieder einmal zum Vorschein. Ein paar Englisch-Kurse mehr würden auch nicht schaden, also schrieb ich mich für Abendkurse am MIT (Massachusetts Institute of Technology) ein. Es war sehr amüsant, damit zu prahlen, dass ich diese angesehene Einrichtung besuchte.

Nach sechs Monaten Arbeit in der Bank erhielt ich meine erste Beurteilung. Die Lohnerhöhungen wurden danach vergeben, wie genau, effizient und pünktlich wir waren. Da ich hart gearbeitet hatte, wurde ich in allen Bereichen ausgezeichnet. Es dauerte nicht lange, bis ich zum Personal Banker befördert wurde. Voller Stolz und Ehrgeiz war ich bereit, im Bankbereich aufzusteigen.

Eine meiner vielen Aufgaben war die Eröffnung neuer Konten. Ich erinnere mich noch an den Moment, als das Ehepaar Goldstein an meinem Schreibtisch saß. Sie schauten auf mein Namensschild, und ich bin sicher, dass der Name Gerda Hartwich meine deutsche Herkunft verriet. Warum fühlte ich so viel Scham, wenn ich jüdische Menschen bedienen musste? Ich persönlich habe ihnen kein Leid zugefügt, obwohl ich mich fragte, ob die Goldsteins in irgendeiner Weise direkt unter Hitlers schrecklicher Tyrannei gelitten hatten.

Tief in meiner Seele lag der Zwang, mich für den Holocaust zu entschuldigen, aber ich habe die Worte nie ausgesprochen. Stattdessen stellte ich sicher, dass ich ihnen mit großem Respekt diente.

Mr. Right?

Die Zeit kam, als ich endlich alle meine Highschool-Kurse abgeschlossen hatte. 1966 erhielt ich mein High-School- Diplom, das mir den Zugang zur Universität ermöglichte, und ich wurde Bürgerin der Vereinigten Staaten. Es fühlte sich gut an, es geschafft zu haben. Mit der zusätzlichen Zeit, die mir zur Verfügung stand, fügten Ida und ich unserem gesellschaftlichen Leben mehr Aktivitäten hinzu, wie zum Beispiel Theaterbesuche, Schlittschuhlaufen und Tennisspielen. Ich nahm ein paar Tennisstunden, und als ich sonst nichts zu tun hatte, ging ich in die Hochschule und übte meine Aufschläge gegen die Tennis Rückwand. Nie hätte ich damals gedacht, dass Tennisbälle gegen die Wand zu schlagen eine Therapie für meine zukünftige psychische Gesundheit werden sollte. Damals war ich einfach froh, mein Spiel zu verbessern.

Eines Tages schlug Ida vor, dass wir drei Junggesellen besuchen sollten, die sie in unserer Straße kennengelernt hatte. Anscheinend hatte ihr Wohnkomplex einen Waschraum im Keller, und sie sagte, das sei besser, als in den Waschsalon zu gehen.

Abenteuerlustig wie ich war, stimmte ich zu. Wir stopften unsere Wäsche in Kissenbezüge, warfen sie uns wie der Weihnachtsmann über die Schultern und schlurften die Straße hinunter zur Wohnung unserer Gastgeber. Ich klingelte an der Tür und wurde von einem nett aussehenden jungen Mann namens Dallas Robinson begrüßt.

Mein Herz klopfte ein wenig, während wir uns unterhielten. Ich erfuhr, dass er sein Studium an der Harvard Business School abgeschlossen hatte und für IBM arbeitete. Sein Arbeitgeber würde ihn bald nach Burlington, Vermont, versetzen, und ich fühlte einen Anflug von Traurigkeit. Unsere Wäschepflege war vorbei, wir gingen.

Als ich an diesem Abend zu Bett ging, kamen meine Gedanken zu ihm zurück. Zu schade, dass dieser nette Kerl, den ich gerade kennen gelernt hatte, wegziehen und bald aus meinem Leben verschwinden würde.

Mehrere Monate vergingen, und ich dachte nicht mehr an Dallas Robinson. Als der 7. Oktober – mein Geburtstag – näherkam, war ich überrascht, einen Brief von ihm zu erhalten. Woher wusste er, dass ich Geburtstag hatte? Natürlich wusste er es nicht – die Ankunft seines Briefes war purer Zufall. Trotzdem war es ein schönes ‚Geschenk', und ich studierte seine Zeilen begierig.

Er lud mich zu einem Football-Spiel zwischen Harvard und Princeton ein, um ihm zu helfen, das Harvard-Team anzufeuern. Unerwartet hatte Robert ein paar Tage zuvor angerufen und mich zum gleichen Football-Spiel eingeladen. Ich entschied mich dafür, Princeton anzufeuern. Ich rief Dallas an und sagte ihm, dass ich keine Zeit hätte, aber mich freuen würde, ihn in Zukunft zu sehen.

Es tat meinem Herzen gut, Robert wiederzusehen. Ich konnte zum ersten Mal seinen wahren Charakter sehen. Ich liebte immer noch seinen Sinn für Humor, aber es gab einen Charakterzug, den ich nicht übersehen durfte und den ich nun deutlicher wahrnahm: Er war sehr besorgt darüber, was andere Menschen über ihn dachten. Er wirkte auf mich nicht wirklich frei.

Ich fragte mich, wie es wäre, mit ihm zusammen zu sein. Ich würde ihm immer zu Dank verpflichtet sein, dass er mich mit so vielen neuen und unterschiedlichen Ideen und Erfahrungen bekannt gemacht hatte. Aber machte ihn das zur richtigen Person, um mein Leben mit ihm zu verbringen? Ich ahnte, dass „Nein" die richtige Antwort war. Ich dachte daran, wie oft er mein Englisch kritisiert hatte, und ich merkte, wie sein genaues Hinsehen mein Selbstwertgefühl zum Einsturz brachte.

Nein, er war nicht der richtige Mann für mich. Dieser harte, aber ehrliche Blick auf unsere Beziehung befreite mein Herz für immer. Es fühlte sich gut an, dieses offene Thema in meinem Leben zu klären.

Gott sei Dank gab Dallas mich nicht auf! Einige Wochen später lud er mich zu einer Party ein, die seine ehemaligen Zimmergenossen in ihrer Wohnung veranstalteten. Ich war gerührt, dass er die lange Fahrt gemacht hatte, um mich zu sehen. Ich schätze, dies war der Beginn unserer Beziehung.

Als Weihnachten näher rückte, erwähnte Dallas, dass er über die Feiertage in seine Heimatstadt St. Louis, Missouri, zurückkehren würde. Ich fragte mich, was er seiner Familie über mich erzählt hatte. Ich erinnere mich nur, dass er mich anrief, sobald er dort war, um mir mitzuteilen, wie glücklich seine Familie war, dass er „die Richtige" gefunden hatte. Da spürte ich, dass es zwischen uns ernst werden könnte – dass wir ein gemeinsames Leben aufbauen könnten.

Als unsere Beziehung aufblühte, war ich dankbar, dass Dallas nicht zu viele Fragen über meine Familie stellte. Wenn ich sie mal erwähnte, ging ich nicht allzu genau auf die unangenehmen Details ein. Schließlich war ich fast 5000

Kilometer gereist, um mein Leben in Deutschland zu vergessen, um die schmerzliche Erinnerung an meine Familie, vor allem an meinen Vater, hinter mir zu lassen.

Ich teilte die Neuigkeiten über den neuen jungen Mann in meinem Leben mit Rose und Hjalmar. Sie hatten sich bereits Sorgen gemacht, dass ich im reifen Alter von 26 Jahren als alte Jungfer enden würde.

Dallas und ich blieben weiterhin per Telefon und Brief in Kontakt, und unsere Verbindung wurde immer stärker.

„Bald ist Ostern", schrieb Dallas in einem seiner besonderen Briefe. „Ich plane, nach Boston zu kommen. Würdest du in Betracht ziehen, am Sonntag mit mir in die Kirche zu gehen?"

Ich war überglücklich über die Aussicht, mit ihm in die Kirche zu gehen, besonders an einem religiösen Feiertag.

An Ostern fuhr er von Burlington zu mir, um mich wie versprochen zur Kirche zu bringen. Nach dem Gottesdienst fuhren wir nach New Jersey, damit er meine Cousine und ihre Familie kennenlernen konnte.

Der sonnige Tag erfüllte mein Herz, und wir alle hatten eine wunderbare Zeit. Ich sah zu, wie Dallas mit James, Rose und Hjalmars jüngstem Sohn spielte. Sie wälzten sich eine Weile im Gras herum, und Dallas erwies sich als ein Naturtalent im Umgang mit Kindern. Es war schön zu wissen, dass er große väterliche Instinkte hatte, das war mir wichtig.

Auf dem Rückweg nach Hause erwähnte er, dass seine Familie im Juni nach Boston kommen würde und sich darauf freute, mich kennenzulernen. Was, wenn ich seine Eltern nicht mochte? Oder vielleicht werden sie mich nicht akzeptieren, dachte ich. Diese unbehaglichen Gedanken gingen mir so lange im Kopf herum, bis ich sie bewusst verdrängte.

Ein perfekter Tag

Der Tag, den Dallas vorschlug, war ein sonniger Samstag, die Art von Tag, die Gott für besondere Ereignisse geschaffen hatte: Die Luft war süß und sauber, der Himmel war klar und hell, und das Leben schien voller wunderbarer Möglichkeiten. Als Dallas zu unserer Verabredung eintraf, sah er in seinem Anzug umwerfend gut aus. Ich platzte vor Stolz, an seinem Arm gesehen zu werden.

Das Abendessen im Jimmy's Harborside Restaurant in Boston war köstlich, und wir genossen die Gesellschaft des anderen, während wir über das Wasser hinausblickten. Auf der Rückfahrt nach Cambridge schlug er jedoch einen Spaziergang am Fluss vor. Inzwischen hatte die Dämmerung den einst hellen Tag eingehüllt. Die warme Brise rauschte über die Äste, das sanfte Geräusch beruhigte meine Seele. Ich hörte ein Paar auf einer Parkbank miteinander flüstern. Wir müssen sie verjagt haben, denn sie verschwanden in der seidigen Dunkelheit, als wir uns näherten.

Er führte mich zu der nun leeren Bank. An diesem ruhigen Abend saßen wir zusammen und genossen die Nähe des anderen. Ich spürte eine Aufregung in der Luft, aber ich war mir der Quelle nicht bewusst.

Er ergriff meine Hand und fragte: „Willst du mich heiraten?" Ich platzte fast vor Freude. „Ja!", antwortete ich, ohne auch nur eine Sekunde zu zögern. Eigentlich hatte ich schon seit geraumer Zeit geplant, Ja zu sagen. Ich wusste, dass er der richtige Mann für mich war. Er war klug, höflich, sanft und freundlich, und, was am wichtigsten war, er akzeptierte mich so, wie ich war. Der bloße Gedanke, Teil seiner Familie zu werden, war mehr, als ich mir lange Zeit erträumt hatte. Er wollte mir sofort einen Verlobungsring schenken, aber ich schlug vor, seine Familie zu treffen, bevor ich den Ring an meinem Finger hatte.

„Was immer dir angenehm ist", sagte er mit seiner sanften Stimme. Mit viel Beklommenheit kam endlich der Tag, an dem ich meine zukünftigen Schwiegereltern treffen würde. Das Wetter spielte gar nicht mit, warum musste der Tag nur so kalt und trostlos sein?

In der Höhle des Löwens

Wir waren mit Dallas' Eltern in einem Restaurant in Swampscott, Massachusetts, verabredet. Dallas holte mich ab, und ich hatte mir große Mühe gegeben, gut auszusehen. Ich musste mehrere Outfits anprobieren, bevor ich mich für das schöne rote Kleid entschied, das ich trug. Die klassischen Linien gaben meiner Figur den letzten Schliff, und die lebhafte Farbe fügte einen Hauch von Glamour hinzu.

Meine Gedanken rasten so schnell, dass es mir unmöglich war, ruhig zu bleiben. Ich hätte mir einen Drink gewünscht, um meinen Mut zu stärken, aber es war zu früh am Morgen.

Als wir das Restaurant betraten, schweiften meine Augen durch den Raum, bis ich die Familie in der Ecke sitzen sah. Meine zukünftige Schwiegermutter kam auf mich zu und schüttelte mir die Hand. „Ich freue mich schon seit einiger Zeit darauf, Sie kennenzulernen!" Ihre herzliche, freundliche Begrüßung beruhigte mich.

Dallas' Vater, ein prominenter Geschäftsmann in St. Louis, hatte eine kleine Erkältung. Den Rest der Familie kennenzulernen war für mich einfacher. Seine Schwester Susan, eine attraktive junge Frau, schüttelte mir zuerst die Hand, dann ihre Tochter Michele, eine süße Vierjährige.

Stephen, der jüngere Bruder von Dallas, war der letzte, der mich begrüßte.

Das Essen war angenehm, obwohl ich mich nicht daran erinnern kann, was ich gegessen habe. Ich kann mich auch kaum an die Dekoration erinnern, oder, ob an diesem Ort viel los war. Ich war froh, dass unser Gespräch locker ablief – es wurde nichts zu Tiefgründiges oder Persönliches besprochen. Der einzige unangenehme Moment war, als mein zukünftiger Schwiegervater fragte: „Und was tun Sie bei der Bank?"

Es war mir peinlich, weil ich keinen schicken Titel hatte, um ihn zu beeindrucken. Ich erwähnte die Stelle in der Hypothekenabteilung, die mir angeboten wurde; ich hatte abgelehnt, da ich wusste, dass ich bald mit Dallas nach Vermont ziehen würde.

Zu diesem Zeitpunkt kam mir mein wunderbarer zukünftiger Ehemann zu Hilfe und rezitierte jede meiner Errungenschaften, seit ich vor fünf Jahren in dieses Land gekommen war.

Dallas' Bruder Stephen schien nett zu sein, obwohl der gut aussehende 24-Jährige sich eher ruhig verhielt. Später erfuhr ich, dass er an Schizophrenie litt.

Ich schätzte, dass Dallas' Schwester etwa in meinem Alter war. Damals wusste ich es noch nicht, aber sie machte gerade eine Scheidung durch, vielleicht war das der Grund, warum sie nicht viel gesagt hat.

Das obige Foto ist von unserer Hochzeit, es zeigt die Menschen, die diesen Tag mit uns verbrachten, mit Ausnahme seiner Großmutter väterlicherseits, die nicht in Swampscott anwesend war. Von links nach rechts auf dem Foto sind Dallas' Vater (Carl), seine Schwester (Susan), seine Nichte (Michele, Susans Tochter), ich, Dallas, seine Großmutter (Nellie Bennett), Dallas' Mutter (Dorothy) und sein Bruder (Steve) zu sehen.

Nach dem Essen streiften wir ein paar Stunden durch die Stadt, und dann ging seine Familie nach Hause. Ich war froh, dass das Treffen vorbei war, und mit Erleichterung spürte ich die Gewissheit, dass alle mich mochten und akzeptierten. Kurz darauf steckte mir Dallas einen Verlobungsring an den Finger. Der nächste Schritt war die Planung unserer Hochzeit.

Ende 1966 wusste ich, dass wir zu Weihnachten nach St. Louis fahren würden. Zuerst schien es uns eine gute Idee zu sein, im nächsten Monat – Januar – zu heiraten. Um einen Teil der Kosten für zwei Reisen nach St. Louis einzusparen, erörterten wir auch die Möglichkeit, die Hochzeit in New Jersey abzuhalten, aber Dallas hatte viele Tanten, Onkel und Cousins, und es wäre für sie ein weiter Weg gewesen.

Seine Mutter wollte eine große Hochzeit, was 200 Gäste oder mehr bedeutet hätte. Nach einer langen Diskussion kamen wir also zu einem Kompromiss. Wir würden die Zeremonie im Dezember in St. Louis abhalten, anstatt eine separate Reise im Januar zu unternehmen. Und so geschah es, dass wir am Samstag, dem 31. Dezember 1966, heirateten.

Es waren nur 28 Gäste anwesend, meist Familienmitglieder und ein paar Freunde. Meine Schwiegermutter war etwas enttäuscht, weil sie nicht die extravagante Veranstaltung bekam, die sie sich gewünscht hatte, aber es war ein schöner Tag. Auch wenn ich die meisten Leute bei meiner eigenen Hochzeit nicht kannte, fühlte ich mich keineswegs wie ein Fremder.

Wir verbrachten unsere Flitterwochen in Nassau auf den Bahamas, und ich war erfreut zu hören, dass mich alle Mrs. Robinson nannten. Ich hatte nicht nur einen wunderbaren Ehemann, sondern ich hatte endlich meine eigene Familie. Meine Schwiegereltern bestanden sogar darauf, dass ich sie Mom und Dad nannte, und ich nahm diese Bitte mit großer Freude an.

Unsere erste gemeinsame Adresse war Dallas' Junggesellenwohnung in Burlington, Vermont, aber nach einigen Monaten zogen wir in eine schöne Wohnung um. Von unserem Wohnzimmer aus öffneten sich große Schiebetüren zu einem schönen Innenhof. Unser spektakulärer Blick schloss die Birken, üppiges Gras und eine Vielzahl farbenfroher Blumen ein.

Ich begann, mich in unser gemeinsames Leben einzuleben. Dallas kehrte zur Arbeit bei IBM zurück, und ich kümmerte mich um das Haus. Ich fühlte Frieden in mir und dankte Gott für meine neue Umgebung. Es war der perfekte Rahmen für unser erstes Kind.

ENDLICH EINE EIGENE FAMILIE (1966-1978)

DALLAS' MUTTER DOROTHY WAR BEGEISTERT von der Ankündigung ihres zweiten Enkelkindes. Sie besuchte uns oft. Ich freute mich über diese Besuche, weil ich es liebte, eine ‚richtige' Mutter in meinem Leben zu haben. Weder beklagte sie sich über die beschwerliche Reise, noch kritisierte Dorothy mich oder gab mir das Gefühl, unzulänglich zu sein. Sie akzeptierte mich bedingungslos. Ich war dankbar, dass sich zwischen uns ein Mutter-Tochter-Verhältnis entwickelt hatte, zumal ich wenig aus der alten Heimat hörte. Der Schwerpunkt meines Lebens konzentrierte sich darauf, mich um meinen Mann und unser Haus zu kümmern, während ich auf die Geburt unseres ersten Kindes wartete.

Am 27. August 1967 kam unsere Tochter Kim auf die Welt, aber es dauerte lange, bis sie da war. Es war ein Freitagabend, als ich das erste Mal einen scharfen Schmerz spürte. Mein Mann war noch im Büro. Dallas eilte sofort nach Hause, nachdem er meinen Anruf erhalten hatte. Wahrscheinlich war er auf dem Weg zu mir über einige rote Ampeln gefahren, denn er kam überaus schnell bei mir an. Dann eilten wir ins Krankenhaus. Diagnose: Fehlalarm.

Der Arzt wollte am nächsten Morgen die Wehen einleiten, und ich kämpfte fast den ganzen Tag mit den Wehen. Aber das Baby war noch nicht bereit. Am Abend befürchteten die Ärzte, dass ich nicht genug Kraft haben könnte, um am nächsten Tag zu entbinden. Ich bekam verschiedene Medikamente, die es mir erlaubten, mich über Nacht auszuruhen. Endlich, am Sonntagnachmittag um 15 Uhr, wurde Kim geboren. Als ich das süße kleine Mädchen zum ersten Mal im Arm hielt, vergaß ich alle Schmerzen. Als Dallas und ich unser heiß geliebtes Kind ansahen, waren wir glücklich, dass wir eine Familie gegründet hatten. Wahrlich, Babys sind Gottes größte Wunder!

Etwa eineinhalb Jahre lang war ich mit der Erziehung unserer Tochter beschäftigt. Dann, 1969, brauchten Dallas' Eltern dringend unsere Hilfe. Sein Vater war tief in den Alkoholismus gerutscht, und seine Mutter kam nicht mehr zurecht. Sie fühlte sich so hilflos, dass sie depressiv wurde.

Dallas' Großmutter, die ein Antiquitätengeschäft besaß, wurde immer schwächer und konnte das Geschäft nicht mehr allein führen. Meine Schwägerin Susan war gerade wieder geschieden und brauchte emotionale Unterstützung und Hilfe mit ihrer jetzt sechsjährigen Tochter Michele.

Das einzige Familienmitglied, das im Moment keine Hilfe brauchte, war sein Bruder Steve. Mit der Diagnose Schizophrenie befand er sich in der Obhut eines Psychiaters. Er wurde gut betreut und medikamentös eingestellt.

Umzug nach St. Louis

Die Familie, die ich so verzweifelt gesucht hatte, brauchte nun mich. Jetzt war ich an der Reihe, ihre Quelle der Stärke zu sein. Meine Kindheit hatte mich gelehrt, stark zu sein, zu überleben. Ich war erfahren darin, die Dinge zusammenzuhalten. Nun, da wir gebraucht wurden, planten Dallas und ich, unser Leben neu zu ordnen, um unserer Familie in St. Louis entgegenzukommen.

Glücklicherweise war Dallas' starke Arbeitsmoral ein Gewinn für die IBM. Die Firma schätzte seine Arbeit und erlaubte ihm, in ihr Büro in St. Louis zu wechseln. Es dauerte ein paar Wochen, den Umzug von Vermont nach Missouri zu organisieren, doch die Familie Robinson hatte gepackt und war reisefertig. Dallas und ich machten uns mit unserer 18 Monate alten Tochter auf den Weg nach St. Louis.

Der Umzug war einfach, aber wir mussten schnell ein Zuhause finden, Gott sei Dank war es in Amerika einfacher als in Deutschland.

In meiner alten Heimat blieben die Menschen in der Regel an Ort und Stelle. In den USA kauften und verkauften viele ihre Häuser häufiger, als man in Deutschland die Möbel wechselt.

Dallas' Familie lebte in Webster Groves, einem Vorort von St. Louis. Viele der Häuser in dieser historischen Gegend waren mindestens 100 Jahre alt. Meine Schwiegermutter, die unbedingt wollte, dass wir in ihrer Nähe wohnten, suchte bereits ein Haus für uns auf der anderen Straßenseite aus. Aber das war uns dann doch ein bisschen zu nah, also entschieden wir uns für ein Haus in Grantwood, etwa 15 Kilometer entfernt. Diese schöne Siedlung lag in unmittelbarer Nähe zu einer historischen Farm, die einst Ulysses S. Grant gehörte.

Ich bin mir sicher, dass es Dorothy lieber gewesen wäre, wenn wir in der gleichen Straße gewohnt hätten, trotzdem war sie glücklich, dass wir in ihrer Nähe waren. Wir wurden gute Freunde, und ich fand es angenehm, mit ihr zusammen zu sein.

Selbstaufopferung

Dankbar, ein Teil der Familie zu sein, wurde ich zur Stütze für alle. Geschickt darin, mich um andere Menschen zu kümmern, dachte ich nicht daran, mich um mich selbst zu kümmern. Aber wer wusste schon, dass ich das musste? In der ersten Zeit war der allgemeine Konsens: Wir sind froh, dass Gerda so stark ist. Dabei war es ein Fehler von mir, mich nicht ausreichend um meine Bedürfnisse zu kümmern. Im Nachhinein finde ich, dass ich mir dadurch geschadet habe. Die Symptome und Schmerzen, die ich später hatte, kamen sicher daher – und auch daher, dass ich so sehr versuchte, meine Vergangenheit zu verdrängen.

Mein Mann lebte sich ohne Schwierigkeiten in sein neues Leben ein, da er dort aufgewachsen war. Er froh war, wieder mit seiner Familie vereint zu sein. Er fand auch wieder Anschluss an das St. Louis Philharmonie Orchester, in dem er seit dem Gymnasium Waldhorn gespielt hatte.

Der Job bei IBM war sehr anstrengend, also gönnte ich ihm dieses musikalische Ventil, um einen Ausgleich in seinem Leben zu schaffen. Ich sorgte auch dafür, dass er nicht viele Pflichten im Haushalt hatte, also mähte ich den Rasen, schnitt die Büsche und strich die Wände – ohne zu ahnen, dass mein Fleiß mich in die Überforderung trieb. Doch ich war noch nicht so weit, um das zu erkennen.

Währenddessen erfuhr ich, dass ich unser zweites Kind erwartete. Ich freute mich über den Familienzuwachs, aber ich machte mir Sorgen um meine Gesundheit. Ich war nicht so gesund und stark, wie ich es mir wünschte.

Die Schwangerschaft verlief zum Glück reibungslos. Dann, früh am Morgen des 20. Oktober, rüttelte ich meinen Mann um fünf Uhr wach. „Ich habe Wehen“, sagte ich. Mit schläfriger Stimme sagte er:

„Sag mir Bescheid, wenn sie stärker werden.“

Um sieben Uhr morgens rief ich die Ärztin an. Sie war der Meinung, dass ich nicht ins Krankenhaus eilen müsse, und sagte mir, ich solle um zehn Uhr kommen, was mein ursprünglicher Termin war.

Während ich mich beeilte, meine Tochter für den Aufenthalt bei ihrer Großmutter vorzubereiten, platzte meine Fruchtblase. Ich schaffte es gerade noch, eine Einlage in meine Unterwäsche zu stecken, aber ich musste weitergehen. Drei Stunden später kamen wir im Krankenhaus an, genau nach Plan.

Kein Herzschlag?

Nachdem ich mich angemeldet hatte, wurde ich in den Kreißsaal gerollt. Meine Ärztin kam vorbei, um eine Routineuntersuchung zu machen, aber ihr Gesicht war voller Sorge.

„Ich kann keinen Herzschlag hören", sagte sie.

Wieder einmal brauchte ich die Hilfe Gottes. Obwohl meine Beziehung zu Ihm immer noch nicht auf festem Boden stand, fand ich Trost, als ich betete. Der Arzt sagte uns, wir sollten uns auf das Schlimmste vorbereiten, also betete ich noch ein bisschen mehr.

Nach sieben Stunden harter Wehen wurde unser Sohn Carl geboren. Meine Arme verlangten schmerzlich danach, ihn zu halten, aber seine körperliche Verfassung ließ das nicht zu. Zwei lange Tage später legte mir die Krankenschwester endlich meinen wunderschönen Sohn in die Arme. „Danke, lieber Gott, dass du ihn leben lässt", murmelte ich in sein kleines Ohr.

Der Arzt kam zu mir, um mir zu erklären, dass die Nabelschnur im Geburtskanal stecken geblieben war. Bei jeder Wehe, die ich während der Geburt hatte, war Carls Blutzufuhr unterbrochen worden.

Nach ein paar Tagen durften wir nach Hause gehen. Der Arzt sagte mir: „Sie werden es merken, wenn etwas mit ihm nicht in Ordnung ist, aber suchen Sie nicht nach Problemen."

Ich vertraute dem Arzt – und auch Gott.

Als unser Pfarrer, Dr. Tucker, zu Besuch kam, erwähnte ich meine Bedenken hinsichtlich der Gesundheit des Babys. Ich meinte vor allem Carls Lunge und Herz.

Die Antwort von Dr. Tucker machte mir Angst. „Die Art von Problemen, die Carl hat, wird höchstwahrscheinlich sein Gehirn beeinträchtigen."

Erschrocken rief ich meinen Kinderarzt an. „Ihr Pfarrer ist kein Mediziner. Er hätte das nicht sagen dürfen", sagte er. Obwohl der Arzt versuchte, mich zu beruhigen, dass unser Sohn gesund sei, konnte ich die Angst nicht abschütteln, dass sein Gehirn geschädigt sein könnte. Wieder musste ich auf Gottes Willen vertrauen.

Ich liebte den kleinen Carl, der ein so glückliches Baby war, und ich fühlte mich gesegnet, wann immer ich diese beiden kostbaren Kinder ins Bett brachte. Meine lebenslangen Gebete waren erhört worden, und es stellte sich heraus, dass meine Sorgen unbegründet waren.

Unser Sohn wurde nach meinem Schwiegervater benannt. Dallas und ich wollten Dad ehren, indem wir unseren ersten Enkel nach ihm benannten. Vielleicht würde der Wunsch, der Ehre gerecht zu werden, sein Verlangen nach Alkohol zügeln. Wie wenig wir doch seine Krankheit verstanden. Nichts änderte sich, im Gegenteil, er begann noch mehr zu trinken.

Das verdrängte Leid schlägt zu

Viele lange und arbeitsreiche Tage vergingen. Eines Morgens saß ich in unserem Familienzimmer, als ich einen scharfen Schmerz um mein Herz herum spürte. Bald trat der Schmerz ein- oder zweimal pro Woche auf, was mir Angst machte. Ein furchtbarer Gedanke ging mir durch den Kopf: Wer würde sich um meine Kinder kümmern, wenn mir etwas zustoßen würde? Meine neu gegründete Familie hatte bereits viele Probleme, dachte ich. Wenn ich nun auch zum Problem würde, wäre das ein Problem zu viel.

Außerdem hatte sich Moms Gesundheit stark verschlechtert, und sie ging immer öfter zum Arzt. Einmal wurde Krebs vermutet, aber der Arzt schloss ihn schließlich aus. Dennoch unterzog sie sich mehreren Unterleibsoperationen, und bei einer davon entfernten die Ärzte einen großen Teil ihres Dickdarms, mehr als sie erwartet hatten. Drei Monate später musste sie erneut operiert werden.

Während Mom sich zu Hause erholte, kümmerten sich Dad, Dallas und ich um ihre Mutter, Oma Bennett, die bei ihnen in Webster Groves lebte.

Jeden Morgen nahm Dad sie auf seinem Weg zur Arbeit mit und setzte sie in ihrem Antiquitätenladen im alten Gaslight Square Bezirk in St. Louis ab. Sie konnte den großen Laden nicht allein führen, und wir versuchten, sie zu überreden, umzuziehen und sich zu verkleinern. Da sie aber zu sehr an ihrer Unabhängigkeit hing, weigerte sie sich.

Der Schmerz um mein Herz herum wurde unerträglich, und schließlich vertraute ich mich meinem Arzt an. Er fragte mich nach meinem Tagesablauf und kam zu dem Schluss, dass ich Valium bräuchte. Also nahm ich jeden Abend eine Tablette. Ich war erleichtert, als die Schmerzen verschwanden und ich alles Notwendige tun konnte, um mich um die Familie zu kümmern.

Keine Zeit für mich selbst

Zeit für mich selbst zu finden war nicht einfach. Erst spät wurde mir bewusst, warum ich nichts anderes kannte, als für andere Menschen da zu sein. Natürlich ist das eine wertvolle Eigenschaft, aber jeder Mensch muss auf seine eigenen Grenzen achtgeben. Und ich hatte es nicht gelernt. Ich war als Kriegskind aufgewachsen: Der Beginn meines Lebens hatte darin bestanden, meiner Familie beim Überleben zu helfen und dabei keine Rücksicht auf meine Erschöpfung zu nehmen. Später, als Erwachsene, in meinem neuen Leben in den USA, verhielt ich mich, wie ich es in meiner Familie, wie ich es im Krieg gelernt hatte: Ich glaubte, ohne Rücksicht auf mich selbst für andere Menschen funktionieren zu müssen. Ich hatte noch einige Lektionen zu lernen, und die Schmerzen, die sich in dieser Zeit meldeten, waren nur die ersten Vorboten.

Einmal im Monat schaffte ich es, ein Tennismatch dazwischenzuschieben, aber das war auch alles. Ich stahl mich auch einige Male aus dem Haus, um eine Freundin zu besuchen, während unsere Kinder im aufgestellten Laufstall zusammen spielten.

Das Leben ging weiter. Dallas arbeitete hart und spielte sein Waldhorn. Jeden Mittwochabend war er bei der Orchesterprobe, und am Sonntagabend spielte er bei Max Risch, dem Hauptfagottisten des Orchesters, Holzblasmusik. Die Leidenschaft meines Mannes für die Musik schloss mich aus. Er war nicht da, wenn ich Hilfe oder Gesellschaft brauchte, und ich war fast enttäuscht über die Familie, die ich mir so sehr gewünscht hatte. Aber bald schon holte mich die Hektik meines Lebens wieder ein, und ich war zu beschäftigt, um mir Gedanken über meine Verbitterung zu machen.

Ich war sehr damit beschäftigt, mir Sorgen um Dorothy zu machen. Ich erinnere mich an einen Sonntagabend, als ich sie im Krankenhaus besuchen wollte, weil ihre letzte Operation nicht gut verlaufen war. Dad blieb zu Hause, um zu trinken, und mein Mann war bei seinem Freund und spielte im Hornquartett. Ich wollte unbedingt bei Mom sein, also rief ich meine Babysitterin an. Sie war ein Geschenk des Himmels, sie war jederzeit verfügbar, wenn ich sie brauchte. Sobald ich im Krankenhaus ankam, hörte ich Dorothys flachen Atem.

Ich wusste, dass es meiner lieben Dorothy nicht gut ging. Sie klammerte sich an meine Hand und begann, unsinnige Dinge zu sagen. „Oh Gerda, es ist so schön hier“, sagte sie. „Ich sehe weiße Vorhänge, die im Wind wehen und überall schöne Blumen.“

Ich wusste nicht, ob sie halluzinierte, also rief ich die Krankenschwester, um sie wissen zu lassen, dass etwas ernsthaft nicht stimmte. Dann rief ich meinen Schwiegervater an und empfahl, dass jemand die Nacht über bei ihr bleiben sollte. Ich hatte

Kinder zu versorgen, also musste ich nach Hause gehen. Die Lösung war, eine spezielle Krankenschwester einzustellen, die auf sie aufpassen sollte.

Am nächsten Morgen wurde Mom auf die Intensivstation gebracht, wo sie an jede verfügbare Maschine angeschlossen wurde. Sie versuchte zu sprechen, aber sie verlor ihre Stimme. Ich konnte von ihren Lippen ablesen. „Ich liebe dich“, murmelte sie. In den nächsten zwei Tagen hielten wir im Krankenhaus Wache. Dallas verbrachte beide Nächte schlafend auf einer Couch in der Lobby. Wir durften alle zwei Stunden für fünf Minuten zu Besuch kommen.

Am Dienstagmorgen, dem 15. Mai 1970, kam Dallas in unser Schlafzimmer und fiel mir weinend in die Arme. Unsere liebe Mutter war von uns gegangen.

Der Arzt sagte, die Todesursache sei Leberversagen aufgrund der vielen Medikamente, die sie hatte einnehmen müssen. Wie paradox, dass die Pillen, die sie eigentlich am Leben erhalten sollten, in Wirklichkeit ihren Körper vergiftet hatten. Dallas und ich waren untröstlich, und ich vermisste sie bereits sehr.

Dorothy stirbt – keine Zeit für Trauer

Schon als Kind habe ich mir nie erlaubt, zu trauern. Ich wusste, wenn ich mich beschäftigte, konnte ich den Schmerz in Schach halten. Also ließ ich mich von der alltäglichen Routine vereinnahmen, die sich schon vorher einengend angefühlt hatte. Natürlich wäre es besser (und gesünder) gewesen, sich mit dem Schmerz zu konfrontieren und ihn zuzulassen. Doch das war mir zu diesem Zeitpunkt noch nicht klar.

Mein Schwiegervater war eine andere Geschichte. Sein Kummer veranlasste ihn, noch mehr zu trinken, und es war schwer, ihn in einem so erbärmlichen Zustand zu sehen. Wir nahmen die Kinder nicht mehr zu ihm mit, weil er die meiste Zeit betrunken war. Nicht lange nach Moms Tod erzählte er uns, dass er sich mit einer anderen Frau traf. Wir lernten seine neue Freundin etwa drei Monate nach Dorothys Tod kennen. Ich schätze, er hat seinen eigenen Weg gefunden, um zu trauern.

Auch Großmutter Bennett litt. Ihr Gesicht sah alt und verhärmt aus, und eines Tages platzte es aus ihr heraus: „Ich wünschte, ich wäre anstelle meiner Tochter gestorben!" Eine Mutter sollte niemals ihr eigenes Kind begraben müssen.

Sie hatte viele Jahre bei Carl und Dorothy gelebt, aber sie fühlte sich nicht wohl dabei, mit ihrem Schwiegersohn allein zu bleiben. Außerdem brauchte sie jetzt, wo sie 86 war, Pflege. Ihre beiden Söhne, Dallas und ich stimmten zu, sie in eine private Residenz zu verlegen. Innerhalb von ein paar Monaten fühlte sich Oma Bennett wie zu Hause. Nachdem ihr Geschäft versteigert worden war, schloss sich das letzte Kapitel ihres Lebens.

Nun, da seine Mutter nicht mehr da war, übernahm Dallas die Hauptlast der Pflege seiner beiden Geschwister. Susan litt an einer bipolaren Störung und hatte Schwierigkeiten, damit umzugehen und Entscheidungen zu treffen. Sie rief ihn tagsüber im Büro an oder manchmal auch zu Hause, lange nachdem wir schlafen gegangen waren.

Diese zusätzlichen familiären Belastungen wirkten sich auf meine Ehe aus. Wenn ich Hilfe oder Unterstützung von Dallas brauchte, fühlte ich mich nicht selten ignoriert. Ich wusste, dass sich etwas ändern musste. Schade, dass ich nicht alle sozialen Einrichtungen kannte, die hätten helfen können; vielleicht hätte ich mich dann nicht so hilflos und allein gefühlt.

Selbst die Mitglieder unserer Kirche versäumten es, moralische Unterstützung anzubieten, obwohl ich wusste, dass den meisten von ihnen unsere Familienprobleme bekannt waren. Auch war es mir zu peinlich, mit den wenigen engen Freunden, die ich hatte, über meine Probleme zu sprechen. Außerdem war ich kein

Mensch, dem es leichtfiel, seine Gefühle zu mitzuteilen – jedenfalls zu diesem Zeitpunkt.

Ich war unglücklich. Eines Tages setzte ich mich mit Dallas zusammen und stellte ihm ein Ultimatum. Ich wollte zurück in den Osten gehen, wo mein Cousin lebte. Ich würde die Kinder mitnehmen, mir eine Wohnung suchen und ein neues Leben beginnen. Er musste sich entscheiden, ob es für ihn wichtiger war, in St. Louis zu bleiben oder mit uns zu gehen.

Mir war nie klar gewesen, dass auch mein Mann nicht glücklich über die Situation seiner Familie war. Er hatte das Gleiche gedacht, also dauerte es nicht lange, bis er sich entschied, meinem Vorschlag zu folgen.

Rückblickend betrachtet setzte mein übliches Verhaltensmuster ein: Wenn die Dinge nicht klappten, packte ich einfach und zog um. Das hatte ich mein ganzes Leben lang getan, aber in diesem speziellen Fall konnten weder Dallas noch ich eine bessere Lösung finden.

Es war nicht leicht für ihn, aber ich brauchte einen Ehemann und unsere Kinder brauchten einen Vater. Die Zeit war reif, um zu gehen. Die Familie war so stabil, wie sie nur sein konnte. Dallas bat um eine Versetzung, und nachdem wir dreieinhalb Jahre in St. Louis gelebt hatten, waren wir auf dem Weg nach Minneapolis, Minnesota.

1972 fanden wir ein Haus in Edina, einem schönen Vorort von Minneapolis. Es passte gut zu unseren Kriterien: Unser Hauptanliegen war es, in einer Gegend mit einem guten Schulsystem für unsere Kinder zu leben, und Dallas' Büro sollte in der Nähe sein. Da er viel reiste, wollten wir, dass der Flughafen in angemessener Entfernung zum Haus liegt. Das Umziehen war längst für mich zur zweiten Natur geworden, sodass ich mich schnell an die neue Umgebung gewöhnte.

Sobald ich mich eingelebt hatte, musste ich neue Wege finden, um mich zu beschäftigen. Ich konnte mir nicht vorstellen nur stillzusitzen und nichts zu tun.

Zuerst schlossen wir uns einer methodistischen Gemeinde an, und ich bot an, bei einigen ihrer Projekte zu helfen. Ich half auch einer Nachbarin, die kürzlich ihren Mann verloren hatte. Ich ging in Pflegeheime und besuchte deren Bewohner. Ich mochte es, beschäftigt zu sein.

Dallas' Job wurde mit der Zeit immer anspruchsvoller. Ich musste meine ehrenamtliche Tätigkeit einschränken, kümmerte mich aber weiterhin um unsere Kinder, pflegte den Garten und hielt das Haus in Schuss.

Warum also hatte ich dennoch Anfälle von Einsamkeit? Heute kenne ich die Antwort, doch damals war mir nicht klar, dass ich vor meinen Problemen weglief, indem ich mir so viele Beschäftigungen suchte. Ich nahm weiterhin nachts Valium und fand auf diese Weise Schlaf. Allerdings kam ich nicht dazu, mich mit den Themen, die in meiner Seele brannten, zu beschäftigen. Ich würde bald herausfinden, dass das Valium meine tief liegenden Probleme nur verdeckte. Es schob die Probleme nur auf, irgendwann musste ich sie angehen.

Den Schmerzen auf der Spur

Bei einer Routineuntersuchung sagte mir mein Zahnarzt, dass meine Zähne in einem schlechten Zustand wären. Ich brauchte mehrere Wurzelkanalbehandlungen, und einige Zähne mussten gezogen werden. Während meiner Schwangerschaft mit Carl hatte ich keine Kalziumpräparate eingenommen. Ich hasste es immer noch, Milch zu trinken, weil mich das zu sehr an die einseitige Ernährung während des Krieges erinnerte. Dadurch waren meine Zähne immer schlechter geworden. Monatelang ging ich zum Zahnarzt, aber ich wurde das schreckliche Unbehagen in meinem Zahnfleisch nicht los. Ich weigerte mich, den Schmerzen nachzugeben, also stürzte ich mich in die Erledigung meiner Haushaltspflichten.

Auch das Tennisspielen lenkte meine Aufmerksamkeit ab. Ein- bis zweimal in der Woche ließ ich meinen Frust an Tennisbällen aus, die ich wegschmetterte.

Diese Ablenkungen funktionierten eine Zeit lang, aber meine Kieferschmerzen waren immer noch da. Der Zahnarzt war ratlos und überwies mich an die Mayo-Klinik in Rochester, Minnesota. Mein Mann und ich fuhren an einem trüben, nieseligen Tag in die Klinik.

Allein mit unseren Gedanken, redeten wir nicht viel, aber ich hoffte inbrünstig auf eine Heilung. Nach vielen Tests kamen die Ärzte zu dem Schluss, dass ich eine Neuropathie hatte, für die es keine medizinische Heilung gab. Ich war schockiert und wehrte mich innerlich gegen die Möglichkeit einer Neuropathie.

Einige Monate später konnte ich die Schmerzen in meinem Kiefer in den Griff bekommen. Die Schmerzen, die sich in meinem Rücken entwickelten, verwandelten sich jedoch von einem dumpfen Schmerz in eine anhaltende Qual. Ich konnte nicht mehr so weitermachen. Mein Mann und meine Freunde ermutigten mich, einen Orthopäden aufzusuchen.

Meine Tennisfreundin Mary Hartwig und ich spielten jeden Mittwoch, und ich wusste, dass ihr Mann John Orthopäde war. Ich beschloss, einen Termin bei ihm zu machen. Und so startete meine Ärzte-Odysee mit unzähligen Untersuchungen. Nachdem Dr. Hartwig aber keine körperliche Ursache für meine Schmerzen finden konnte, machte er mich auf ein besonderes Programm aufmerksam, das von dem Psychiater Dr. Loran Pilling entwickelt worden war, um chronische Schmerzen zu lindern und zu heilen.

Doch bevor ich mich bereit fühlte, in die Klinik von Dr. Pilling zu fahren, versuchte ich, meine Probleme so gut es ging allein zu lösen. Gelegentlich wandte ich mich an meinen Mann, um mit ihm über meine Vergangenheit zu sprechen. Ich begann nämlich zu erahnen, dass meine Schmerzen mit meinen früheren Erlebnissen zusammenhängen könnten. Ich dachte, wenn ich mit ihm über all die Entbehrungen sprach, die ich während des Kriegs und nach dem Krieg erlebt hatte, würde ich mich besser fühlen.

Dallas schien mit mir überfordert zu sein, sein Schweigen machte mich oft traurig. Es war nicht so, dass meine Geschichte ihn nicht interessierte. Er wusste nur nicht, wie er helfen sollte, wenn meine Tränen flossen. Am nächsten Tag kaufte er mir Blumen. Die Geste war rührend, und seine Bemühungen verjagten normalerweise meine Trauer, zumindest bis zum nächsten Mal.

Ich wusste nie, wann der nächste depressive Anfall kommen würde. Manchmal geschah es, wenn ich es am wenigsten erwartete. Eines Abends zum Beispiel, als ich mich in ein warmes Schaumbad legte, überkam mich eine erdrückende Traurigkeit.

Ich dachte darüber nach, wie viel Verantwortung mein Mann seit Beginn meiner Rückenbeschwerden zu tragen hatte. Nachdem er den ganzen Tag gearbeitet hatte, musste er sich zu Hause auch noch um die Kinder kümmern und das Essen nach Hause bringen.

Ich erkannte, wie viel Glück Kim und Carl hatten, einen Vater zu haben, der bereit war, die zusätzliche Rolle der Mutter zu übernehmen. Er las ihnen jeden Abend vor und war nicht zu müde, um mit ihnen Spiele zu spielen. Wer würde mich eigentlich vermissen, wenn ich nicht mehr da wäre? Mir fiel keine einzige Person ein, abgesehen von Dallas. Ich dachte sogar an Selbstmord.

Ich wusste, dass ich mich von diesem Selbstmitleid befreien musste, bevor es mich zerstörte. Ich musste stark sein für die Kinder. Schließlich öffnete ich mich für die Überweisung in die psychosomatische Klinik von Dr. Pilling.

IN DER KLINIK: LEKTIONEN FÜR EIN KRIEGSKIND (1978)

Unsere Tage in der Klinik waren vollgepackt. Zuerst gab es Frühstück in der Cafeteria, gefolgt von Bodenübungen, Entspannungstechniken und Wassergymnastik. Dann kam das Mittagessen. Wir mussten alle Energie auftanken, denn die Nachmittage waren genauso anstrengend. Zuerst gab es Ergotherapie, dann Gruppen- und Einzeltherapie. Zusätzlich hatte ich einmal in der Woche Einzelsitzungen mit Dr. Pilling.

Nach dem Abendessen hörten wir uns oft noch einen Vortrag an. Familie und Freunde wurden ermutigt, daran teilzunehmen. Dallas entschied sich, mich zu begleiten, aber ich glaube, meine Freunde waren zu ängstlich, um zu kommen. Dr. Pilling betonte, wie wichtig diese Vorträge für die Besucher wären: „Ihre Angehörigen lernen neue Wege, ihre Bedürfnisse und Gefühle auszudrücken. Sie sollten sie dabei unterstützen."

Das Thema eines Abends war Alkohol- und Drogenmissbrauch.

Dr. Pilling vertrat die Meinung, dass einige Drogen unsere geistige Stabilität beeinträchtigen könnten.

Ich hatte zehn Jahre lang Valium eingenommen. Seit 1968 hatte ich jede Nacht eine Tablette genommen, damit ich einschlafen konnte. Der Arzt, der es verschrieben hatte, sagte, es würde mir guttun, was nur bedingt stimmte: Das Mittel betäubte mich, half mir aber nicht, meine Erinnerungen zu verarbeiten. Um jedoch von all den Ratschlägen zu profitieren, die ich in der Klinik bekam, wusste ich, dass ich Dr. Pilling meine nächtliche Valium-Tablette beichten musste.

Prompt empfahl er mir, dieses Narkosemittel abzusetzen. Ich wollte schnell wieder gesund werden, also machte ich einen kalten Entzug. Trotz einiger Entzugserscheinungen wurde ich nicht rückfällig. Ich vertraute auf Dr. Pillings Rat, dass es mir ohne dieses Medikament besser gehen würde.

Natürlich wurde das Schlafen nach dem Absetzen schwieriger als je zuvor, und wenn ich eindöste, wachte ich meist mit überwältigenden Gefühlen auf. Manchmal wusste ich nicht, ob ich mich in einem Meer von Tränen auflösen oder mein Kissen verprügeln sollte. Ich befand mich auf einer emotionalen Achterbahnfahrt und wusste nicht, wie ich da wieder herauskommen sollte.

Nach ein paar Tagen überlegte ich die Klinik zu verlassen. Die Interaktion mit den anderen Patienten und Therapeuten – einschließlich Dr. Pilling – war so intensiv, dass ich mich noch verwirrter fühlte.

Ein guter Rat: Fliehe nicht vor deinen Emotionen

Ich brauchte einen guten Rat. In meiner Verzweiflung rief ich meine liebe Freundin Janice Dobies an, die einen Doktortitel in Psychologie hatte. Ihre zurückhaltende Erscheinung war trügerisch – sie konnte Klartext reden, wenn es nötig war. Ich fühlte mich stolz und geehrt, sie als meine Freundin zu haben, und nahm mir ihren Rat zu Herzen.

„Gerda, lass mich dir etwas sagen", sagte sie. „Du bist am richtigen Ort. Vielleicht machen die Dinge noch nicht viel Sinn, aber gib dem Ganzen noch ein paar Tage und du wirst verstehen, wie dieses Programm funktioniert. Es ist in etwa so", fuhr sie fort, „stell dir eine Zwiebel mit vielen Schichten vor. Wenn wir reifen, kommen weitere Schichten hinzu. Wenn jemand nicht die richtige Fürsorge bekommt und sein Schmerz und seine Gefühle nicht ausgedrückt wurden, bauen sich die Schichten auf. Wenn er dann erwachsen ist, hat er eine dicke, harte Haut gebildet, wie die Außenseite einer Zwiebel. Wenn wir weiterleben, schützen uns diese äußeren Schichten; selbst aufrichtige Gefühle können diese harte Schale nicht durchdringen. Weder die Liebe Gottes noch irgendeine Liebe und Zärtlichkeit kann sie durchdringen. Es dauert seine Zeit, bis die Schichten sich lösen und man seine Probleme und seine Verletzlichkeit versteht."

Ich war immer noch zu verzweifelt, um klar zu denken, aber sie überzeugte mich zu bleiben und der Klinik eine zweite Chance zu geben. Sie versprach mir, dass ich sie jederzeit wieder anrufen könnte. Ich vertraute ihr genug, um ihren Rat anzunehmen, und so blieb ich.

Nach ein paar weiteren Tagen der Therapie, die mir schließlich die Augen öffnete, bemerkte ich, dass ich schnell mein Gleichgewicht verlor. Ich musste mich an den Geländern festhalten, um mich aufzufangen, wenn ich durch die Flure ging, und das machte mir wirklich Angst.

Als ich Dr. Pilling auf mein Schwindelgefühl ansprach, beruhigte er mich mit seiner freundlichen Art, indem er mir erklärte, wie merkwürdig sich der Körper manchmal verhält.

„Denken Sie daran, Gerda, Sie haben Ihre Emotionen viele Jahre lang unterdrückt und gespeichert, und langsam bringen wir Sie wieder in Kontakt mit ihnen." Er nahm meine Besorgnis über mein körperliches Ungleichgewicht zur Kenntnis, aber er war kein bisschen überrascht darüber. „Bleiben Sie bei dem Programm.

Wenn Sie schon früh im Leben gelernt hätten, wie wichtig es ist, Ihre Gefühle auszudrücken, müssten Sie das nicht durchmachen." Er erklärte mir, dass wenn wir unsere Emotionen nicht regelmäßig nutzen, es so ist, als würden wir eines unserer Glieder untätig lassen. Sie verkümmern, und der Körper funktioniert nicht mehr als Ganzes.

Dr. Pilling und die anderen Therapeuten wiederholten oft:

„Sie sind hier, um die lebensrettenden Fähigkeiten zu erlernen, die Sie heilen werden; Sie müssen uns nur vertrauen, dass es funktionieren wird."

Ich versuchte, mich mit ihrem Mantra zu trösten, aber in Wirklichkeit fühlte ich mich wie ein Zombie, mehr tot als lebendig. Wenn mir jetzt jemand gesagt hätte, ich sei dumm und wertlos und solle mich umbringen, ich glaube, ich hätte es damals vielleicht getan.

Wie ein gehorsames Kind befolgte ich die Regeln und nahm an jeder Aktivität teil, wie es verlangt wurde. Die Regel Nummer eins war zu meiner Überraschung: Sprich nicht über deinen Schmerz. Wir alle waren hier, weil unser Leben durch chronische Schmerzen auf den Kopf gestellt und erschüttert worden war – und wir sollten nicht darüber reden? Was für eine blöde Regel!

Bei einem der Vorträge wurde der Grund klar: Wenn man ständig über den Schmerz redet, verstärkt das Gehirn den Schmerz. Okay, vielleicht ist das keine völlig dumme Regel, dachte ich.

Wir alle hassten die Donnerstage. Das war der Tag, an dem Dr. Pilling und die Mitarbeiter uns während der Gruppensitzungen auf den heißen Stuhl setzten. Vor der ganzen Gruppe erzählten alle Mitarbeiter Dr. Pilling, was sie an jedem Patienten beobachtet hatten und was er oder sie noch lernen musste. Alle Patienten wanden sich unter diesen genauen Beobachtungen.

Dennis, mein persönlicher Therapeut, verkündete eines Donnerstags: „Gerda ist eine fleißige Arbeiterin und will das Beste tun, aber sie muss ihre Erwartungen an sich und andere herunterschrauben." Er fuhr fort, einige Beispiele zu nennen.

„Gerda denkt, sie muss alles perfekt machen. Wenn sie das nicht kann, wird sie frustriert und gibt auf. Sie hat auch das Bedürfnis, die Probleme anderer Leute zu lösen."

Als ich diese Worte zum ersten Mal hörte, fühlte ich mich beleidigt. Sie stachen mich wie eine Biene, und ich kochte innerlich vor Wut. Ich hatte das Gefühl, vorgeführt zu werden. Meine Unzulänglichkeiten waren nun für alle sichtbar. Ich war froh, als wir endlich aus der Hot-Seat-Sitzung entlassen wurden. Obwohl es schwer für mich war, diese Charakterbeurteilungen zu hören, nahm ich sie ernst genug, um zu versuchen, sie so schnell wie möglich zu beheben.

Nach dem Abendessen an jenem Tag rief ich die Kinder an, um zu sehen, wie Onkel Gilbert mit seinen neuen Aufgaben zurechtkam. Gilbert war so freundlich, als Mom einzuspringen, während ich in der Klinik war. Sie hörten sich alle gut an, und Kim sagte mir, dass das Abendessen fast fertig wäre. In einem mütterlich klingenden Ton sagte sie: „Oh, mach dir keine Sorgen, Mama. Uns geht es gut. Ich habe Onkel Gilbert gesagt, dass er den Tisch decken kann."

Dallas kam nach der Arbeit bei mir vorbei, und ich hatte das Gefühl, dass er meinen ganzen inneren Kummer in meinem Gesicht sehen konnte. Ich wusste, dass das alles auch für ihn schwer war. Er schenkte mir trotz seines besorgten Blicks ein beruhigendes Lächeln. Als er ging, umarmte er mich fest.

„Halte durch, meine süße Gerda. Ich liebe dich."

In den Abgrund sehen

Es war so ein emotional aufgeladener Tag für mich. Ich kroch ins Bett, meine Gedanken waren voller Zweifel und Verwirrung. Ich konnte nicht einschlafen. Meine Emotionen liefen in meinem

Gehirn auf Hochtouren. Plötzlich hatte ich den Drang, aus dem Bett aufzustehen und zu beten.

Tante Ernas Philosophie war diese gewesen: „Gott hört nur auf uns, wenn wir auf den Knien sind."

Bis dahin hatte ich diese Idee abgelehnt – meine Sturheit erlaubte es mir nicht, zu knien. Ich hatte gedacht, dass Gott uns zuhört, egal ob wir liegen oder stehen.

Aber jetzt kniete ich auf dem kalten Linoleum. „Wo bist du, Jesus? Ich brauche dich", begann ich. Ich dankte Jesus, dass er mich durch viele schwere Zeiten in Deutschland getragen hatte: „Du hast mich vor den Luftangriffen geschützt; du warst bei mir, als ich Diphtherie hatte. Auch als ich fror und hungerte, hast du mich nicht zugrunde gehen lassen. Als ich ein Teenager war, hätte ich von einem rechtschaffenen Leben abkommen können, aber ich tat es nicht. Ich überlebte den Tod meiner Mutter und den körperlichen und emotionalen Missbrauch meines Vaters, und ich ließ sogar mein Land und meine Geschwister zurück. Oh, Gott, wo bist du?"

Es war befreiend, die Dinge vor Gott so zusammenzufassen, wie sie tatsächlich waren. Endlich traute ich mich, in den Abgrund meiner Vergangenheit zu sehen. „Du hast mich in dieses wunderbare Land gebracht", fuhr ich fort. „Du gabst mir einen liebevollen Ehemann und zwei wunderbare Kinder. Diese beiden Kinder bedeuten mir mehr als mein Leben. Sie sind meine Familie, und ich danke dir für sie. Bitte, Gott, verlass mich nicht. Hab Erbarmen mit mir und zeige mir den Weg. Ich bin völlig hilflos, und ich brauche dich. Verändere mich und mach mich ganz." Ich beendete mein inbrünstiges Gebet:

„Danke, Gott. Ich weiß, dass du meinen Schrei hörst, Amen." Das Lieblings-Amen meiner Tante Erna – sie wäre stolz auf mich gewesen!

Ich schleppte meinen müden und angespannten Körper zurück ins Bett. Als ich auf dem Rücken lag, die Hände immer noch im Gebet gefaltet, fühlte sich jeder Knochen und Muskel in meinem

Körper wie Wackelpudding an. Ein Gefühl des Friedens erfüllte meine Seele nach dem inbrünstigen Flehen, das ich gerade ausgesprochen hatte. Dieses entspannte Gefühl dauerte etwa 20 Sekunden, aber ich hatte mich nie besser gefühlt. Mein letzter Gedanke, bevor ich einschlief, war, dass eine unendliche Macht mich erschaffen hatte und über mein Handeln und meine Gedanken wachte.

Als ich erwachte, schob ich die Decke zurück, stand auf und ging zum Spiegel. Ich schaute in mein Gesicht – eine Fremde blickte mich an, die aussah, als wäre sie kurz vor dem Tod. In diesem Moment überkam mich eine wilde Entschlossenheit, und mit dieser neu gewonnenen Energie schwor ich: „Du wirst gesund werden, nicht nur für dich, sondern auch für Dallas, Kim und Carl."

Mit einem neuen, zielstrebigen Vorsatz zog ich einen hellblauen Pullover aus meiner Schublade, trug ein wenig Lippenstift auf und war mit diesen kleinen Verbesserungen recht zufrieden. Mein Schritt war federnder, als ich die Cafeteria zum Frühstück betrat, und ich schaffte ein angenehmes Lächeln, als ich meine Mitpatienten begrüßte.

Nancy, meine Zimmernachbarin, bemerkte die Veränderung sofort. „Du siehst heute Morgen munter aus, Gerda. Du musst gut geschlafen haben."

Es fühlte sich so wunderbar an, ihre positive Bemerkung zu hören. Mit neuer Energie ging ich zum nächsten Gruppentreffen. Die Diskussion drehte sich um Wut, und es schien, als hätte jeder eine Meinung zu diesem Thema. Dennis' Augen suchten die Gruppe ab und blieben dann bei mir hängen.

„Gerda, wie gehst du mit Wut um?", fragte er.

Mit einem forschen Ton verkündete ich, dass Dallas und ich nie wütend ins Bett gingen. Die ganze Gruppe lachte laut auf.

„Kein Wunder, dass Sie mit chronischen Schmerzen hier sind", sagte jemand. Ich wollte aus dem Raum rennen; ich fühlte mich gedemütigt und für dumm verkauft. Dennis notierte etwas in sein Notizbuch, und ich dachte mir, dass dieses Thema in unserer nächsten Sitzung behandelt werden würde.

Offener Umgang mit Belastungen

So schmerzhaft die Gruppensitzungen auch waren, ich bemerkte, wie ich mich jeden Tag ein wenig mehr öffnen konnte. Wir fingen an, über unsere Beziehungen zu sprechen, nicht nur über die Beziehungen mit unseren Ehepartnern, sondern auch mit unseren Schwiegereltern, Freunden, Nachbarn und Arbeitskollegen. Wir lernten, dass Stress die größte Beeinträchtigung unserer Gesundheit ist und dass, egal ob es sich um körperliche oder geistige Belastungen handelte, es die gleichen Auswirkungen hatte.

Dr. Pilling gab uns ein Beispiel. Er sagte, dass Menschen, die gut mit ihrem Diabetes, ihrem Krebs oder einer anderen Krankheit mental umgehen können, in der Regel eine Stabilisierung ihrer Krankheit erleben. Dieser Gedanke hat mich wirklich beeindruckt, besonders als er sagte: „Sie wären überrascht, wie viele Menschen an der Angst vor dem Tod selbst sterben." Dr. Pilling betonte, dass die Art und Weise, wie wir kommunizieren und mit unserem täglichen Leben umgehen, unsere Gesundheit bestimmt. Was für ein interessantes Konzept!

Wie sagt man ‚Nein'?

Ich bekam eine Aufgabe. Ich sollte, wenn das Reha- Programm zu Ende war, mit einer bestimmten Person aus meinem persönlichen Umfeld anders als bisher umgehen.

Ich wählte meine Nachbarin, Marie, aus Edina, eine schlanke, zierliche Frau mit perfekten weißen Zähnen. Trotz einiger Falten und einiger Silberfäden, die sich in ihrem dunklen Haar abzeichneten, war sie eine attraktive Frau. Marie und ihr Mann John hatten keine Kinder, aber sie waren die stolzen ‚Eltern' von Muffy, einem entzückenden weißen Pudel. Sie trieben ihre Besessenheit so weit, dass sie den Mutter- und Vatertag mit Muffy als Ersatz für ihr Kind feierten.

Fast jeden Morgen, als die Kinder in der Schule waren, kam Marie unangemeldet zu uns nach Hause. Das ging eine ganze Weile so, und ich begann mit der Zeit, diese Zumutungen zu missbilligen. Doch ich wusste nicht, wie ich diese aufgezwungenen Besuche verhindern sollte. Ich empfand es als meine christliche Pflicht, sie in meinem Haus willkommen zu heißen. Sie sagte oft: „Gerda, es ist so schön, dass du jeden Morgen Zeit mit mir verbringst." Manchmal fügte sie sogar wehmütig hinzu: „Nach unserem Treffen weiß ich, dass ich den Rest des Tages überstehen kann." Schuldgefühle plagten mich, wenn ich sie wegschicken oder gar nicht an die Tür gehen wollte.

Als ich davon berichtete, wurde dies zu einem großen Gesprächsthema in der Klinik. Die Therapeuten machten Rollenspiele mit mir und versuchten, mir beizubringen, wie ich ‚Nein' zu ihr sagen konnte.

Dr. Pilling stellte mir auch ein paar Fragen, um zu versuchen, meine Pflichtgefühle gegenüber Marie zu verstehen.

„Kann sie nicht Auto fahren?", fragte er. „Hat sie kein Auto? Ist sie in irgendeiner Weise behindert? Ist sie blind?"

Die Antwort war immer ‚Nein'.

„Warum in aller Welt fühlen Sie sich dann verpflichtet, auf sie aufzupassen? Es scheint mir, als würde sie Sie ausnutzen."

Wie so viele Dinge in der Klinik war diese Offenbarung schwer für mich zu verarbeiten. Doch ich verstand, worum es ging. Ich hatte nie gelernt, meiner Hilfsbereitschaft Grenzen zu setzen und auf mich aufzupassen, besser für meine Bedürfnisse einzustehen. Die Erkenntnis ist das eine, das Handeln das andere. Ich wusste nicht, wie ich meine Erkenntnisse in ein neues Handeln umwandeln sollte.

„Lassen Sie mich Ihnen eine Frage stellen", fuhr Dr. Pilling fort.

„Mögen Sie sie?"

„Ja", antwortete ich, „aber wenn sie in der Nähe ist, habe ich das Gefühl, dass ich die Kontrolle über meine Zeit verliere."

„Wollen Sie das ändern?"

Da musste ich nicht lange nachdenken. Ich sagte: „Ja, aber ich brauche Hilfe, um freundlich und sanft mit der Situation umzugehen." Daran haben wir also gearbeitet. Ich habe gelernt, dass ich auch auf eine freundliche Art ‚Nein' sagen kann: „Nett, dass Du vorschaust, doch ich kann dich nicht reinlassen, Marie. Ich bin beschäftigt. Hab einen schönen Tag, ich muss jetzt los."

Ähnlich war es mit Ellen, einer anderen guten Freundin von mir. Sie und ihr Mann lebten in der Nachbarschaft in einem schönen Haus, das an einem kleinen See lag. Als ich das Haus zum ersten Mal betrat, wurden meine Augen von dem hübschen Weidenbaum angezogen, der von einem Erkerfenster eingerahmt wurde.

Ellen war eine attraktive Frau mit einer zierlichen Figur und dunklem, lockigem Haar. Ihre funkelnden Augen und ihre athletischen Bewegungen zeugten von ihrer robusten Gesundheit.

Aber sie und ihr Mann Jim liebten ihre Martinis zu sehr. Jim rief sogar vorher zu Hause an, bevor er vor dem Feierabend das Büro verließ, damit die frisch zubereiteten Cocktails sofort fertig waren, wenn er durch die Tür kam.

Ellen zeigte eine besondere Zuneigung meinen Kindern gegenüber. Da sie kinderlos war, lud sie sie oft zum Essen ein, vor allem wenn Dallas auf Geschäftsreise war.

„Bring die Kinder mit", forderte sie mich auf. „Es ist alles bereit. Du hast sicher keine Lust zu kochen, wenn dein Mann nicht zu Hause ist."

Oft antwortete ich höflich, dass ich das Angebot zu schätzen wüsste, aber an diesem Abend zu Hause bleiben wollte. Sie war jedoch unerbittlich, und nachdem sie darauf bestanden hatte, dass wir ihre Gäste waren, gab ich immer nach.

Dennis erinnerte mich sanft daran: „Gerda, es fällt dir schwer,

‚Nein' zu Leuten zu sagen, nicht wahr?" Ich musste zugeben, dass er recht hatte.

„Warum ist das so?", fragte er.

„Ich weiß es nicht", sagte ich und rang mit den Händen. Dennis drängte weiter. „Ist es, weil Sie sich nicht verlassen fühlen wollen?"

Ich nickte zustimmend. Dennis kritzelte in sein Notizbuch, und ich fühlte mich wie ein Kind, das beim Klauen erwischt worden war.

Langsam wurde mir die Beziehung zwischen Körper und Geist klar. Diese beiden Fraktionen waren miteinander verbunden, und ich begann zu erkennen, wie verheerend sich mentaler Stress auf meine körperliche Gesundheit auswirkte.

Eines Tages prasselten in einer Gruppensitzung so viele Informationen auf mich ein, dass ich die Hände hochwarf und aufstand. „Ich brauche eine Pause, Dennis!"

„Ich verstehe das sehr gut", versicherte er mir. „Das habe ich selbst schon erlebt – man nennt es ‚frittiertes Gehirn'." Er grinste.

„Übrigens, Gerda, habe ich Ihnen schon erzählt, dass wir morgen einen Kinobesuch planen?"

Ich war nicht gerade begeistert. Ins Kino zu gehen würde mir nicht helfen, wieder gesund zu werden. Außerdem wäre ich lieber mit Dallas oder meinen Freunden gegangen.

„Seht es doch mal so", sagte Dennis und wandte sich an die ganze Gruppe. „Wenn man viele stressige Tage zusammen hat, neigen Familien dazu, auszubrennen. Einige Familienmitglieder bleiben in diesem Modus stecken und werden depressiv; andere leiden unter chronischen Schmerzen. Was ich mache, ist, ein paar lustige Stunden einzuführen, um den Kreislauf zu durchbrechen, das ist alles."

Er zuckte mit den Schultern. „Übrigens gibt es am Ende des Programms eine Party, also gewöhnen Sie sich schon mal an den Gedanken. Bleiben Sie einfach locker und genießen Sie die Reise!"

So beschloss ich, dass mir das Kino gefallen würde. Und ich hatte tatsächlich Spaß.

Notwendige Wiederholungen

Der Freitag kam. Es war das Ende meiner ersten Woche, und ich war froh, dass die Gruppensitzung gut gelaufen war. Wenigstens ebnete es den Weg für ein angenehmes Wochenende. Ich freute mich darauf, meine Familie zu sehen, so wie die anderen Patienten auch – nur eine Patientin freute sich nicht: Helen.

Helen, die die meiste Zeit über still gewesen war, meldete sich schließlich zu Wort. „Dr. Pilling, ich bin es leid, immer zu hören, wie schön unser Wochenende werden wird. Lassen Sie mich Ihnen etwas sagen: Wenn ich nach Hause komme, befolge ich die Anweisungen, die Sie mir in den Kopf gehämmert haben. Ich sage meinem Mann und meinen Kindern, dass ich nicht ihr Dienstmädchen bin und dass ich es leid bin, sie von vorne bis hinten zu bedienen", sagte sie, während sie die Punkte an ihren Fingern abhakte. „Dann sage ich ihnen, dass sie alle mit anpacken müssen, so wie es normale Familien tun." Helen drehte ihre Handflächen nach oben. „Sie hören alle zu und verschwinden dann. Ich fühle mich lausig und mache dann die ganze Arbeit doch wieder selbst. Ich fühle mich, als würde ich gegen eine Wand reden."

„Helen, was erwarten Sie denn?", fragte Dr. Pilling. „Ihre Familie hat Sie eine Zeit lang wie einen Fußabtreter benutzt. Es braucht Zeit, Geduld und eine Menge Wiederholungen,

bevor Sie irgendwelche Veränderungen sehen. Aber es muss bei Ihnen anfangen. Wir werden Ihnen neue Denkweisen beibringen und Ihnen neue Werkzeuge an die Hand geben, die schließlich zu

Ergebnissen führen werden. Es genügt nicht, eine einzige Belehrung mit neuen Regeln von sich zu geben. Sie müssen als Erste die neuen Regeln befolgen, indem sie sich nicht mehr um alles kümmern. Haben Sie Geduld, mit der Zeit werden die anderen nachziehen."

Er fuhr fort: „Sie müssen die Bühne bereiten und jeden wissen lassen, dass Sie seine volle Aufmerksamkeit wollen und niemand den Raum verlassen darf, bis Sie mit dem Reden fertig sind. Erstellen Sie einen Plan, wer welche Aufgabe übernimmt und wann Sie diese erledigt haben wollen. Wenn Sie keinen Plan haben, ist es wie ein Orchester, das versucht, ohne Dirigent zu spielen. Die Idee, dass man sich nur etwas von der Seele reden muss, damit alles besser wird, ist nicht immer gültig. Was wir suchen, ist eine Reaktion auf das, was wir sagen. Stellen Sie Augenkontakt her und lassen Sie sie nicht ohne eine Antwort davonkommen. Probieren Sie es aus. Ich denke, es wird für Sie funktionieren, wenn Sie es in die Praxis umsetzen, aber nicht nur einmal, sondern immer und immer wieder."

Ich hörte mir Dr. Pillings Erklärungen aufmerksam an. Die Räder drehten sich in meinem Kopf, und ich legte sie für die Zukunft ab. Vielleicht musste ich auch diese Strategie zu Hause anwenden. Ich musste nicht nur seltener ‚Ja' sagen, sondern auch konsequenter und mit mehr Wiederholungen meine Regeln erklären.

Aber jetzt wollte ich unbedingt nach Hause, um meine Kinder in die Arme schließen zu können. Als ich am Fenster stand und darauf wartete, dass Dallas mich abholte, peitschten mir 1000 Gedanken durch den Kopf. Ich hatte in den letzten Tagen so viel gelernt, aber ich war immer noch verwirrt.

Vor allem stellte ich meine schnelle Entscheidung, Deutschland zu verlassen, infrage. War ich allzu überstürzt geflohen, und war nicht meine Angewohnheit, die Flucht zu ergreifen, der Grund für meine jetzigen gesundheitlichen Probleme? Wenn ich in Deutschland geblieben wäre, wie hätte sich dann mein Leben entwickelt? Hätte ich dort eine liebevolle, unterstützende Familie gehabt? Hat der Krieg meinen Fluchtreflex gefördert und damit meine geistige Gesundheit beeinträchtigt? War ich am Ende vielleicht sogar zu deutsch, um wirklich in die amerikanische Gesellschaft zu passen? Ich stellte sogar meine Ehe mit Dallas in Frage, und das machte mir wirklich am meisten Angst.

Die Schleusen meines Geistes waren geöffnet, und das Wasser zog mich stromabwärts zu einem ungewissen Ziel. Dennis sah meine Verzweiflung, kam herüber und legte seine Hand auf meine Schulter. Er erinnerte mich daran, dass ich eine Menge harter Arbeit leistete.

„Es wird besser werden", versicherte er mir.

Dallas kam an, begrüßte mich freundlich und umarmte mich.

„Lass uns nach Hause fahren", sagte er. Der Feierabendverkehr war dicht. Als die Autos zum Stillstand kamen, starrten Dallas und ich aus dem Fenster und hörten seinen Lieblingssender mit klassischer Musik im Radio. Ich wollte ihm von meiner ersten Woche in der Klinik erzählen, aber ich war zu kleinmütig, um meine Wünsche zu äußern.

Ich musste daran arbeiten, nicht so unterwürfig zu sein, schwor ich mir. Ich war mir sicher, dass Dr. Pilling mir hierzu hätte Ratschläge geben können, aber in der Zwischenzeit saß ich einfach da und war traurig, dass Dallas lieber Radio hörte, als mit mir zu reden.

Vielleicht waren wir doch nicht das glückliche Paar, für das ich uns einmal gehalten hatte. Nur weil wir uns nicht stritten, hieß das nicht, dass wir eine glückliche Ehe führten. Der Grund, warum Dallas und ich uns nie stritten, war, dass unsere Gespräche selten an der Oberfläche unserer wahren Gefühle kratzten. Wir lebten, um zu arbeiten, also drehten sich unsere Gespräche um die praktischen Dinge des Lebens: Haushaltspflichten, Arbeitsaufgaben und Kindererziehung. Das sollte sich noch ändern.

Mit diesem fest in meinem Kopf verankerten Vorsatz wurde ich immer ungeduldiger, die Kinder zu sehen, je näher wir unserem Haus kamen. Sobald sie das Auto hörten, stürmten Kim und Carl durch die Vordertür, gefolgt von Duchess, unserem English Springer. Die Kinder rannten, der Hund sprang, und in all der Aufregung wurde ich fast umgeworfen. Ich war so froh, zu Hause zu sein.

„Oh, ich habe euch vermisst!" Ich nahm Kim und Carl in die Arme und zog sie an mich. „Ich könnte euch einfach auffressen!" Ich überhäufte sie mit Küssen.

Sie schrien fröhlich 100 Dinge auf einmal. Ich konnte nichts davon verstehen, also hörte ich einfach zu, mit einem breiten Grinsen auf dem Gesicht. Ich bemerkte, wie erschöpft Onkel Gilbert aussah, und seine Schultern entspannten sich sichtlich, als ich das Haus betrat.

Wochenenden wie dieses kamen und gingen. Ich nahm weiterhin an der wöchentlichen Kur in der Klinik teil, aber meine schlaflosen Nächte verfolgten mich noch immer. Die meisten Abende lag ich auf dem Rücken, gelähmt von Zweifeln, ob ich jemals gesund werden würde. Manchmal träumte ich, dass ein Wolf hinter mir her wäre. Dr. Pilling versicherte mir, dass dies alles Teil des Heilungsprozesses sei, also vertraute ich ihm bedingungslos.

Eines Morgens hatte ich Halsschmerzen und bat darum, im Bett zu bleiben. Dr. Pilling untersuchte mich und sagte: „Es geht Ihnen gut. Denken Sie daran, dass körperliche Symptome normal sind, wenn man mit Emotionen zu tun hat." Nach einer Weile verpflichtete ich mich, seinem Rat zu folgen, bis zu dem Tag, an dem ich als gesund genug erachtet wurde, um nach Hause zu gehen. Ich fühlte mich wie ein Schmetterling, der aus einer Schachtel befreit wurde; es war Zeit für mich, meine Flügel zu benutzen.

Der Schmetterling fliegt aus

An dem Tag, an dem ich entlassen wurde, war mein Kopf voll mit all den Lektionen, die ich in der Klinik gelernt hatte. Ich war beunruhigt über die Herausforderungen, die noch vor mir lagen. Dennis umarmte mich und sagte mit einem breiten Lächeln: „Sie sind eine tolle Frau, und ich hoffe, wir sehen uns wieder."

„Ich nicht", scherzte ich. „Ich muss nach Hause gehen und mich von Ihren Verletzungen erholen."

Es fühlte sich gut an, ihn ein wenig zu necken. Dennis war manchmal hart zu mir, aber ich wusste, wie sanft und mitfühlend er im Grunde war. Er tat es zu meinem eigenen Besten. Bevor Dallas kam, um mich abzuholen, gab Dennis mir einen letzten Rat.

„Vergessen Sie nicht, was ich Ihnen beigebracht habe: Drücken Sie aus, was Sie fühlen. Das ist Teil des Heilungsprozesses." Er warnte mich: „Sie sind ein zu besonderer Mensch, lassen Sie nicht zu, dass andere Sie ausnutzen. Gerda, Sie sind eine junge, attraktive Frau, die freundlich und großzügig ist."

Jedes einzelne dieser Worte prägte sich in mein Herz ein. Von nun an würde ich mein Glück nicht mehr so eifrig hinter das der anderen stellen, und der erste Schritt betraf meine Ehe.

Ich hatte mich bereits dazu entschlossen, dass Dallas und ich eine Beratung brauchten. In einer meiner Sitzungen mit Dr. Pilling erkundigte ich mich nach einem guten Eheberater. Er holte aus seiner Tasche die Visitenkarte von Dr. William Hanley hervor. Ich nahm an, dass Dr. Pilling viele solcher Anfragen von seinen Patienten hatte, da er die Karten griffbereit aufbewahrte.

Ich beschloss auch, an einem ambulanten Vortragsprogramm teilzunehmen. Ich würde Auffrischungskurse besuchen können, um das Gelernte zu behalten, und ich könnte einer Selbsthilfegruppe beitreten, wenn ich sie bräuchte.

Als ich zu Hause ankam, fühlte ich mich anders als bei der Abreise; stärker und konzentrierter. Mein Mann ließ mich fühlen, wie froh er war, dass ich wieder zu Hause war, obwohl er das nicht sagte. Er ist eben ein Mann weniger Worte. Natürlich war ich begierig darauf, mich wieder um die Kinder und das Haus zu kümmern. Ich reduzierte meine ehrenamtliche Arbeit und übte, was ich in der Klinik gelernt hatte.

Jetzt, wo ich zu Hause war, musste ich mich um Marie kümmern, die lästige Nachbarin von gegenüber. Ich dachte über Dennis' Rat nach: Lassen Sie sich nicht von anderen ausnutzen.

Ich rief sie am Telefon an. „Ich fühle mich heute Morgen nicht gut, und es wäre besser, wenn du heute nicht rüberkommst. Ich hoffe, das ist für dich in Ordnung." Sie nahm es gut auf, und ich war froh, dass ich diesen ersten Schritt getan hatte.

In den folgenden Tagen kam sie überhaupt nicht mehr vorbei. Sie rief sogar nicht einmal an, um zu fragen, wie es mir geht. Es kam mir in den Sinn, dass sie vielleicht Angst hatte, mit jemandem zu sprechen, der gerade in einer psychosomatischen Reha-Klinik gewesen war. In den 70er Jahren war vielen Menschen das Wort „Psychiatrie" unheimlich.

Obwohl ich froh war, die täglichen Besuche meiner Nachbarin los zu sein, fühlte ich mich allein. Viele meiner Freunde und Nachbarn gingen zur Arbeit. Dallas wurde von seinem anspruchsvollen Job vereinnahmt, und ich musste alles loslassen, was mir im Kopf und im Herzen herumschwirrte. Ich fühlte mich schuldig wegen meiner Wut darauf, dass mein Mann so ein fleißiger Mensch war.

Wie gut, dass ich etwas fand, um die Leere zu füllen. Das Radio wurde mein täglicher Begleiter. Dr. Charles Swindoll, ein Prediger aus Kalifornien, moderierte eine Sendung, die ich mir mit großem Interesse anhörte. Gott näher zu kommen war für mich immer noch die Priorität. Während ich dem Prediger zuhörte, sank die Botschaft tiefer in meine Seele. Seine Predigten klangen, als wären sie für mich maßgeschneidert. Ich bat Gott, mir zu sagen, was ich tun sollte.

„Du hast mir einen guten Ehemann gegeben. Bitte, Gott, hilf mir zu lernen, ihn wieder zu lieben."

Mein Gebet wurde erhört. Ich begann, mich zufriedener mit meinem Leben zu fühlen, nachdem ich meine vorgeschriebenen Übungen und Entspannungstechniken gemacht hatte. Auch das

Anhören der Radioprogramme half. Ich gewann meine Kraft zurück und konnte Dallas die Wochenendarbeit abnehmen, um es ihm leichter zu machen. Wir fingen an, wieder in die Richfield United Methodist Church zu gehen, in der wir früher Mitglieder gewesen waren. Wir schickten die Kinder in die Sonntagsschule, und ich bemühte mich, meinen Weg in der Gemeinde zu finden.

Auf einen weiteren Rückschlag war ich nicht vorbereitet. Eines Tages kam eine der Kirchendamen auf mich zu und flüsterte mir ins Ohr: „Kommst du etwa immer noch hierher?" Ich war schockiert und gedemütigt. Ich war zu perplex, um zu fragen, was sie meinte. Erst später fielen mir als Erklärung die Gerüchte um meine psychische Erkrankung ein.

Ich erinnerte mich daran, dass eine Mitarbeiterin des Gesundheitswesens während einer meiner ambulanten Sitzungen gesagt hatte, dass Unwissenheit und mangelnde Sensibilität im Umgang mit Laien durchaus üblich seien in dieser Gemeinde. Aber diese Warnung schützte mich nicht vor dem Schmerz und der Traurigkeit.

Ich entschied mich, der Gemeinde eine Chance zu geben und in die Offensive zu gehen. Wenn ich eine Verbindung zum Pfarrer herstellen würde, könnte die Kirche vielleicht zu einem angenehmeren Ort werden. Ich besuchte ihn und teilte ihm meine Absicht mit, meine Zeit für die Arbeit im Pfarrbüro zur Verfügung zu stellen. Es war nur ein halber Tag in der Woche, den ich entbehren wollte, aber er begrüßte meinen Vorschlag und wir gaben uns die Hand darauf.

Seltsam, dachte ich, als ich zum Auto zurückging, warum hat er mich nicht gefragt, wie es mir geht?

Ich arbeitete mehrere Wochen im Büro und niemand, auch nicht der Pfarrer, bot mir eine Tasse Kaffee an oder begann ein Gespräch mit mir. Ich beschloss schließlich, diese kalte Umgebung zu verlassen, also kündigte ich. Ich war davon überzeugt, dass die

Radiosendung von Dr. Swindoll nützlicher war, als in diese Kirche zu gehen.

Dr. James Dobson, ein Kinderpsychologe, der auch im Radio weltweit zu hören war, moderierte eine Sendung namens, Focus on the Family'. Er schrieb zahlreiche Bücher über Familien und den Glauben. Ich begann auch seine Sendung zu hören und war dankbar, dass beide Programme ausgestrahlt wurden. Sie halfen mir, auf meinem spirituellen Weg zu wachsen, und ich lernte viel über Kommunikation und wie man Kinder erzieht.

Ich war mir immer bewusst, dass unsere Kinder Glück hatten, einen Vater zu haben, der mit ihnen spielte und sie mit einer Gute-Nacht-Geschichte ins Bett brachte. Als Mutter, die zu Hause blieb, war ich normalerweise für die Disziplin und die Erziehung zuständig. Aber nachdem ich mehr über mich selbst gelernt hatte, fand ich es einfacher, mit den Kindern Spaß zu haben, wenn Dallas auf Geschäftsreise war.

Wir drehten die Musik auf und tanzten ausgelassen. Da Dallas mit klassischer Musik aufgewachsen ist, wusste er die aktuellen Lieder der Kinder nicht zu schätzen. Nachdem wir angefangen hatten, zur Beratung zu gehen, schlug ich ihm einen Deal vor: Für jede halbe Stunde klassische Musik, die wir hörten, durften die Kinder eine halbe Stunde Rock 'n' Roll spielen.

Ich wollte wieder in die Kirche gehen, aber nicht nach Richfield. Ich hatte auf die harte Tour gelernt, dass ich dort nicht erwünscht war. Die Congregational Church in Edina hatte den Ruf, aktiv, freundlich und unterstützend zu sein, und unsere Kinder hatten Freunde, die dort hingingen. Dallas und die Kinder waren mit der Entscheidung einverstanden, diese Kirche zu unserem neuen Zuhause zu machen, was sie auch blieb, solange wir dort lebten.

KALTE BLAUE AUGEN: 17 JAHRE SPÄTER (1978)

Meine lähmenden Rückenschmerzen ließen nach, und ich setzte mein ambulantes Programm in der Rehaklinik fort. Wie wunderbar es war, von den Schmerzen befreit zu sein. Obwohl ich mit der Therapie große Fortschritte machte, schwankten meine Gefühle immer noch auf und ab.

Während einer der ambulanten Sitzungen bemerkte Dr. Pilling, dass ich mich von allen distanzierte und in der Ecke saß. Ich nahm mit niemandem Augenkontakt auf und ließ mich auch nicht auf ein Gespräch mit jemandem ein. Er kam zu mir und setzte sich neben mich.

„Wie geht es dir, Gerda?", fragte er und nahm sanft meine Hand in seine. Tränen liefen mir über das Gesicht. „Dr. Pilling, ich glaube, ich habe Heimweh." Ich schenkte ihm ein knappes Lächeln. „Wussten Sie, dass ich vor 17 Jahren meine ganze Familie verlassen habe und dass ich sie seitdem nicht mehr wiedergesehen habe?"

Sanft sagte er: „Ich habe mich gefragt, wie lange Sie brauchen würden, um all die unerledigten Dinge, die Sie zurückgelassen haben, wieder anzupacken." Er tätschelte meine Hand. „Wissen Sie,

Gerda, unsere Gesellschaft wäre viel gesünder, wenn jeder lernen würde, seine Gefühle auszudrücken und zu verarbeiten." Mit einem kleinen Lachen fügte er hinzu: „Es würde auch nicht schaden, die losen Enden zu verknüpfen."

„Mein Leben ist voll von losen Enden", gab ich zu.

„Das sehe ich ", sagte er. „Wissen Sie, ich hatte schon Leute in meinem Büro, die sofort anfingen zu weinen, nachdem ich sie gefragt hatte, warum sie verärgert sind. Dann erzählen mir diese Menschen, dass ihre Mutter oder ihr Mann oder wer auch immer gestorben ist. Sie haben nicht mehr geweint, seit es passiert ist. Aufgestaute Gefühle können emotional und körperlich viel Schmerz verursachen, aber ich habe den Verdacht, dass Sie das schon verstanden haben."

„Ja, und deshalb muss ich gehen. Ich habe es lange genug aufgeschoben." Ich setzte ein tapferes Gesicht auf, aber meine Überzeugung klang schwach. Ich war seit meiner Ausreise 1961 schon mehrmals in Deutschland gewesen, aber nie, um mich dem Schmerz meiner Vergangenheit zu stellen.

„Ich habe volles Vertrauen, dass Sie es schaffen werden, dennoch spüre ich Ihre Zweifel", sagte Dr. Pilling.

Ich nickte. „Ich habe Angst, dass ich nicht stark genug bin", gab ich zu, erstaunt darüber, wie gut dieser Mann meine Gedanken lesen konnte.

„Ich zweifle gewiss nicht an Ihrer Stärke." Er schaute mir in die Augen. „Sie schaffen das schon."

„Kann ich Sie um einen Gefallen bitten? Würden Sie mir bitte Ihre Büro- und Privatnummer geben – falls ich krank werde?", fragte ich. Ich wollte unter keinen Umständen in ein deutsches Krankenhaus kommen. Traumatische Kindheitserinnerungen an Ärzte und Krankenhäuser verfolgten mich noch immer. „Ich habe auch Probleme mit Lach- und Weinanfällen. Das macht mir auch Angst."

„Nun, Sie haben eine Menge emotionaler Ereignisse aus Ihrer Vergangenheit hochgeholt. Das wirbelt normalerweise große Wellen auf; wenn sich die Dinge beruhigen, werden die Wellen kleiner“, beruhigte er mich.

Ich zögerte, ihn zu fragen, ob er mir ein paar Valium-Tabletten verschreiben könnte, nur für den Fall, dass ich zu erschöpft wäre und nicht schlafen könnte. Ich erinnerte ihn daran, dass er sie mir vor ein paar Wochen abgesetzt hatte.

„Ich denke nicht, dass das ein Problem sein wird“, sagte er.

„Ich verschreibe Ihnen ein Rezept. Ich weiß, dass Sie sie nicht missbrauchen werden.“

Nachdem Dr. Pilling mein Selbstvertrauen gestärkt hatte, fasste ich den Entschluss, nach Deutschland zu reisen. Wir schrieben das Jahr 1978, und im Alter von 40 Jahren buchte ich einen Flug nach Frankfurt, fest entschlossen, meine inneren Dämonen zur Ruhe zu bringen. Aber das musste ich allein tun.

Dallas und die Kinder würden zu Hause bleiben. Er traf Vorkehrungen, halbtags zu arbeiten, damit er nach der Schule auf Kim und Carl aufpassen konnte. Jetzt musste ich nur noch meinem Bauchgefühl vertrauen, dass ich das Richtige tat.

Ein heftiger Regensturm fegte am Morgen meines Abfluges über Minneapolis und drohte meine Reise zu verzögern. Glücklicherweise hob mein Flugzeug pünktlich ab. Ich war fest entschlossen, mich meinem Vater und allen anderen unangenehmen Erinnerungen zu stellen, die an dem Ort, an dem ich aufgewachsen war, haften geblieben waren.

Die Weite des Ozeans glitt unter mir dahin, während ich meine Nerven beruhigte.

Ich kam früh am Morgen in Frankfurt am Main an. Der Jetlag zerrte an meinen müden Knochen, als ich mir den Weg durch den Flughafen bahnte. Ich bemühte mich, etwas Begeisterung aufzubringen, aber einen Fuß vor den anderen zu setzen war alles, was ich schaffte.

Bald saß ich in einem Zug Richtung Norden und konnte kaum die Augen offen halten, während die Landschaft an mir vorbeizog. Es dauerte einen Moment, bis ich merkte, wie schön die Landschaft war. Die Ruinen und Verwüstungen des Krieges waren verschwunden; an ihrer Stelle standen hell gestrichene Häuser und wunderschöne, niedrige Gärten und majestätische Bäume, die sich im Wind wiegten. Ich wollte den Zug anhalten und herausspringen, um die Erde zu küssen!

Ich schaute mich um, in der Hoffnung, dass jemand meine Freude teilen würde, aber die Menschen um mich herum waren an den atemberaubenden Anblick gewöhnt.

Als der Zug weiter vor sich hin ratterte, war ich vom Rhythmus der Räder fasziniert. Das ratternde Schaukeln hörte ab und zu auf, wenn Leute ein- oder ausstiegen. Ich versuchte, meine Augen zu schließen und mich etwas auszuruhen, aber ich war zu aufgedreht, um zu schlafen, obwohl ich schon seit 18 Stunden wach war. Ich grübelte über meine Gefühle, meine Geschwister wiederzusehen.

Tränen des Wiedersehens

Während der Zug sich Wilhelmshaven näherte, spürte ich, wie mein Puls anstieg. Es würde nicht mehr lange dauern, bis Ilse und ihr Mann Heinz mich am Bahnhof begrüßen würden. Zu meinem Erstaunen verspürte ich keine Rückenschmerzen, als ich meinen Koffer aus dem Gepäckfach kramte. Gespannt stand ich an der Tür, bereit herauszuspringen, sobald der Zug anhielt.

Ich erkannte Ilse auf Anhieb. Sie hatte ein paar Pfunde zugenommen, was mir deutlich klarmachte, wie viele Jahre vergangen waren, seit wir uns das letzte Mal gesehen hatten.

Eines hatte sich nicht geändert: Ihr blondes Haar war immer noch kurz und lockig.

Uns liefen Tränen in die Augen, als wir uns in die Arme schlossen und uns lange umarmten. Als wir uns schließlich aus der Umarmung lösten, schüttelten Heinz und ich uns kräftig die Hände. Er war groß und schlank und hatte – wie ich später erfuhr – einen grünen Daumen.

Ihr Haus war geräumig und gut ausgestattet. Ich beäugte die Plüschcouch und wünschte mir, ein Nickerchen zu machen. Aber Heinz wollte seinen Garten vorzeigen. Am Rande des üppigen Rasens blühten gepflegte Hochbeete. Kein einziger Grashalm schien fehl am Platz zu sein. Besonders stolz war Heinz auf seinen prächtigen Gemüsegarten und die blühenden Obstbäume. Meine Augen saugten die Fülle an Farben auf, die überall zu sehen waren, und ich freute mich darauf, einige Zeit hier draußen zu verbringen.

Nachdem ich ihr wunderschönes Haus besichtigt hatte, wollten sie sich nun über meine Familie in Amerika informieren. Ich zeigte ihnen Bilder von meinem Mann und den Kindern, sowie von unserem Haus. Der Rest des Tages war gefüllt mit viel Geplauder und Gelächter, während wir unsere Wurzeln wieder miteinander verbanden.

An diesem Abend nahm meine Nichte Angelika mich an der Hand und zeigte mir ihr schönes Zimmer. Ich war gerührt, als sie darauf bestand, dass ich dortbliebe, und ich dankte ihr herzlich. Ich schlüpfte unter die Daunendecke und dankte Gott für meine sichere Reise.

Der Schlaf blieb mir noch lange verwehrt. Ich überlegte, ob ich eine der Valium-Tabletten nehmen sollte, die ich in meinem Koffer verstaut hatte, aber ich verzichtete darauf. In meinem Kopf drehte sich alles um den einen Besuch, den ich am meisten fürchtete: Ich würde meinen Vater wiedersehen. Ich stellte mir seine wütenden blauen Augen vor, und dieses Bild durchbohrte meine Seele, und meine alten Unsicherheiten kamen zum Vorschein.

Dr. Pilling hatte mir oft versichert, dass es mir besser gehen würde, wenn ich meinem Vater gegenüberstünde, aber in diesem

Moment konnte ich seine Zuversicht nicht teilen. Ich werde morgen darüber nachdenken, dachte ich mir, als ich mich umdrehte und meine Augen schloss.

Ich wachte in einem dunklen Raum auf und brauchte ein paar Sekunden, um mich zu orientieren. Als ich auf meine Uhr schaute, sprang ich aus dem Bett. Ich konnte kaum glauben, dass es schon fast zehn Uhr war!

Ilse saß schon am Frühstückstisch, als ich in die kleine Küche schlenderte.

„Hey, Schlafmütze, schön, dass du endlich aufgewacht bist", neckte sie. „Ich dachte, ich lasse dich noch schlafen, weil du davor so lange wach warst."

Ich setzte mich an den Tisch und bewunderte den gemütlichen Raum. Alles war blitzblank. Auf der Fensterbank zwitscherte ein Sittich in seinem Käfig. „Das ist Peter", sagte Ilse und deutete auf den Vogel. „Er hat keine schöne Stimme, aber er gibt sich große Mühe." Sie erklärte, dass ihre Kinder selten da waren. Der laute Vogel fülle die Leere. Ich wusste, wie sie sich fühlte.

Der Tisch war mit einem typisch deutschen Frühstück gedeckt: frisch gebackene Brötchen mit Butter und eine Auswahl an Aufschnitt und Käse. Es standen auch mehrere Marmeladen und Konfitüren in der Mitte des Tisches.

Normalerweise trinken Norddeutsche Tee, aber da Ilse wusste, dass ich Kaffee mag, hatte sie ihn eigens für mich gemacht. Ich fand nett, dass sie sich die Mühe machte. Das Radio spielte vertraute deutsche Melodien im Hintergrund, während wir die heißen Tassen in den Händen hielten. Ich atmete den Duft von frisch gebrühtem Kaffee ein und wünschte mir, wir würden näher beieinander wohnen, damit wir diese Momente öfter genießen könnten.

„Wann wirst du unseren Vater besuchen?", fragte sie und unterbrach den idyllischen Moment.

„Vergiss es!", antwortete ich schnell, aber wir wussten, dass es eine Lüge war. „Lass uns das gute Essen nicht verderben", versuchte ich abzulenken. „Ich weiß, dass ich ihn sehen muss ... ich will es nur nicht überstürzen."

„Ich weiß, wie du dich fühlst", antwortete sie. „Ich sehe ihn nicht sehr oft, und das ist auch gut so."

Plötzlich hatte ich den Drang, die Last aus dem Weg zu räumen.

Jetzt. In diesem Augenblick.

Ich platzte heraus: „Lass uns den Bastard anrufen!"

Ilse starrte mich an, den Mund weit offen. Wir nannten ihn selten „Vater", aber „Bastard" war ziemlich extrem. Meistens nannten wir ihn den „Alten", den „alten Mann". Tante Erna hätte mit uns geschimpft und gesagt: „Ihr solltet ihm etwas Respekt zollen!" Sie wusste nicht, wie grausam ihr Bruder sein konnte und hatte schon früher dazu geneigt, uns nicht zu glauben.

„Gib mir seine Telefonnummer", sagte ich kühn. „Ich werde ihn sofort anrufen." Als er abnahm, war der Mut in meiner Stimme jedoch verschwunden. „Hallo, hier ist Gerda", krächzte ich.

„Also, meine lang vermisste Tochter ist hier. Wann kommst du denn vorbei?" Ich sagte ihm, dass Ilse und ich innerhalb einer Stunde da sein könnten.

„Du kannst mit Dora und mir Kaffee trinken", sagte er. Klick – das war das Ende unseres Gesprächs.

Als wir durch die Stadt fuhren, war ich erstaunt über die restaurierten Gebäude. Ich erkannte die Gegend kaum wieder, und es wurde mir klar, wie lange ich weg gewesen war. Wäre Ilse nicht gefahren, hätte ich die Abzweigung in die Straße verpasst, in der wir mehr als zehn Jahre gewohnt hatten.

Als wir vor unserer alten Wohnung anhielten, drehte sich mir der Magen um. Nachdem ich in den zweiten Stock hinaufgestiegen war, erstarrte ich, als wir vor der Tür standen. Ilse ergriff die Initiative und läutete.

„Grüß Dich", sagte Dora und öffnete die Tür. Mein Vater stand hinter seiner zweiten Frau, die er vor neunzehn Jahren geheiratet hatte. Ich streckte ihm die Hand entgegen. Den festen Händedruck zog ich einer unbeholfenen Umarmung vor.

Ruhe in der Höhle des Löwens

Wir saßen im Wohnzimmer, und ich holte meine Fotos heraus, um sie herumzureichen. Nachdem die Bilder wieder in meiner Handtasche waren, saß ich still, bis mir eine Frage gestellt wurde. Der Besuch gestaltete sich eher fade, und ich war überrascht, wie ruhig ich war.

Zwischen den Gesprächen sah ich mich im Zimmer um und versuchte, mich daran zu erinnern, wie es ausgesehen hatte,

als meine Mutter noch am Leben gewesen war. Die Zimmer wirkten jetzt sehr klein auf mich, obwohl mir die neuen Fußböden gefielen, die verlegt worden waren. Kaffee und Kuchen wurden auf dem guten Porzellan meiner Mutter serviert. Warum ich mich über diesen Moment ärgerte, war mir schleierhaft.

Jetzt, wo ich hier war, und auf den weichen grünen Möbeln saß, war ich überhaupt nicht mehr ängstlich. Vielleicht konnte ich sogar versuchen, ihm zu verzeihen, dass er ein mieser Vater war, dachte ich mir. Nachdem ich mich davon überzeugt hatte, dass er mich nicht mehr verletzen konnte, dass er nicht mehr für mich verantwortlich war, fühlte ich mich, als wären 1000 Pfund von meinen Schultern genommen worden. Als ich mich verabschiedete, war es nicht verwunderlich, dass er mich nicht einlud, wiederzukommen. Ilse lud ihn auch nicht zu sich nach Hause ein. Mir schien, dass die Vergangenheit vorbei war. Überwunden.

Ich erlaube mir zu weinen

Als ich in dieser Nacht im Bett lag, dachte ich an all den Schmerz und das Leid, das ich in meinem Leben ertragen musste, und ich konnte die Tränen nicht mehr zurückhalten. Ich weinte, bis ich den Kummer, der tief in mir wohnte, losgeworden war. Irgendwann schlief ich ein.

In den nächsten Tagen fanden Ilse und ich Wege, uns zu entspannen, indem wir gemeinsam einkauften und zu Mittag aßen. Ich sah auch unsere Geschwister und ihre Familien, als Ilse sie eines Abends zum Essen einlud.

Als es an der Zeit war, Wilhelmshaven zu verlassen, fuhr Ilse mich zum Bahnhof, wo wir uns unter Tränen verabschiedeten. Ich nahm den Zug nach Hagen und hatte einen wundervollen Besuch bei Tante Erna für ein, zwei Tage, bevor ich nach Frankfurt weiterfuhr, um nach Hause zu fliegen.

Ich hatte eine Woche in Deutschland verbracht, eine Woche voller aufwühlender Gefühle. Ich erinnere mich, wie wütend ich geworden war, als mein Schwager die Vereinigten Staaten kritisiert hatte. Ich war nicht in Amerika geboren, aber ich betrachtete die USA jetzt als meine Heimat. Ich hatte meinen Mann und meine Kinder sehr vermisst – und auch meine Freunde und Nachbarn. Als der Tag kam, an dem ich nach Minneapolis zurückkehren sollte, war ich froh. Endlich durfte ich wieder nach Hause.

IM INNEREN DES DAMPFKOCHTOPFS (1979 -1986)

Meine Rückkehr aus Deutschland war mittlerweile etwa eine Woche her. Ich hörte weiterhin den Predigern im Radio zu, sie gaben mir großen Trost. Meine Gebete waren jedoch noch ausbaufähig, und so freute ich mich, eine Bibelstudiengruppe im Haus von Gloria, einer baptistischen Freundin, zu besuchen.

Kurz darauf meldete ich mich freiwillig, die Bibelstunde bei mir zu Hause zu veranstalten. Ich freute mich sehr darauf. An jenem Tag, an dem sich die Gruppe treffen sollte, öffnete ich die Fenster, um eine frische Juni-Brise ins Haus zu lassen. Draußen sangen die Vögel; drinnen fühlte sich mein Herz leicht an. Es war einer dieser perfekten Momente, in denen ich dankbar für all die schönen Dinge war, die Gott geschaffen hatte.

Es läutete an der Tür – sie waren da. Bald waren wir zu fünft in die Lektüre vertieft. Wenig später fiel mir auf, wie aufdringlich Gloria wurde, als sie meine Zeit für sich einforderte.

„Ich weiß, was du brauchst, Gerda“, beharrte Gloria. „Du und ich sollten mindestens drei Tage in der Woche eine Gebetsstunde abhalten und die Bibel lesen – vielleicht auch öfter.“

‚Nein‘ sagen: klappt doch!

„Entschuldigung?“, wollte ich sagen. Ich hätte wohl dankbar sein sollen, dass sie mir helfen wollte, aber ich nahm es ihr übel, wie ein Kind behandelt zu werden.

Gloria erinnerte mich an meinen Vater, und sie löste in mir die Angst aus, von einer übergriffigen Person kontrolliert zu werden.

„Mensch, es tut mir leid, Gloria“, sagte ich fest. „Ich habe vor, an einer Studiengruppe in meiner Kirche teilzunehmen, also werde ich nicht in der Lage sein, so viel Zeit mit dir zu verbringen.“

Wir beendeten unser Studium sowie die Andacht und hatten danach unseren üblichen Kuchen und Kaffee. Aber ich war froh, dass ich einen positiven Weg gefunden hatte, meine Gefühle auszudrücken. Ich war stolz, dass ich meine neuen Fähigkeiten eingesetzt hatte.

Rückkehr von Wut und Schmerz

Später an diesem Tag erledigte ich ein paar Aufgaben im Haus und schaffte es, mich ein wenig um den Garten zu kümmern. Während ich das untere Beet jätete, dachte ich über Glorias unhöfliches und forderndes Verhalten von vorhin nach, und meine Wut kam wieder hoch. Umgeben von den majestätischen Blaufichten und einer Fülle von bunten Blumen versuchte ich, mich auf Gottes Schönheit zu konzentrieren, wie ich es am Morgen getan hatte.

Das friedliche Gefühl kehrte jedoch nicht zurück, und als ich an das Abendessen dachte, hatte ich die schlimmsten Kopfschmerzen aller Zeiten. Ich versuchte es mit einem Eisbeutel, aber das linderte das Hämmern in meinem Kopf nicht. Ich beschloss, am Abend das ambulante Programm des Krankenhauses zu besuchen. Was für ein Geschenk des Himmels, dass mir dies zur Verfügung stand.

Als Kim und Carl von der Schule nach Hause kamen, fragte ich, ob es ihnen etwas ausmachen würde, auf das Abendessen zu verzichten. Sie saßen mit Keksen und Milch vor dem Fernseher und waren ruhig, bis Dallas von der Arbeit nach Hause kam. Er warf einen Blick auf mein Gesicht und fragte:

„Was ist los?"

„Mein Kopf tut ganz oben weh; er fühlt sich an wie ein Dampfkochtopf, der gleich explodiert", murmelte ich leise. Es tat weh zu sprechen, aber ich fuhr fort: „Ich habe eine Schmerztablette genommen und einen Eisbeutel aufgelegt, aber nichts hilft. Ich werde heute Abend zu Dr. Pillings Vortrag gehen."

Dallas wusste, dass es zwecklos war, mich zu überreden, zu Hause zu bleiben. Zur Not würde ich ein Taxi nehmen.

Die Fahrt zur Vorlesung war schwieriger, als ich erwartet hatte. Der Berufsverkehr verschlimmerte meine Kopfschmerzen, aber ich fuhr weiter. Als ich auf den Parkplatz einbog, entdeckte ich Dr. Pilling. Ich rannte los, um ihn einzuholen und packte ihn am Ärmel.

„Oh, Dr. Pilling, können Sie mir helfen? Ich habe rasende Kopfschmerzen!"

„Tut mir leid, das zu hören", sagte er.

Ich schilderte ihm, was ich in den letzten Wochen erlebt hatte.

„Sie müssen eine Menge ungelöster Probleme im Kopf haben, habe ich recht?"

Ich konnte nur zustimmen. „Als ich vor einer Woche aus Deutschland zurückkam, wollte mein Mann einen kurzen, fünfzehnminütigen Bericht. Danach hat er die Reise nie mehr erwähnt. Ich hatte eine ziemlich emotionale Zeit dort, aber er wollte nicht darüber sprechen. Für ihn war das Thema damit abgeschlossen."

„Was hält Sie also davon ab, sich mit Dallas zusammenzusetzen und ihm alles zu erzählen, was Sie wollen, egal, wie lange es dauert?"

„Nun, ich fühle mich schlecht, weil er so hart arbeitet. Ich möchte ihn wirklich nicht belästigen."

Dr. Pilling konterte: „Ihre Rücksichtnahme ist bewundernswert, aber wann werden Sie lernen, sich um sich selbst zu kümmern? Verstehen Sie nicht, dass Sie sich selbst lieben und für sich sorgen müssen, bevor Sie jemand anderem helfen können?"

Ich ließ das Gesagte einen Moment lang auf mich wirken. Dr. Pilling lud mich ein, zur Vorlesung zu bleiben, wenn ich wollte, aber er empfahl mir, nach Hause zu gehen und mich um meine unerledigten Angelegenheiten zu kümmern. Er lächelte.

„Ich kann Ihnen fast garantieren, dass Ihre Kopfschmerzen verschwinden werden."

Ich drehte mich sofort um und machte mich auf den Heimweg. Bei ihm klang es so einfach, dachte ich, als ich zurückfuhr. Aber ich wusste, dass er recht hatte. Dallas war an mein altes Ich gewöhnt, an die Frau, die den Haushalt führte, sich um die Kinder kümmerte und ein wenig ehrenamtlich arbeitete. An diejenige, die immer nette Dinge für alle tun musste.

Sei der Mensch, als der du behandelt werden willst

Ich schätze, ich war selbst schuld und verantwortlich dafür, ständig nett zu anderen zu sein und nicht zu sagen, was ich für mich brauchte. Zum Beispiel fuhr ich einen Sommer lang jede Woche in eine kleine Stadt im ländlichen Minnesota, die sich keinen Deutschlehrer leisten konnte. Ich tat dies zwei Monate lang und fuhr fast zwei Stunden pro Strecke, um acht verschiedene Klassen zu unterrichten: angefangen mit dem Kindergarten, dauerte jede Unterrichtseinheit

20 Minuten. Die Schüler waren eifrig am Lernen, und der Lehrer schätzte meinen Einsatz, aber es war anstrengend.

Wenn Dallas mich also wie eine Person behandelte, die keine eigenen Bedürfnisse hatte, dann deshalb, weil ich mich wie eine solche verhielt.

Den Rest der Heimfahrt verbrachte ich damit, mir einen Plan zu überlegen.

Als ich zu Hause ankam, war ich froh, dass die Kinder draußen spielten. Ich ging in die Küche und stemmte die Hände in die Hüften.

„Was machst du jetzt gerade?“, fragte ich meinen Mann.

„Ich habe etwas Arbeit mit nach Hause gebracht“, antwortete er.

Bedürfnisse und Emotionen ausdrücken

„Das wird warten müssen. Ich muss mit dir reden. Dr. Pilling hat mich nach Hause geschickt und mir gesagt, du sollst mir zuhören, bis ich dir alles über meinen stressigen Besuch in Deutschland erzählt habe. Er sagte, meine Gefühle sind alle aufgestaut. Ich muss einige meiner Erfahrungen mit dir teilen, aber du scheinst keine Zeit für mich zu haben.“ Ich behielt meine aufrechte Körperhaltung bei. „Und Dr. Pilling sagte, dies sei die Ursache für meine Kopfschmerzen.“

Das Gesicht meines Mannes zeigte seinen Unmut über die Einschätzung von Dr. Pilling. Aber er hatte mein Wohl im Sinn und schlug vor, dass wir nach draußen gehen und uns auf die Veranda setzten. Wir unterhielten uns eine Stunde lang und entdeckten gemeinsam etwas Wunderbares: Sich mitzuteilen kann Spaß machen. Als der Abend dunkel wurde, waren die schlimmsten Kopfschmerzen verschwunden.

Ich habe an diesem Abend eine wertvolle Lektion gelernt: Es ist wichtig, dass ich nicht so leicht aufgebe. Ich musste an meiner

Entschlossenheit arbeiten, musste stärker für meine Bedürfnisse einstehen, ich musste meinen Gefühlen Gehör verschaffen.

Hier ist ein gutes Beispiel für mein neues Verhalten: Wenn ich mir früher einen Film ansah, in dem Kinder litten, verband ich deren Leiden oft mit meiner eigenen Kindheit, aber ich erlaubte mir nie zu weinen. Jetzt, wenn mir nach Weinen zumute ist, tue ich es. Ich lasse Emotionen zu, gebe ihnen eine Chance, verarbeitet zu werden.

Ich kam bald darauf zu der Erkenntnis, dass es richtig war, Deutschland zu verlassen. Ich habe in meiner neuen Heimat die Familie gefunden, die ich in der alten Heimat nicht gehabt hatte. Natürlich hatten all die schwierigen Erfahrungen und Konflikte in Deutschland seelische und körperliche Schmerzen in mir verursacht, doch nun lernte ich in meiner neuen Heimat effektive Strategien, um mit meinen Problemen umzugehen. Ich hörte weiter meine Entspannungskassetten, begann wieder Tennis zu spielen und trainierte, wenn mein Rücken schmerzte. Es war nun an der Zeit, dass Gerda sich um Gerda kümmerte.

Das Leben war gut zu Dallas und mir. Mein Mann erhielt von IBM Reisen als Anerkennung für seine Leistung, und so konnten wir wunderbare Urlaube auf den Bermudas, in Florida und auf Hawaii machen. Mit den Kindern unternahmen wir häufig Campingausflüge, und unser Familienleben verlief weiterhin positiv.

Durch die Eheberatung lernte ich, dass Dallas Zeit zum Nachdenken brauchte, wenn ich ihm eine Frage stellte. Ich lernte, darauf zu warten, bis er mir eine Antwort gab. Naja, gelegentlich ließ seine Antwort schon lange auf sich warten.

„Denkst du noch nach, oder hast du die Frage vergessen?“, fragte ich dann. Darüber konnten wir lachen. Aber ich war eine gute Schülerin und stürzte mich auf die neuen Strategien, die tatsächlich funktionierten.

Edina war eine wohlhabende Gemeinde in Minnesota, und ein großer Teil der Bevölkerung hatte einen Hochschulabschluss.

Ich war von gebildeten Freunden und Bekannten umgeben und dachte, dass ich mich vielleicht am College einschreiben sollte. Viele Leute ermutigten mich: Dr. Pilling, die Radioprediger Dr. Swindoll und Dr. Dobson und die Eheberater.

Also schrieb ich mich am örtlichen Community College ein, absolvierte einige Unterrichtsstunden und wechselte dann an die Universität von Minnesota. Mein Ziel war es, Familientherapeutin zu werden, und ich wollte mit Teenagern arbeiten. Bald bekam ich meine Chance. Um meinen Abschluss zu machen, musste ich eine bestimmte Anzahl von Stunden ehrenamtlich arbeiten. Ich machte ein Praktikum bei The Bridge, einer Einrichtung in Minneapolis, die sich um weggelaufene und straffällige Teenager kümmerte. Die Zeit, die ich dort verbrachte, war lohnenswert, und ich war froh, ein Teil der Einrichtung zu sein.

Inzwischen waren Kim und Carl Teenager und taten die üblichen Dinge neben der Schule, wie Autofahren und nachts ausgehen. Ich konnte mich nicht beschweren, sie hatten einen guten Freundeskreis, und beide wuchsen zu klugen jungen Menschen heran.

Aber Eltern machen sich Sorgen, egal wie gut ihre Sprösslinge sind. Wir atmen erst auf, wenn die Kinder abends in ihren Betten liegen. Da Dallas' Vater ein Problem mit Alkohol hatte, beschloss ich, einen Abendkurs über Alkoholismus zu belegen. Ich machte mir Notizen, las ein Buch darüber und lernte, worauf man im Verhalten von Jugendlichen achten musste, wenn sie mit Gleichaltrigen zu tun hatten, die Alkohol konsumieren könnten.

Leben mit Schicksalsschlägen

Paradoxerweise kam die Gefahr von einer ganz anderen Seite. An einem kühlen Morgen im Mai 1986, als der Duft von blühendem Flieder in der Luft lag, musste ich für einige Stunden das Haus verlassen. Dallas war im Büro. Kim war an der Universität von Minnesota, wo sie immatrikuliert war und auf dem Campus wohnte. Carl, der noch zur Schule ging, war gerade aus dem Schlaf erwacht. Obwohl es ein Wochentag war, hatte er am Abend zuvor gebeten, zu Hause bleiben zu dürfen. Ich erlaubte es ihm, da er ein außergewöhnlich guter Schüler war.

Ich rief Carl zu: „Ich werde für eine Weile nicht zu Hause sein; kommst du zurecht?"

Er versicherte mir, dass er sich sein Mittagessen selbst zubereiten könne, also ging ich zur Tür hinaus.

Ich kam gegen vier Uhr nachmittags nach Hause. Als ich mich unserer Straße näherte, konnte ich nicht glauben, was ich sah. Der Häuserblock war abgesperrt, und es wimmelte von Feuerwehrfahrzeugen, Polizeiautos, Pressefahrzeugen und einem Krankenwagen.

Blinkende rote und blaue Warnlichter verstärkten meine Aufregung. Als ich näherkam, sah ich zu meinem Entsetzen, dass Flammen durch das Dach unseres Hauses schossen. Ich parkte das Auto und rannte los. Panik ergriff mein Herz: Mein Sohn ist da drin!

Ich hielt an, um Luft zu holen, und war erleichtert, als ich Dallas und Kim sah, die unsere Haustiere hielten.

„Ist Carl in Ordnung?", fragte ich und schnappte nach Luft.

„Gerda, es geht ihm gut", versicherte mir Dallas schnell. „Er wusste, dass er wegen des Feuers nichts tun konnte, also hat er seinen Zahnarzttermin wahrgenommen." Ich nahm einen tiefen Atemzug und war wie betäubt. Gott sei Dank waren alle am Leben!

Der Versicherungsagent kam, um ein paar vorläufige Dinge durchzugehen. Überraschenderweise trauerte ich nicht um die Sachen im Haus. Ich war allerdings furchtbar dankbar, als einer der Feuerwehrleute mit gerahmten Fotos von den Wänden kam und mir versicherte, dass er die Mahagonimöbel mit einer schweren Plane abgedeckt hatte. „Sie können restauriert werden", sagte er mir.

In meinem Schockzustand zählte ich alle Tragödien meines Lebens auf: Ich war bombardiert worden, wäre als Kind fast an einer

Krankheit gestorben, ich hatte meine Mutter verloren, man hatte mich vergewaltigt und ich hatte einen grausamen Vater. Ich war oft allein und verlassen gewesen und hatte um mein Leben kämpfen müssen.

„Lieber Gott", dachte ich, „warum muss ich das auch noch ertragen?"

Aber Gott wollte mir nichts erklären, zumindest nicht im Moment. Wir durchstöberten die ausgebrannte Wohnung, um alles zu entfernen, was wiederhergestellt werden konnte.

Unsere Kleidung musste in eine Spezialreinigung, Porzellan und Kristallgläser wurden eingepackt. Alles andere war völlig durchnässt und roch nach Rauch.

Das Feuer war auf dem Dachboden ausgebrochen, wo Drähte zu heiß geworden und durchgeglüht waren. Das Dach musste geöffnet werden, und die Isolierung fiel auf den Boden. Wir standen stundenlang in dem knietiefen Dreck und versuchten zu retten, was zu retten war.

Für die viereinhalb Monate, die der Wiederaufbau unseres Hauses dauerte, mieteten wir eine Wohnung. Doch damit war die Sache nicht ausgestanden: Ich verlor meine Bücher, Papiere und Skripte aus meinem Studium. Ich fand es erdrückend, das Haus von Grund auf wiederaufbauen zu müssen. Ich konnte mich nicht mit dem Gedanken anfreunden, wieder zur Uni zu gehen.

Ich betete zu Gott, er möge mich leiten. „Gott, willst du, dass ich aufhöre?", fragte ich. Die Antwort war in meinem Kopf: Du kannst Menschen helfen, ohne einen Abschluss zu haben. Die Sache war erledigt: Ich brach mein Studium ab und konzentrierte mich auf das Leben, das vor mir lag.

Das Datum des Brandes war der 6. Mai 1986. Vier Tage später erhielt ich einen Brief, in dem mir der Tod meines Vaters mitgeteilt wurde. Es mag hart klingen, und es kann sein, dass man gut über dysfunktionale Familien Bescheid wissen muss, um es nachvollziehen zu können, aber der Verlust meines Hauses war noch verheerender als der Verlust meines Vaters.

ZUM SCHLUSS: WIE WIR AUFBLÜHEN

Manchmal werde ich gefragt: „Fühlst du dich in Deutschland oder hier zu Hause?"

Auch auf diese Frage habe ich eine Antwort, und sie fällt mir leicht. Ich zeige mit dem Finger in den Himmel und sage: „Ich bin nur auf der Durchreise; ich gehe in meine himmlische Heimat, wenn Gott denkt, dass meine Arbeit auf der Erde getan ist."

Aber es gibt noch viele Dinge, die ich gerne tun würde, während ich hier unten bin. Gott und ich sprechen täglich über mein Leben, und ich achte auf das, was er mit mir vorhat. Ich habe gelernt, still zu sein, damit ich zuhören und seine Führung suchen kann. Das Leben war eine ziemlich steinige Reise für mich, aber Gott hat mich immer hindurchgetragen. Er ließ mich die Schönheit und den Zauber der Eisblumen an den kalten Fenstern sehen, als meine Schwestern und ich versuchten, uns zu wärmen. Er ließ uns nicht verhungern. Er beschützte meine Familie während der Luftangriffe. Seine liebevollen Arme legten sich um mich, als unsere Mutter Dorothy starb. Er gab mir Mut, Humor und einen starken Überlebensinstinkt. Ich kann ehrlich sagen, dass Gott meine Reise nach Amerika motiviert hat.

Ich hoffe aufrichtig, dass meine Geschichte die Leser dazu inspiriert, Gott ernst zu nehmen und die Reise mit Ihm früher zu beginnen, als ich es tat. Die einzige Entschuldigung, die ich anbieten kann, ist, dass mein Herz und mein Verstand emotional nicht gesund genug waren, um die Liebe Jesu früher durch meine Adern fließen zu lassen.

Ich habe immer noch ein starkes Verlangen, anderen in Not zu helfen. Indem ich anderen diene, diene ich auch Ihm. Ich habe eine Hospiz-Ausbildung in Minnesota und Florida absolviert, um Menschen die letzten Tage auf Erden zu erleichtern. Vor drei Jahren habe ich bei der christlichen Bildungsorganisation Stephen Ministries eine intensive Ausbildung gemacht, um Menschen, die leiden, Gottes Liebe nahezubringen. Diese Fortbildung vermittelt Laien das Wissen und die Fähigkeiten, ein mitfühlender christlicher Betreuer zu werden.

Wertschätzung Leidvoller Erfahrungen

Unsere Tochter Kim ist meine Freundin und meine Inspiration. Sie und ich haben lange Gespräche über Gott und das Leben. Wenn ich mich über Gott ärgere, weil er mein Leben nicht harmonischer gemacht hat, erinnert Kim mich daran:

„Mutter, du musstest all diese Lektionen lernen, damit Gott dich wirklich gebrauchen kann!“

Früher war ich neidisch auf amerikanische Kinder, die ein besseres Leben hatten als ich. Sie hatten gute Eltern, eine religiöse Erziehung, eine gute Ausbildung. Sie heirateten und wurden mit einer gesunden Familie gesegnet. Jetzt denke ich nicht mehr so und bin nicht mehr neidisch. Heutzutage kann ich den Segen in meinem Leben erkennen.

Dallas und ich sind 1998 nach Venice, Florida, gezogen. Wir fühlen uns gesegnet, in so einem schönen Staat zu leben. Die Sommerhitze macht uns nichts aus, sie ist ein völliger Kontrast zu den kalten Wintern in Minnesota, wo wir 28 Jahre lang lebten. Dallas und ich haben mehr als 40 Hochzeitsjubiläen gefeiert. Unsere Ehe war manchmal kompliziert, aber wir liebten uns genug, um

Hilfe zu suchen, als wir sie brauchten. In angespannten Ehen läuft ein Ehepartner entweder weg oder er bleibt. Ich bin sehr glücklich, dass Dallas geblieben ist und mich auf meinem Weg unterstützt hat.

Ich fühle mich auch gesegnet mit meiner wunderbaren Familie. Es wäre vielleicht einfacher gewesen, unsere Kinder zu erziehen, wenn ich die lebensverändernden Werkzeuge von Dr. Pilling früher gelernt hätte. Einen Teil ihres Lebens hatten unsere Kinder eine Mutter, die von chronischen Schmerzen geplagt war und mit ihren unterdrückten Gefühlen nicht umgehen konnte.

Doch unsere Kinder hatten das Glück, Eltern zu haben, die sie liebten und ihnen Essen, Kleidung und ein Dach über dem Kopf bieten konnten. Sie hatten auch eine Menge Schönes, darunter Reitstunden und Klavierunterricht. Ich bin froh, dass ich ihnen diese Träume erfüllen konnte, aber ich wünschte mir, ich wäre in der Lage gewesen, ihnen mehr emotionale Unterstützung zu geben. Sie sagen mir, ich sei zu hart zu mir selbst, dennoch hätte ich gehofft, es wäre anders gewesen.

Lange Zeit schaffte ich es nicht, bei meinen ehrenamtlichen Tätigkeiten mit Kindern zu arbeiten. Es war einfach zu schwierig für mich. Aber ich habe gelernt, dies mit Gottes Führung zu tun. Wenn ich jetzt mit Kindern spreche, habe ich keine Angst, auf die Knie zu gehen, ihnen in die Augen zu schauen und zu versuchen, ihre Freuden und Schmerzen zu verstehen.

Unsere Kinder haben in ihrem Leben schon viel erreicht. Unsere Tochter Kim lebt in Kalifornien und arbeitet seit 20 Jahren bei SAGE Publications. Obwohl sie in ihrem Job sehr erfolgreich ist, wird sie immer mein kleines Mädchen sein, und ich schätze unsere gemeinsame Zeit.

Unser Sohn Carl ist Neurologe und lebt in Maine. Er heiratete 1992 Kerry Breen, sie haben zwei großartige Söhne, Tyler und Alec, die jetzt Teenager sind. Carl ist ein vollkommen, engagierter Familienmensch. Ich liebe sie alle.

Es ist mein sehnlichster Wunsch, dass ich für den Rest meines Lebens eine besondere Beziehung zu jedem meiner Familienmitglieder haben werde.

Ich bin achtsam, was mein Körper mir zu sagen versucht. Wenn ich körperliche Beschwerden habe – die üblichen Wehwehchen eines älteren Menschen –, beginne ich mit einer rezeptfreien Schmerztablette. Wenn mein Rücken schmerzt, greife ich auf meine Bodenübungen zurück, um die Muskeln zu dehnen und zu stärken. Wenn diese ersten Schritte die Schmerzen nicht lindern, gehe ich zum Arzt. Wenn alles in Ordnung ist und ich immer noch Schmerzen habe, gehe ich zu meinem jetzigen Therapeuten, Dr. Christopher Cortman.

Den richtigen Arzt oder Therapeuten zu finden ist die halbe Miete. Ich bin zu der Überzeugung gelangt, dass es genauso schwierig sein kann wie die Suche nach dem richtigen Partner. Dr. Cortman und ich untersuchen die Ursache und Wirkung meiner Sorgen. Wenn ich meine Gefühle durchdenke und verarbeite, bin ich am Ende meist wieder schmerzfrei. Bis jetzt konnte ich schwerere Medikamente vermeiden. Dr. Cortman ist ein Geschenk des Himmels. Sein Fachwissen, seine Einsichten und sein Mitgefühl helfen mir, auf dem richtigen Kurs zu bleiben.

Ich hoffe, dass meine Lebenserfahrungen die Leser dazu ermutigen, sich mit ihrem Herzen zu verbinden und zu lernen, ihre Gefühle auszudrücken. Wenn Sie sich über etwas freuen, zeigen Sie es. Wenn Sie jemand verärgert, finden Sie einen Weg, es ihm oder ihr zu sagen, ohne Ärger oder Groll zu provozieren.

In Kontakt Mit Dem Körper Und Den Gefühlen

Dr. Pilling ermutigte mich, meine Gefühle so leicht zuzulassen, wie ich ein- und ausatme. Lassen Sie Verletzungen nicht eitern – bitten Sie um Vergebung, wenn Sie jemandem Unrecht getan haben, vergeben Sie, wenn Ihnen Unrecht getan wurde, und gehen Sie dann weiter.

Ich frage mich oft, was aus mir geworden wäre, wenn ich Dr. Pilling nicht getroffen hätte. Sein Fachwissen, den Körper mit dem Geist zu behandeln, hat entscheidend dazu beigetragen, dass ich wieder gesund wurde. Ich kann nur sagen, dass es Gottes Plan war, dass ich ihn getroffen habe.

Es hat mich viele Jahre gekostet, diese Lektionen zu lernen, aber ich bin glücklich mit den Ergebnissen. Ich hätte niemals geglaubt, dass ich in meinen Siebzigern ein so aktives Leben führen würde, wie ich es jetzt tue. Ich spiele Tennis und Golf, arbeite ehrenamtlich in meiner Kirche und erfreue mich guter Gesundheit und Zufriedenheit. Ich kann nicht genug betonen, wie wichtig es ist, mit unterdrückten Emotionen umzugehen, und wie verheerend es für die eigene körperliche und emotionale Gesundheit sein kann, sie zu ignorieren.

ERSTE-HILFE-TIPPS

Die Heilung von jahrelang aufgestauten Emotionen, die durch ein Trauma hervorgerufen wurden, ist kein schneller oder einfacher Prozess. Ich hoffe, mein Buch hat das deutlich gemacht. Aber nicht alle haben die Möglichkeit, sich für mehrere Wochen in eine Klinik zu begeben oder sich kontinuierlich mit einem Therapeuten auszutauschen. Manche Menschen scheuen aus Angst vor Stigmatisierung vor einer Therapie zurück, oder es fehlt ihnen der Glaube an die Wirksamkeit der Behandlung. Viele fürchten sich vor dem, was sie über sich selbst herausfinden könnten. Glücklicherweise gab es auf meinem Weg einige Momente, an denen bestimmte Verletzungen durch direkte Interventionen geheilt werden konnten, ohne das lange und teure Therapien nötig waren. Ich nenne diese Maßnahmen ‚Erste-Hilfe-Tipps', und die wichtigsten möchte ich hier vorstellen.

Tipp 1: Gefühle Ausleben

Ich erinnere mich deutlich an die Worte von Dr. Pilling. Während einer seiner Vorlesungen erklärte er, dass wenn Gefühle lange Zeit unterdrückt wurden und plötzlich an die Oberfläche kommen, seltsame Dinge mit unserem Körper passieren. Die Gefühle ähneln einem Ozean: Manchmal sind die Wellen wild und unkontrollierbar, ein anderes Mal herrscht eine sanfte Ruhe. Das Hauptziel, so riet der Arzt, sei es, die Wellen zu reiten, anstatt zu versuchen, sie zu zähmen. So habe ich gelernt, die Wellen zu reiten.

Eines Tages, als Dallas bei der Arbeit und die Kinder in der Schule waren, beendete ich meine Hausarbeit und genoss eine seltene Zeit, in der ich mich an Dinge erinnerte, über die ich schon lange nicht mehr nachgedacht hatte. Ich dachte daran, wie viel Glück meine Kinder hatten: Sie hatten liebevolle Eltern, sie hatten die Möglichkeit, eine Ausbildung zu machen. Sie waren gut ernährt und kannten nicht die Verzweiflung, die Hunger mit sich bringen kann. Am wichtigsten aber war, dass sie in einem freien Land lebten.

Was für ein krasser Gegensatz zu meiner unglücklichen Jugend! Je mehr ich über meine traurige Kindheit nachdachte, desto mehr war mir nach Weinen zumute.

Ich ging in unser Schlafzimmer und legte mich auf das Bett. Ich umarmte mein Kissen und begann zu schluchzen, wie ich es noch nie zuvor getan hatte. Das Telefon klingelte, aber ich ignorierte es. Ich war nicht in der Stimmung, mit jemandem zu sprechen. Ich weiß nicht mehr, wie lange ich dort lag, bevor ich in völlige Verzweiflung fiel. Irgendetwas musste passieren.

Ich konnte eine Valium-Tablette nehmen, mir einen starken Drink einschenken oder einen Platz finden, um ein paar Tennisbälle zu schmettern. Ich entdeckte, dass ich eine Menge Wut loswerden konnte, wenn ich auf einen Tennisball schlug. So baute ich nicht nur meinen Stress ab, sondern verbesserte auch mein Spiel.

Das Schlagen von Tennisbällen war die klügste Entscheidung. Ich zog mich in aller Eile an, schnappte mir meinen Schläger und nahm einen Vorrat an Tennisbällen mit. Ich hoffte, dass der Platz mit der Tennisübungswand an der hiesigen Realschule frei war.

Ich wollte gerade gehen, als es an der Tür klingelte. Ich öffnete die Tür, und Sukran, eine liebe Freundin von mir, stand da. Ihr hübsches Gesicht trug ihr übliches ansteckendes Lächeln. Sie wurde in der Türkei geboren.

„Hallo, meine liebe Freundin“, sagte ich und umarmte sie im Vorbeigehen mit einem Arm. Sie begann etwas zu sagen, aber ich unterbrach sie. „Ich kann jetzt nicht reden, ich bin auf einer

Mission. Ich rufe dich heute Nachmittag an“, sagte ich und winkte ihr zum Abschied zu. Ich ließ sie vor der Haustür stehen und ging zu meinem Auto.

Auf dem Weg zu den Tennisplätzen erlag ich meinen alten Ängsten. Wäre es besser gewesen, in Deutschland zu bleiben? Was habe ich jetzt für Möglichkeiten? Ich war müde von all den Gespenstern, die mich verfolgten, müde von den Fragen und Zweifeln, die mich plagten, und müde davon, müde zu sein.

Innerhalb von zehn Minuten kam ich an den Tennisplätzen an und war erleichtert, dass ich allein war. Ich fing an, die Bälle zu schlagen, zuerst ganz locker und leicht. Dann begann ich, mit mehr Kraft gegen die Übungswand zu spielen. Bald schwitzte ich und atmete schwer, aber es war noch nicht genug. Mit aller Kraft schlug ich den Ball noch härter.

Ich dachte an jeden Menschen, der mir wehgetan hatte: Hitler, weil er den Krieg angezettelt hatte, mein Vater, weil er meine Existenz verachtete, meine Mutter, weil sie zu jung gestorben war. Die Bälle wurden immer schwerer zu schlagen, und meine Energie schwand, aber ich machte weiter. Ich dachte an jede Person, die jemals ein unfreundliches Wort zu mir gesagt hatte. Ich war wütend, dass ich es nicht immer geschafft hatte, für mich selbst einzustehen.

Vielleicht hätte ich wütend auf Gott sein sollen. „Warum ich? Warum gerade ich? Warum musste ich all diese Schmerzen erleben?“, schrie ich wieder und wieder. Schließlich war ich so erschöpft, dass ich mich auf den Rasen vor den Courts fallen ließ und unkontrolliert weinte.

Wenn mich jemand so gesehen hätte, wäre ich sicher ins Krankenhaus gebracht worden. Aber nicht bei Dr. Pilling. Ich glaube, er wäre stolz auf mich gewesen, weil ich mit meinen Gefühlen in Kontakt kam und lernte, mit dem enormen Aufruhr in meinem Herzen umzugehen.

Schließlich stand ich auf, wischte mir die Augen und schleppte meinen Körper zurück zum Auto. Ich schniefte den ganzen Weg nach Hause. Ich wanderte in den Hinterhof und fühlte mich schuldig, weil ich wütend auf Gott war. Ich konnte diese Wut immer noch nicht loslassen.

Tante Erna hatte mir immer wieder gesagt: „Du kannst nicht in den Himmel kommen, wenn du anderen nicht vergeben hast – Du musst deinem Vater vergeben."

Mir wurde klar, dass ich gerade unkontrollierbare Wellen von Emotionen erlebte, vor denen Dr. Pilling mich gewarnt hatte. Er hatte Recht, die Wellen waren riesig.

In gewisser Weise fühlte es sich gut an, meine Wut an allen auszulassen, auch an Gott. Ich wusste, dass ich mit der Zeit in der Lage sein würde, ihnen allen zu vergeben, auch wenn ich das jetzt noch nicht konnte.

Bevor der Tag zu Ende war, konnte ich mit Gott sprechen und ihm dafür danken, dass er mit mir durch den schrecklichen Sturm meiner Gefühle gegangen war. Ich fragte demütig, ob Er mir für meine negativen Gedanken vergeben würde.

Aber ich spürte, dass Er mich zu stillen, ruhigen Wassern führen würde. Ich wollte Geduld mit mir haben, ich wusste, dass Gott noch nicht fertig mit mir war.

Tipp 2: Sich Von Seelischem Ballast Befreien

Als unsere Kinder bereits erwachsen waren, saß ich an einem Wintermorgen mit meinem Kaffee da, schaute auf unseren Garten und genoss den Moment. Die Kiefern sahen spektakulär aus, eingehüllt in einen Mantel aus frisch gefallenem Schnee. Ein Baum sah besonders hübsch aus – es war die Blaufichte, die Dallas mir sechs Jahre zuvor geschenkt hatte. Er hatte sie am ersten Muttertag gepflanzt, den wir in Minneapolis gefeiert haben, nachdem wir von St. Louis, Missouri, hierhergezogen waren. Es war eine Freude gewesen, sie über die Jahre wachsen zu sehen. Es schien, als habe Gott sie selbst in Form geschnitten, so perfekt war sie.

Am liebsten wäre ich so sitzen geblieben, aber ich wusste, dass ich meine täglichen Aufgaben zu erledigen hatte. Ich wollte mich mit meiner Freundin Janice zum Mittagessen zu treffen. Als gute deutsche Hausfrau wollte ich, bevor ich das Haus verließ, etwas Ordnung schaffen. Also räumte ich ein wenig auf und behielt dabei ich die Uhr im Auge, denn ich wollte nicht zu spät kommen – meine typisch deutsche Pünktlichkeit habe ich mir über all die Jahre erhalten.

Vor mich hin summend und putzend ging ich meine alltäglichen Aufgaben mit leichtem Herzen an. Ich weiß nicht mehr, warum ich so glücklich war, vielleicht hatte die friedliche Landschaft in unserem Garten meine Seele beruhigt, vielleicht freute ich mich auf Janices Gesellschaft.

Ich hatte sie durch unsere Ehemänner kennengelernt, die beide bei IBM arbeiteten. Schon bei unserer ersten Begegnung hatte ich mich in ihrer Gesellschaft wohl gefühlt. Janice mochte es, die Dinge langsam anzugehen. Ich tat das nicht. Aber wir verstanden uns trotzdem prächtig. Es ist viel dran am Sprichwort, dass Gegensätze sich anziehen würden. Nachdem ich einen letzten Blick auf mein pikobello geputztes Haus geworfen hatte, war ich bereit, zu ihr zu fahren und sie zu treffen.

Als ich gerade zur Garage ging, ertönte eine Sirene. Es musste 13 Uhr sein, dachte ich. Ich wusste, die Stadt testete die Sirenen jeden ersten Mittwoch im Monat um diese Zeit. Der schrille Ton weckte in mir unangenehme Erinnerungen an die Zeit zwischen meinem dritten und siebten Lebensjahr, an die Kriegszeit in Wilhelmshaven. Monat für Monat musste ich die Vorliebe der guten Stadt Minneapolis ertragen, ihre Geräte zu testen. Das durchdringende, wogende Geräusch löste tief in meiner Seele ein ungutes Gefühl aus. An diesem Tag war es schlimmer als sonst. Die

Intensität meiner Angst drängte mich zurück ins Haus. Ich rief meine Freundin an.

„Janice, ich kann im Moment nicht aus dem Haus gehen. Ich bin so hibbelig und nervös." Mein Mund fühlte sich trocken an. Meine Beine und Arme waren taub. „Es tut mir so leid; ich muss dir absagen."

„Das ist schade", sagte sie, und Enttäuschung färbte ihre Stimme.

„Ich wünschte, ich könnte dir helfen, Gerda." Sie wusste viel über menschliche Gefühle, und ich wusste, dass ihre Absichten aufrichtig waren. „Bist du sicher, dass du zu Hause bleiben willst? Warum kommst du nicht rüber, damit wir darüber reden können?"

„Nein, ich kann nicht", sagte ich, „nicht heute."

Ich sagte ihr, dass ich einen Weg finden müsse, um mich zu beruhigen, und dann legten wir auf. Als die Angst immer größer wurde, versuchte ich, eine Gospelmusik-Kassette zu hören. Das half normalerweise, aber heute nicht. Ich spürte Verzweiflung, und dann erinnerte ich mich daran, dass Dallas' Arbeitgeber eine Hotline für psychische Erkrankungen anbot.

Meine Hände zitterten, als ich sie wählte. Bald hörte sich eine freundliche Stimme meine Notlage an. Sie gab mir die Telefonnummer von Jim Moore und sagte mir, dass er in ‚regressiver Imagination' ausgebildet sei, einer speziellen Methode, von der ich nicht wusste, dass sie existiert. Ich machte einen Termin. Ich fühlte mich bereits ruhiger, da ich wusste, dass es jemanden gab, der mir bei meinen Ängsten helfen konnte.

Wenige Tage später saß ich im Wartezimmer. Trotz der angenehmen Umgebung hatte ich große Angst. Als mein Name endlich aufgerufen wurde, begann mein Herz so laut zu klopfen, dass ich mich fragte, ob die anderen Patienten es hören konnten. Das Unbekannte kann sehr beängstigend sein.

Sobald ich Jim Moores Büro betreten hatte, begrüßte mich Jim Moore mit offenen Armen. „Es ist schön, Sie kennenzulernen", sagte er mit einer warmen und freundlichen Stimme. Sein legerer Pullover und seine Hose betonten seine entspannte Stimmung. Sogar sein Gesicht sah warm und angenehm aus.

Nach ein paar einleitenden Fragen kam Jim zum Punkt.

„Also, Gerda, du willst die Angst loswerden, die du empfindest, wenn du die Sirenen hörst, die dich an den Krieg in Deutschland erinnern?"

„Ja", sagte ich, immer noch nervös.

„Kein Problem", sagte er und lächelte durch sein bärtiges Gesicht.

„Wir können das schnell und einfach machen." Sein Ansatz war besonders. „Wir werden daran arbeiten Ihre Trigger-Punkte zu minimieren. Sie werden die Sirene immer noch hören, aber sie wird Sie nicht mehr so beeinträchtigen wie jetzt."

Er wirkte zuversichtlich, aber ich war skeptisch. „Was?", platzte ich heraus. „Sie meinen, Sie können diese Erinnerungen in ein paar Minuten löschen? Ich schleppe sie schon seit 35 Jahren in meinem Kopf herum!"

Er verschränkte die Arme und nickte. „Jep", antwortete er. Ich holte tief Luft und stimmte zu: „Dann mal los."

Er führte mich zu einem bequemen Stuhl. Wir setzten uns und begannen. „Schließen Sie die Augen und stellen Sie sich vor, wie es während des Krieges war. Sagen Sie mir, was Sie sehen", forderte Jim auf. „Ist es ein Foto oder eine Filmszene?"

„Eine Filmszene."

„In Schwarz-Weiß?"

„Ja ", sagte ich. „Damals gab es noch keine Farbfilme." Ich hätte mir diese Jahre ohnehin in Schwarz-Weiß vorgestellt; es gab wenige Farbfilme oder hübsche, helle Kleider. Was an Farbe übrig blieb, war durch das trübe und regnerische Wetter stumpf geworden.

„Nehmen Sie sich Zeit", fuhr er mit seiner beruhigenden Stimme fort, „und sehen Sie sich den ganzen Film an. Sagen Sie mir Bescheid, wenn Sie das Ende erreicht haben."

Hinter meinen geschlossenen Lidern lief eine Szene ab: Ich sah eine kleine blonde Gerda, die dem Radio lauschte. Plötzlich hörte die Musik auf, und die Sirenen begannen zu heulen, um uns vor einem weiteren Luftangriff zu warnen. Inmitten des kreischenden Lärms hielten meine Schwestern und ich den Atem an, während wir uns gegenseitig in die Augen starrten.

„Ist dies der Tag, an dem wir sterben werden?", fragten wir uns.

Dann hörte ich, wie meine Mutter Ilse sagte, sie solle Traute und mich für den Schutzraum bereit machen. Wir rappelten uns auf, als wir die Flugzeuge im Anflug hörten. Wir rannten so schnell wir konnten in Richtung Sicherheit. Diesmal waren wir jedoch zu spät dran. Die Türen des Schutzraumes hatten sich geschlossen, sodass wir in unseren Keller zurückgehen mussten. Dort trafen wir einige unserer Nachbarn, die es ebenfalls nicht mehr rechtzeitig in den Schutzraum geschafft hatten. Die ältere Frau Olsen, die unter uns wohnte, erschreckte mich mit ihrem Stöhnen und Ächzen. Ich dachte, sie würde direkt vor meinen Augen sterben.

Wir wussten nie, wie lange wir vor Angst schlotternd warten mussten. Die Luftangriffe dauerten meist mehrere Stunden. Alle atmeten erleichtert auf, als die beruhigende Entwarnung der Sirene ertönte und wir in unsere Wohnung zurückkehren durften. Wir hatten ein weiteres Mal überlebt.

Ich hob meinen Kopf und öffnete meine Augen. „Der Film ist vorbei."

Jim Moore sagte: „Gerda, lass uns den Film zurückspulen. Weißt du, wie sich ein Acht-Millimeter-Film anhört, wenn er zurückgespult wird?"

„Ja", nickte ich.

„Also, wir spulen ihn jetzt zurück. Dann wird er gelöscht!" Ich schloss die Augen und ‚spulte' den Film in meinem Kopf zurück.

„Lass uns das ein paar Mal üben. Wir reden noch einmal darüber, wenn Sie die Sirene hören."

Ich zuckte mit den Schultern, bezweifelte, dass dies helfen würde, aber ich wiederholte die Übung mit ihm.

Als wir mit dem ‚Löschen' meiner Erinnerungen fertig waren, fragte Jim: „Gibt es noch etwas, das Sie stört?" Sein Lächeln war so echt, dass ich zu weinen begann. „Worum geht es bei diesen Tränen?"

Mir wurde klar, dass noch andere ungelöste Probleme in meiner Vergangenheit lauerten. „Ich wünschte, ich könnte die schreckliche Art vergessen, wie mein Vater mich behandelt hat. Er gab mir das Gefühl, so minderwertig zu sein."

Ich erzählte ihm, dass er, als ich zehn war, aus einem russischen Kriegsgefangenenlager entlassen wurde. Die Misshandlungen begannen damals und dauerten an, bis ich 16 war.

„Erzählen Sie mir mehr", sagte Jim.

„Ich habe ihn gehasst, weil er mich immer nur böse ansah. Statt mich in den Arm zu nehmen, hat er mich geschlagen." Ich ballte meine Hände zu festen Fäusten. „Ich konnte ihm nie etwas recht machen. Meine älteren Schwestern, Ilse und Traute, wurden genauso behandelt, aber er hatte nicht die gleiche Wirkung auf sie." Ich seufzte. „Vielleicht bin ich zu sensibel?"

„Vielleicht", erwiderte er. „Gibt es Zeiten, in denen Sie sich unzulänglich fühlen?"

„Ja, so fühle ich mich oft, besonders bei Versammlungen oder bei der ehrenamtlichen Arbeit in meiner Kirche ... in jeder Art von sozialem Umfeld." Ich versuchte, meinen Atem zu beruhigen. „Ich denke die ganze Zeit negativ über mich selbst."

Ich erklärte, wie scharf und fordernd mein Vater war – der ewig missbilligende Ton seiner Stimme verfolgte mich immer noch. Ständig bellte er Befehle und erwartete von meinen Schwestern und mir, dass wir alles stehen und liegen ließen, um seine Forderungen zu erfüllen. Wenn wir ihm nicht gehorchten, traf uns der Blick seiner kalten blauen Augen mit Verachtung und Abscheu. Er war wirklich ein egozentrischer Tyrann. Wie oft wünschten wir uns, er wäre nie aus Russland zurückgekehrt. Wenigstens die Jahre, in denen er gefangen gehalten wurde, von 1945 bis 1948, war unser Leben frei von seinem grausamen Verhalten.

Jim nickte, und dann sagte er leise: „Lass uns daran arbeiten, auch diese schrecklichen Erinnerungen loszuwerden."

„Oh, werde ich mir noch einen Film vorstellen?", fragte ich.

„Nein, aber die Technik ist sehr ähnlich."

Wenn diese Art der Therapie so erfolgreich ist, fragte ich mich, warum wird sie dann nicht ständig angewendet?

Er schien meine Gedanken zu lesen und zuckte nur mit den Schultern. „Und jetzt, Gerda, lass uns diese hässlichen blauen Augen ausradieren."

Ich war immer noch verwirrt von seiner Methode, aber ich war auch entschlossen, für alles offen zu sein.

Zuerst fragte Jim mich, ob ich ein Foto von meinem Vater zu Hause hätte. Das hatte ich. Es war ganz unten in meinem Schrank versteckt. Ich hatte nie das Bedürfnis, es aufzuhängen.

„Wenn Sie nach Hause gehen", fuhr er fort, „möchte ich, dass Sie sich das Bild Ihres Vaters ansehen. Dann gehen Sie langsam davon weg." Er hielt seine Hände in Brusthöhe, die Handflächen einander zugewandt, etwa körperbreit auseinander.

„Beobachten Sie, wie das Bild kleiner und kleiner wird." Zentimeter für Zentimeter öffnete er den Abstand zwischen seinen Händen, bis die Arme ausgestreckt waren.

„Machen Sie diese Übung mehrere Male. Irgendwann werden Sie ihn nicht mehr auf die gleiche Weise sehen." Er nickte ermutigend.

„Ich möchte auch, dass Sie über sich selbst als Erwachsenen nachdenken. Wer sind Sie? Was macht Sie besonders? Woher nehmen Sie Ihre Kraft? Wo finden Sie Unterstützung?"

Da ich es nicht gewohnt war, mich als etwas Besonderes zu betrachten, musste ich einen Moment über all diese Fragen nachdenken. Mein Mann hält mich für eine großartige Ehefrau und eine wunderbare Mutter. Er hält mich für einen wunderbaren, fürsorglichen und liebevollen Menschen. Meine Freunde sagen mir oft, wie sehr sie meinen Humor und meine freundliche Art liebten. Meine damals zwölfjährige Tochter Kim hat einmal gesagt, dass ich klüger sei als die Mütter vieler ihrer Freunde. Ich arbeitete ehrenamtlich in einem Hospiz, wo Patienten und Krankenschwestern meine liebevolle Pflege zu schätzen wussten.

Als ich nun mein gegenwärtiges Leben untersuchte, erkannte ich, dass ich für vieles dankbar sein konnte.

„Jetzt", sagte Jim, „möchte ich Sie bitten, Ihre Augen wieder zu schließen. Stellen Sie sich die weise, gütige und liebevolle Frau vor, die Sie heute sind. Stellen Sie sich vor, wie die heutige Gerda die kleine Gerda von damals beruhigt, die so verzweifelt Trost braucht. Die erwachsene Gerda kennt den ganzen Schmerz in der kleinen Gerda, sie kann sich besser um sie kümmern als jeder andere."

Ich spürte, wie mir langsam die Tränen über das Gesicht rollten. Im Stillen trauerte ich um die Kindheit, die ich nie hatte. Bis zu diesem Zeitpunkt in meinem Leben war mir nie bewusst geworden, wie allein ich mich als Kind gefühlt und wie sehr ich eine normale Kindheit vermisst hatte.

Meine Augen waren noch geschlossen, als ich spürte, wie er mir einen Teddybären in den Arm legte.

„Lass die große Gerda die kleine trösten", sagte er.

Seine Methode war mir unangenehm – zuerst fühlte ich mich ein bisschen komisch. Allmählich fühlte ich mich etwas wohler, wenn ich die kleine Gerda umarmte. Mit einem tiefen Seufzer fragte ich:

„Können wir jetzt aufhören? Es wird langsam überwältigend."

Er ermutigte mich, noch eine Weile weiterzumachen, einfach um zur Ruhe zu kommen.

Gleich nachdem die Übung beendet war, fragte ich: „Wann werde ich wissen, ob das funktioniert hat?"

„Gerda, Sie müssen mir vertrauen! Lassen Sie uns einen Termin nach der Sirenenprobe im nächsten Monat vereinbaren, und wir werden dann darüber sprechen. Denken Sie daran, die Imaginationstechniken zu Hause zu üben – sie funktionieren überall.“ Er strahlte so viel Zuversicht aus, dass ich ihm einfach vertrauen musste, obwohl ich immer noch Zweifel hatte. Ich habe nichts zu verlieren, dachte ich.

Als ich nach Hause kam, rief ich sofort Janice an und erzählte ihr von meinem Besuch bei Jim Moore. „Ich bin erstaunt, wie viel besser ich mich fühle“, sagte ich ihr, „aber ich bin immer noch skeptisch.“

„Das glaube ich dir“, antwortete Janice. „Aber lass uns einfach abwarten und sehen, was passiert.“

Später an diesem Tag kramte ich das Foto meines Vaters aus dem Schrank hervor. Ich stellte es auf die Kommode. Langsam wich ich von seinem Bild zurück, wie Jim Moore es vorgeschlagen hatte. Als sein Gesicht kleiner wurde, merkte ich, dass er weniger Macht über mich zu haben schien. Ich begann sogar, ihn zu bemitleiden. Vielleicht hatte er auch eine lausige Kindheit gehabt, vielleicht eine noch schlimmere als ich. Niemand hatte ihm erklärt, wie man ein freundlicher und unterstützender Vater ist. Etwas Mitleid für den Vater zu empfinden, den ich vorher nur gehasst hatte – das war definitiv ein Fortschritt. Obwohl ich noch nicht bereit war, sein Bild an der Wohnzimmerwand aufzuhängen, wusste ich, dass ich hier etwas hatte, mit dem ich wirklich arbeiten konnte.

Der erste Mittwoch des Monats zeichnete sich düster ab. Ich erinnere mich nicht mehr daran, wo ich genau war, als ich die Sirene hörte. Ich schaute nur auf meine Uhr und war zufrieden, dass es 13 Uhr war. Mein Geist füllte sich mit den Erinnerungen an das Überleben des Krieges in Deutschland. Ich verstand, warum ich um das Kind trauern musste, das die ständige Angst vor dem Tod ertragen hatte.

Ich dachte auch an Dr. Pilling – meinen Helden – den Mann, der mich vor ein paar Jahren im Schmerz- und Rehabilitationszentrum betreut hatte. Er hatte immer betont, wie wichtig es ist, die Dinge loszulassen und den Verstand mit dem Herzen zu verbinden.

„Höre auf dein Herz und deinen Verstand, wenn du Entscheidungen triffst", sagte er.

Ich habe versucht, mich an diesen guten Rat zu halten, aber es war ein langsamer Prozess. Ich bin froh, berichten zu können, dass sich mein Bewusstsein für Gefühle geschärft hat. Nach und nach mache ich Fortschritte.

In den nächsten Monaten habe ich meinem Herzen – und meinem Kopf – erlaubt, eine Menge Informationen zu verarbeiten. Wenn ich seitdem Sirenen höre, schaue ich auf meine Uhr und lächle.

Tipp 3: Mit den Toten „Reden"

An manchen Tagen, wenn ich aus dem Fenster schaute, schienen die Blumen keinen Glanz zu haben, und der bedeckte Himmel lastete schwer auf meinem Gemüt. Es war beunruhigend, so leicht von meiner düsteren Vergangenheit verschlungen zu werden – immer und immer wieder. Würde ich jemals in der Lage sein, aus diesem deprimierenden Karussell auszubrechen?

Eines Nachmittags, als ich mit einem weiteren Anfall von Traurigkeit rang, begann ich über den Tod meiner Mutter nachzudenken, die mit 40 Jahren gestorben war, und auch über den Tod meiner Schwiegermutter, die 58 Jahre alt wurde. Ein nur allzu bekanntes Gefühl der Einsamkeit erfasste mein Herz, die Verluste waren überwältigend für mich. Meine traurigen Gedanken wanderten zurück zu meiner Familie in Deutschland. Ich vermisste sie immer noch. Vielleicht wäre ich glücklicher gewesen, wenn ich nie nach Amerika gekommen wäre. „Hör auf damit, Gerda", ermahnte ich mich, „du machst dich verrückt!"

Ich hatte einen wunderbaren, liebevollen Ehemann und zwei großartige Kinder. Jetzt versuchte ich, mein Glück zu rationalisieren – mir einzureden, dass ich zufrieden war, obwohl ich es nicht war – etwas, das Dr. Pilling missbilligte.

„Leugnen Sie diese Gefühle nicht", hatte er mir geraten, „verarbeiten Sie sie!" Dennis, der mich in Dr. Pillings Klinik betreut hatte, hielt einmal einen Vortrag darüber, was unverarbeitete Gefühle im Körper anrichten können. Er benutzte diese Analogie: Unverarbeitete Gefühle sind wie Müll, den der Körper sammelt. Irgendwann läuft der Mülleimer über, und bald fängt das ganze Haus an zu stinken.

Ich begann zu erkennen, dass ich meine Trauer über den Tod dieser beiden Frauen, die in meinem Leben so wichtig gewesen waren, nie verarbeitet hatte; stattdessen suchte ich nach mütterlichem Ersatz.

Der erste Ersatz war eine Frau namens Dorothy Nieman, die ich zunächst bei einem internationalen Teekränzchen kennenlernte. Wir verstanden uns auf Anhieb, und bald trafen wir uns zusammen mit unseren Ehemännern. Wir vier unternahmen viel zusammen und standen uns sehr nahe – so nahe, dass Dorothy uns in ihrer Patientenverfügung als Stellvertreter für ihre medizinische Versorgung benannte.

Sie hatte eine wunderschöne Figur aus Glas, die einen roten Schwan darstellte, auf ihrem Flügel stehen. Ich bewunderte den Schwan oft, und eines Tages vertraute Dorothy mir an:

„Gerda, ich habe deinen Namen auf den Boden des Schwans geschrieben. Ich möchte, dass du etwas hast, das dich an mich erinnert, wenn ich nicht mehr da bin."

„Das ist schön", sagte ich und verdrängte die unangenehme Diskussion über ihren Tod.

Als sie unerwartet starb, spürte ich den Verlust, aber ich verarbeitete den Kummer nicht wirklich.

Später freundete ich mich mit einer Nachbarin an, Bobbie Morck, die erst kürzlich verwitwet war. Irgendwann brach sie sich das Handgelenk, und ich bot ihr an, sie einmal pro Woche zum Friseur und zum Lebensmittelgeschäft zu fahren, bis sie wieder selbst Auto fahren konnte. Während ihrer Genesungszeit schlossen wir uns zusammen und wurden schnell Freunde. Im Laufe der Jahre wurde sie zu einem Teil unserer Familie. Wir verbrachten oft die Feiertage und Geburtstage gemeinsam. Dann starb auch sie. Ein weiterer Verlust, noch mehr Kummer, den ich wegstecken musste.

Ich wurde mit einer Menge Todesfälle belastet, die ich einfach nicht verarbeiten konnte. Wie bei vielen meiner unerledigten Angelegenheiten in der Vergangenheit fühlte ich eine überwältigende Traurigkeit, gefolgt von Wut. Warum konnte ich nicht richtig um all die Menschen trauern, die gestorben waren? Es fiel mir schwer, mich mit dem Thema Tod überhaupt auseinanderzusetzen.

Ich fragte mich, ob Jim Moore mir einen Rat geben könnte. Durch die regressive Imagination, die er mir gezeigt hatte, war ich in der Lage gewesen, die verletzenden Erinnerungen an meinen Vater zu verarbeiten und zu überwinden. Seitdem schreckte ich nicht mehr von dem Klang der Sirenen auf. Vielleicht würde er mir wieder helfen können. Ich machte einen Termin, und bald saß ich mit ihm in seinem Büro. Er beschrieb mir eine Methode, die ich anwenden konnte, um den Trauerprozess zu fördern. Ich kehrte nach Hause zurück, begierig darauf anzufangen.

Am nächsten Morgen, als alle zur Schule oder zur Arbeit gegangen waren, ging ich ins Gästezimmer und umgab mich mit den Erinnerungen an all die Frauen, die ich verloren hatte. Ich stellte Bilder von meiner Mutter und meiner Schwiegermutter auf die Kommode. Ich dachte an meine liebe Freundin Dorothy Nieman und brachte den gläsernen Schwan ins Zimmer. Ich setzte mich auf das Bett und betrachtete die schönen antiken Möbel, die Bobbie Morcks Familie uns geschenkt hatte. Im Grunde war das Zimmer ein Schrein für all die älteren Damen, an die ich mich geklammert hatte und um die ich nicht trauern konnte. Ich rief jede einzelne beim Namen, in der Reihenfolge, in der sie in mein Leben getreten waren, so wie Jim Moore es mir vorgeschlagen hatte.

Erstens nannte ich den Namen meiner Mutter. Ich ertappte mich dabei, wie ich ihr Schwarz-Weiß-Bild anbrüllte und Dinge aussprach, die ich jahrelang zurückgehalten hatte. Ich konfrontierte sie mit ihrem emotionalen Rückzug, mit ihrer Unfähigkeit, mich zu nähren und zu trösten, als ich ein Kind war und sie so verzweifelt gebraucht hätte. Als ich meiner Wut freien Lauf ließ, brach ich in Tränen aus, die ich nicht kontrollieren konnte.

Ich schrie Fragen zu Gott hinaus: „Warum musste ich in meiner Kindheit so viel Traurigkeit ertragen? Was habe ich je getan, um das zu verdienen?" Doch ich hörte nur Stille, ich wusste, dass ich keine Antworten bekommen würde, bis Er mich nach Hause rief.

Als Nächstes wandte ich mich dem Foto von Dorothy Robinson, meiner Schwiegermutter, zu. Als ich ihr in die Augen blickte, sprach ich zu ihr, als wäre sie lebendig und stünde direkt vor mir. „Warum, warum hast du mich verlassen, gerade als ich dich gefunden hatte?" Ich fühlte mich besonders traurig, da meine Schwiegermutter so freundlich und unterstützend gewesen war. Es war das erste Mal gewesen, dass ich eine so nährende Beziehung erlebte. Wir hatten Freuden und Sorgen miteinander geteilt. „Du bist so ein lieber Mensch", fuhr ich fort, „und es tut mir so leid, dass du nicht mehr Teil unseres Lebens bist." Ich wandte mich noch einmal an Gott.

„Warum musstest du sie mir wegnehmen?" Wieder wusste ich, dass es keine Antworten geben würde.

Ich erinnere mich an einen Abend, als ich meine Schwiegermutter kurz vor ihrem Tod besucht hatte. Sie hielt meine Hand und sagte:

„Gerda, wirst du mich bei deiner Tante entschuldigen, wenn sie dich besucht? Es tut mir leid, dass ich nicht hier sein werde, um sie zu treffen. Ich hätte mich gefreut, jemanden aus deiner Familie kennenzulernen.“ Während sie sich an mich klammerte, beschrieb sie die schönen Dinge, die sie sah: die wogenden weißen Vorhänge und eine Fülle von bunten Blumen. „Ich wünschte, du könntest das sehen.

Es ist so schön hier.“ Ich erschrak, als sie fortfuhr: „Bitte geh noch nicht nach Hause und ... mach das Licht nicht an.“

Ich wollte bleiben, aber ich hatte einen Babysitter, der nach Hause musste. Das nächste Mal, als ich sie sah, lag sie auf der Intensivstation im St. John's Hospital in St. Louis. Ich stand an ihrem Bett und starrte auf die Frau hinunter, die mir so viel Liebe und Respekt entgegengebracht hatte. Ihr Ehemann Carl war Alkoholiker, und ich dachte, Gott sollte doch ihn anstelle von ihr zu sich nehmen. Es war ein unfreundlicher Gedanke, und ich fühlte mich schuldig, so zu denken. Ich wusste nicht, dass Dorothy innerhalb von zwei Tagen von uns gehen würde.

Als meine Augen nun über die Gegenstände auf meinem kleinen Schrein wanderten, erinnerte ich mich daran, dass ich noch zwei weitere Menschen zu würdigen hatte. Ich war erschöpft vom Weinen und vom Wiedererleben der Erinnerungen an meine Mutter und Schwiegermutter, aber ich zwang mich weiterzumachen.

Dorothy Nieman, die ursprüngliche Besitzerin des exquisiten roten Glasschwans, war eine wunderbare Freundin gewesen. Sie nahm mich mit in den Minneapolis Women's Club, wo wir gemeinsam köstlich zu Mittag aßen, während wir interessanten Gastrednern zuhörten. Als ich mich unter die Mitglieder des Clubs mischte, fühlte ich mich wichtig und selbstbewusst.

Während ich die glatte Oberfläche des gläsernen Schwans streichelte, sagte ich meiner lieben Freundin, dass es mir gut ginge und ich keine wichtigen Menschen mehr in meinem Leben bräuchte, um mein Selbstwertgefühl zu stärken.

Die letzte Person, mit der ich mich verbinden wollte, um Abschied zu nehmen, war Bobbie Morck, meine Nachbarin. Ich bewunderte die schönen dunklen Mahagonimöbel, die ihre Familie mir geschenkt hatte. Sie hatte keine Kinder, die sie beanspruchen konnten, und ihr Mann Otto war bereits verstorben, als ich sie zum ersten Mal traf.

Bobbies Leben war kein glückliches gewesen. Anscheinend war Otto gemein zu ihr gewesen. Er hatte sich geweigert, sie arbeiten zu lassen, was eine Schande war – sie war aber eine begabte Künstlerin.

Tatsächlich hatte sie mir die erste Wahl bei einigen ihrer frühesten Grußkartenentwürfe überlassen. Sie waren in diesem Raum zusammen mit ihren 100 Jahre alten Möbeln ausgestellt.

In der Stille des Zimmers bedankte ich mich bei Bobbie für ihre Freundschaft. Sie starb mit 88, und ich hatte mich mehr als zwölf Jahre lang um sie gekümmert. Ich war in der Lage, sie gehen zu lassen, froh, dass ich ein wenig Sonnenschein in die trüben Tage ihres Lebens bringen konnte.

Nun, da ich jeder dieser Damen einen letzten, angemessenen Abschied gegeben hatte, fühlte ich mich ausgelaugt – die Erleichterung war jedoch enorm. Schließlich war ich in der Lage, das Bild meiner Mutter in unser Wohnzimmer zu stellen. Ich lernte eine weitere wertvolle Lektion: Je mehr Aufmerksamkeit wir unseren Gefühlen widmen, desto mehr Klarheit gewinnen wir in unserem Leben.

ZEHN SCHRITTE ZU EINEM GLÜCKLICHEN LEBEN

Die folgenden Schritte haben mein Leben bereichert, und ich hoffe sie verbessern auch Dein Leben:

1. Nimm Dir Zeit für Menschen, die Dir wichtig sind.
2. Liebevoll verbrachte Momente sind mehr wert als Gold.
3. Versuche, wertschätzend und mitfühlend zu sein. Jeder Mensch wünscht sich, gehört und verstanden zu werden. Es ist wichtig, sich darauf zu konzentrieren, was der andere tatsächlich sagt, anstatt irgendwelche Geschichten im Kopf zu konstruieren. Es braucht Zeit und Achtsamkeit, um genau zuzuhören.
4. Versuche, Deine Gefühle nicht zu unterdrücken. Es ist leichter, über Gefühle zu sprechen, wenn sie aktuell sind. Sei täglich ehrlich zu Deinen Gefühlen und äußere sie, sodass sich nichts anstaut. Du wirst dadurch Explosionen vermeiden.
5. Sei großzügig mit ehrlich gemeinter Kritik und vergiss nicht, mit einer positiven Bemerkung darauf zu reagieren. Worte sind sehr machtvoll, sie können einen Menschen stärken oder brechen.
6. Nimm Dir Zeit für Dich selbst. Niemand kann Dich glücklich machen, das ist Deine Aufgabe. Erst wenn

Du Dich selbst liebst, so wie Du bist, kannst du Liebe weitergeben.

7. Suche auf Deinem Lebensweg nach Unterstützung. Einige Beratungsstellen mögen kostspielig sein, aber es gibt kirchliche und staatliche Hilfsangebote, die von großem Nutzen sein können.
8. Ermutige Kinder schon früh, Gefühle bei ihrem Namen zu nennen: Wut, Angst, Sorgen, Kummer, Freude, Trauer, Schuld und Eifersucht. Unterstütze sie dabei, sich auszudrücken. Sie kennen noch nicht die passenden Worte. Formuliere um und stelle Fragen.
9. Versuche Menschen zu verstehen, die durch eine schwierige Zeit gehen. Suche und erkundige Dich nach positiven Hilfsangeboten. Jeder Mensch ist wertvoll und braucht Liebe und Verständnis.
10. Kommuniziere mit Deinen Augen. Was das bedeutet? Hier eine Geschichte zur Verdeutlichung: Ein fünfjähriges Mädchen war in der Küche mit ihrer beschäftigten Mutter. Das kleine Mädchen beschwerte sich:

„Du hörst mir gar nicht zu!“ – „Doch, tue ich“, sagte die Mutter. „Nein Mama, machst Du nicht. Setz mich auf den Tresen“, verlangte das Mädchen, die Mutter gehorchte. Das kleine Mädchen legte ihre Hände um den Hals der Mutter und sagte: „Mama, ich will, dass Du mir mit den Augen zuhörst!“

DANKSAGUNGEN

Es gab viele Menschen, die es mir ermöglicht haben, meine Geschichte aufzuschreiben, aber an erster Stelle steht mein Arzt und Held – Dr. Loran Pilling – der mir von seinen Kollegen wärmstens empfohlen wurde. Sein Rat führte mich aus dem tiefsten Tal hinauf und begleitete mich auf einen Berggipfel. Er stellte meine Gesundheit wieder her. Mein Mann Dallas und ich haben keine Worte, um das große Geschenk, das er uns gemacht hat, adäquat zu beschreiben.

Er wurde in der Mayo Clinic in Rochester, Minnesota, ausgebildet, wo er Innere Medizin studierte und später seinen Facharzt für Neurologie und Psychiatrie machte. Er behandelte ganzheitlich Körper und Seele, um Krankheiten zu heilen. Sein intensives Reha-Programm war so erfolgreich, dass er zahlreiche Kliniken in der Umgebung von Minneapolis eröffnete. Sein primäres Ziel war es, chronischen Schmerzpatienten dabei zu helfen, wieder Kraft, Handlungsfähigkeit und eine positive Lebenseinstellung zu entwickeln. Von ihm habe ich in vier Wochen mehr gelernt als in den vergangenen vierzig Jahren meines Lebens. Er wird mein Held bleiben. Leider ist er dieses Jahr, 2023, im Alter von 92 Jahren verstorben. Sein Vermächtnis wird für immer bleiben, vor allem in meinem Geist und meinem Körper.

Meine Nachbarn Bill und Phyllis Cooper aus Edina, Minnesota, waren die ersten, die erkannten, dass ich eine Geschichte zu erzählen hatte. Bill entwickelte eine Skizze, um mir den Anfang zu erleichtern. Traurigerweise ist Bill verstorben, aber Phyllis brannte darauf, dieses Buch zu lesen. Ich danke den beiden für ihre Ermutigung und ihre Beharrlichkeit, mich zu motivieren.

Der Schreibclub ‚Jacaranda Writers Group' in unserer örtlichen Bibliothek in Venice, Florida, war maßgeblich daran beteiligt, mich zum Schreiben dieses Buches zu verpflichten. Louise Reiter, Mitbegründerin und Mentorin der Gruppe, ist eine ehemalige Redakteurin bei der Palm Beach Post. Am ersten und dritten Dienstag aller Monate im Jahr 2011 reichte ich Entwürfe meiner Kapitel ein. Ich hörte zu und lernte von ihr und den anderen Gruppenmitgliedern.

Aufgrund ihrer enthusiastischen Unterstützung nahm ich mein Schreiben ernster. Louise hat auch einen Großteil des Materials hier neu geschrieben. Ich verfasste die Geschichten, und sie hatte das Fachwissen, sie so wortgewandt neu zu arrangieren. Danke, Louise, dass du meine unmögliche Deadline eingehalten hast!

Ich möchte mich bei meinem Mann Dallas bedanken, der mich in jeder Hinsicht unterstützt hat, einschließlich der Übertragung meines handschriftlichen Memoiren-Gekritzels auf den Computer. Seine Liebe, Geduld, Beharrlichkeit und Anleitung waren überwältigend. Ohne ihn hätte ich diesen Prozess niemals durchgestanden. Es war ihm wirklich eine Herzensangelegenheit.

Unsere Tochter Kim, die an der Universität von Minnesota Journalismus studiert hat, begann als Redakteurin bei SAGE Publications. 20 Jahre später ist sie die Direktorin für Organisationsentwicklung. Ich kann nicht genug über unsere Kim sagen; sie war und ist immer noch mein Motivator und Cheerleader. Sie wusste, dass ich auf der Website guru.com die Entwicklungs- und Organisationshilfe finden konnte, die ich brauchte.

Mein Dank gilt auch der Vision von Bonnie Lynch von Karuna Solutions Consulting. Ich beauftragte sie, einen Teil meines Skriptmaterials neu zu organisieren und zu entwickeln. Wir arbeiteten im Laufe des Jahres 2012 eng zusammen, persönlich, per Telefon und E-Mail. Es war ein Vergnügen, mit ihr zu arbeiten.

Meine Danksagungen wären nicht vollständig ohne die Erwähnung des Therapeuten Dr. Christopher Cortman aus Venice, Florida. Er wurde uns von unserem langjährigen Internisten, Dr. Jack Rodman, wärmstens empfohlen. Dr. Cortman ist ein sehr gefragter Redner. Mit seiner langjährigen Erfahrung auf dem Gebiet der Psychologie spricht er Themen der geistigen Gesundheit mit Wissen, Humor und bodenständigen Lösungen an. Er ist Mitautor des Buches „Your Mind: An Owner's Manual for a Better Life" (Career Press, 2009). Er hat mir auch geholfen, mich an den Lebensstil in einem Country Club in Florida anzupassen und mich meiner Vergangenheit mit einem offenen Geist und einem liebenden Herzen zu stellen. Ich empfehle ihn regelmäßig an Freunde weiter, die Hilfe suchen.

Ich finde es fantastisch, dass es so viele fürsorgliche und kompetente Menschen gibt, die uns bei unseren Problemen helfen. Denken Sie daran, die Hilfsangebote auch offen anzunehmen und damit zu arbeiten. Mein neues Motto ist:

‚*dealing is healing*', sich seiner Probleme anzunehmen ist heilsam.

Ich fühle mich gesegnet und danke Gott, dass ich in meinem Leben die Gelegenheit hatte, so viel über unser menschliches Dasein zu erfahren und zu lernen. Ich bin dankbar, dass ich 1962 Günter und Ursula Mattern in den USA kennengelernt habe. Wir verbrachten gemeinsam Familienurlaube in Deutschland und in Amerika. Ulla war mein Schutzengel. Sie überschüttete mich mit unendlicher Liebe und Freundlichkeit. Auch mit Günter verband uns eine große Freundschaft. Sie haben drei Kinder und wir haben zwei. Alle waren im gleichen Alter. Andrea Mattern-Louafi war die Jüngste. Diese deutsche Ausgabe meiner Geschichte würde es nicht geben, wenn sie mich nicht ermutigt hätte, sie zu übersetzen und zu veröffentlichen. Auch sie wurde von Eltern großgezogen, die Kriegskinder waren. Andrea hatte das Gefühl, dass sie persönlich von der Erforschung ihrer eigenen Vergangenheit profitieren könnte.

Sie und ich haben viele Stunden damit verbracht, über Psychologie und unser Leben im Allgemeinen zu sprechen und zu forschen. Ihr Wissen, ihre Sensibilität und ihre Gabe zu übersetzen haben mich stolz und bescheiden gemacht. Sie hat ein scharfes Auge für große und kleine Korrekturen. Ich werde ihr immer zu Dank verpflichtet sein. Unser Herz schmerzt für alle, die traumatische Erfahrungen machen mussten, und wir hoffen, dass unser Buch Heilung in ihr Leben bringen wird. Es gibt viel Schönheit und Freundlichkeit zu entdecken.

Ein Buch ist erst dann fertig, wenn ein Lektor sich damit befasst hat. Ich habe im Internet recherchiert und einen jungen Mann namens Dr. Peter Schäfer in Deutschland kontaktiert. Ich war nervös, denn mein Deutsch ist nach über 60 Jahren in den USA verkümmert. Ich wählte seine Nummer und seine freundliche Stimme antwortete. Ich erklärte ihm mein Vorhaben und hoffte, dass er mir meine geringen Deutschkenntnisse verzeihen würde. Er war verblüfft und versicherte mir, dass ich immer noch gut sprechen könne. Peter Schäfer und ich haben eine enge Verbindung und Freundschaft gefunden. Er nahm einige Änderungen vor, die meine Geschichte etwas weicher machten. Dr. Peter Schaefer ist ein großartiger Zuhörer, er ist äußerst kompetent und gab mir das Gefühl, mich wohl zu fühlen. Er verfügt über die emotionale Intelligenz und versteht die Erfahrungen von Kriegskindern vollkommen. Dr. Peter Schäfer hat sehr dazu beigetragen, meine Geschichte noch schöner zu gestalten.

GEDANKEN DER AUTORIN

Aufgrund meiner Kindheitsgeschichte empfinde ich Mitgefühl für die Kinder der heutigen Welt. Sie waren Pandemie-Erfahrungen ausgesetzt und viele leben in Familien mit finanziellen Nöten. Auch ihnen wurde eine unbeschwerte, normale Kindheit geraubt.

Psychologen und Lehrer könnten einen Lehrplan für soziales, emotionales Lernen entwickeln. Ich habe erst kürzlich gehört, dass der Staat New York zu den fortschrittlichen Staaten gehört, die dies bereits umsetzen. Hier in Florida arbeiten wir mit dem Psychologen Dr. Chris Cortman an unserem Schulsystem. Dr. Loran Pilling, mein Lebensretter und Held, sagte oft: „Wir müssen den Kindern helfen ihre Gefühle in Worten auszudrücken, weil sie das Vokabular dafür noch nicht entwickelt haben." Wir könnten eine gesündere Art der Kommunikation schaffen. Wir sollten unseren Kindern auf jeden Fall versichern, dass sie beschützt und geliebt werden, damit sie sich optimal entfalten können.

www.ingramcontent.com/pod-product-compliance
Lightning Source LLC
LaVergne TN
LVHW060551061026
849523LV00002B/478